Shane Elliott

Macromedia
Flash MX 2004
dicas geniais

Tradução
Savannah Hartman

Revisão técnica
Carla Dawidman

Do original
Macromedia Flash MX 2004 Killer Tips
Authorized translation from English language edition, entitled *Macromedia Flash MX 2004 Killer Tips*, 1st. Edition by Elliott, Shane, published by Pearson Education, Inc., publishing as New Riders, Copyright© 2004 by New Riders Publishing.
All rights reserved. No part of this book may be reproduced or transmitted in any form or by any means, electronic or mechanical, including photocopying, recording or by any information storage retrieval system, without permission from Pearson Education, Inc. Portuguese language edition published by Editora Ciência Moderna Ltda., Copyright© 2005.
Copyright© Editora Ciência Moderna Ltda., 2005

Todos os direitos para a língua portuguesa reservados pela EDITORA CIÊNCIA MODERNA LTDA.

Nenhuma parte deste livro poderá ser reproduzida, transmitida e gravada, por qualquer meio eletrônico, mecânico, por fotocópia e outros, sem a prévia autorização, por escrito, da Editora.

Editor: Paulo André P. Marques
Supervisão Editorial: Carlos Augusto L. Almeida
Capa: Marcia Lips
Diagramação e Digitalização de Imagens: Patricia Seabra
Tradução: Savannah Hartman
Revisão: Luiz Carlos de Paiva Josephson
Revisão técnica: Carla Dawidman
Assistente Editorial: Daniele M. Oliveira

Várias **Marcas Registradas** aparecem no decorrer deste livro. Mais do que simplesmente listar esses nomes e informar quem possui seus direitos de exploração, ou ainda imprimir os logotipos das mesmas, o editor declara estar utilizando tais nomes apenas para fins editoriais, em benefício exclusivo do dono da Marca Registrada, sem intenção de infringir as regras de sua utilização.

FICHA CATALOGRÁFICA

Elliott, Shane	
Macromedia Flash MX 2004: dicas geniais	
Rio de Janeiro: Editora Ciência Moderna Ltda., 2005.	
Computação gráfica; animação	
I — Título	
ISBN: 85-7393-378-X	CDD 001642

Editora Ciência Moderna Ltda.
Rua Alice Figueiredo, 46
CEP: 20950-150, Riachuelo – Rio de Janeiro – Brasil
Tel: (21) 2201-6662/2201-6492/2201-6511/2201-6998
Fax: (21) 2201-6896/2281-5778
E-mail: lcm@lcm.com.br
www.lcm.com.br

Para a minha mãe, Cheryl, cujos conselhos, amor e compreensão fizeram de mim, um homem melhor.

Para Chad e Stephanie, por me fazer ter orgulho de ser seu irmão.

Finalmente, para Mammaw, cujo apoio incondicional tem me dado força quando penso que não tenho mais nenhuma.

AGRADECIMENTOS

Sempre que você vê uma página com agradecimentos em um livro, pensa: "Oh Deus! lá vamos nós. O sujeito vai começar a puxar o saco". Bom, qual é a escolha que temos? Com toda a seriedade, há um bocado de gente para agradecer e é como fazer um discurso na entrega do Oscar, porque você precisa colocar todo mundo em uma página. Assim, começarei agradecendo à pessoa que deu vida a este livro... eu. Está certo, estou falando de Linda Bump, Editora Sênior de Aquisições da New Riders. Do início ao fim ela me apoiou sem pressionar, inspirou e foi simplesmente maravilhoso trabalhar com ela. Ela me deve um café e pretendo cobrar. Também gostaria de agradecer a Lisa Thibault (Editora de Desenvolvimento) e Robert M. Hall e Kim Cavanaugh (Editores Técnicos) por suas rápidas decisões e calorosas atitudes de apoio. É muito importante sentir que você está colaborando, ao invés de ser criticado e, com certeza, foi como me senti.

Todos com quem trabalhei na OTX Research, de cima a baixo. Shelley Zalis, Kristin Luch, Amit Kzemian e todos no departamento de Engenharia, que tornaram a ida ao escritório algo que, de fato, eu gosto de fazer e confiaram em mim, o que é uma coisa difícil de fazer.

David Fugate, meu agente literário na Waterside Productions, sem dúvida foi o único motivo pelo qual esse livro germinou. Com muitas coisas acontecendo ao mesmo tempo, eu hesitava em acreditar que podia fazer um livro como este acontecer, e acontecer bem. David, você me inspirou a planejar antecipadamente e ter fé de que isso era possível. Por isso, eu lhe agradeço. Faça com que liguem para o meu pessoal e faremos o almoço.

Claro que ninguém poderia escrever um livro sobre Flash MX 2004 a menos que houvesse tal coisa, por isso, eu gostaria de agradecer à Macromedia. Especificamente, Henriette Cohn e Heather Hollender tornaram a obtenção de informações sobre o produto uma tarefa fácil e ofereceram todas as oportunidades de aprender o máximo possível sobre um ótimo lançamento do Flash. Eu teria muita dificuldade em escrever sobre as mudanças no Flash MX 2004 se não fosse por essas duas mulheres maravilhosas e os desenvolvedores e engenheiros como um todo.

Guardei o meu agradecimento pessoal para o fim. Todos têm desafios em suas vidas e nenhum de nós poderia suplantá-los sem a ajuda de pessoas que acreditam em nós quando ninguém mais o faz, nem você mesmo. Felizmente, eu tenho muitas dessas pessoas na minha vida. Gostaria de agradecer especialmente a Wendy Donovan, por ser tão grande fonte de honestidade e compreensão, e por suas tentativas de tolerar meus humores. Frank Krueger, Chris Pauley, Trevor Boelter, Greg Adler, Martin Barter e a todos os meus amigos próximos, por muitas noites de sushi me ajudando a permanecer cheio de criatividade e me lembrando que rir é a raiz de todo mal. Uma última coisa... "Eu tenho febre e a única receita é soar mais o sino." Se você entendeu isso, então obrigado a você também.

O AUTOR

Shane Elliott

Depois de uma longa carreira como estudante de Ciência da Computação em diversas universidades, incluindo North Carolina State, Elon College e Cal State Los Angeles, a curiosidade de Shane e o cuidadoso aprendizado o levaram por caminhos que nem mesmo ele poderia ter previsto. Ainda que ele sempre tenha sido muito visualmente direcionado e criativo, as suas habilidades sempre o dirigiram para os aspectos mais técnicos da web e o desenvolvimento da nova mídia.

Tudo isso mudou quando Shane trocou o foco para o design, enquanto trabalhava em uma empresa de pesquisa de largura de banda, conhecida como Rampt. A Rampt deslanchou, oferecendo uma máquina de busca totalmente funcional, que ao mesmo tempo operava completamente em Flash 4. Desde a sua apresentação ao Flash 4, Shane acompanhou o crescimento do Flash como um produto em desenvolvimento. Ele trabalhou de perto em cada novo lançamento e, como resultado, foi agraciado com prêmios da Macromedia Site of the Day, Invision 2000 e The Bandies 2000, assim como uma indicação no Flash Forward Film Festival, em Nova York.

Dado o conhecimento de programação de Shane, junto com as habilidades de design em Flash e a personalidade gravitacional, foi apenas uma questão de tempo antes dele começar a ensinar a outros a arte, relativamente nova, de design em Flash. Enquanto ensinava na Moviola e na American Media Training, ele percebeu que compartilhar o seu conhecimento com os outros era o próximo passo que queria dar. Fazer disso uma prioridade abriu portas para material de sua autoria, como *Flash MX Bible, ActionScript MX Bible* e *The Flash Animator*. Tendo escrito peças de teatro e histórias curtas em sua carreira de design, o bichinho do escritor já o tinha mordido há muito tempo e tornou a transição para autor uma progressão normal. Mais recentemente, Shane se associou ao amigo de longa data e colega, Robert Reinhardt, para desenvolver um curso introdutório online de Flash MX, que é oferecido nas universidades em todos os Estados Unidos.

Recentemente, Shane aplicou sua rica mistura de habilidades trabalhando com diversos clientes, tais como: Infiniti, Energizer, Crest National, Toyota, TBWA Chiat/Day e Saatchi & Saatchi. Ele continua a expandir a sua experiência, desenvolvendo aplicativos de Flash na web e individuais para fontes particulares, e espera continuar a crescer em todas as direções que surgirem. Se houver caminhos criativos para serem tomados, Shane continuará a encontrá-los e a persegui-los quaisquer que sejam eles.

Se você quiser manter-se atualizado com o que Shane está fazendo, visite o web site dele em www.timberfish.com.

REVISORES TÉCNICOS (EDIÇÃO EM INGLÊS)

Esses revisores contribuíram com a experiência prática deles em todo o processo de desenvolvimento de *Macromedia Flash MX 2004: dicas geniais*. À medida que o livro era escrito, esses dedicados profissionais revisavam todo o material quanto ao conteúdo técnico, organização e fluxo. O retorno deles foi importante para garantir que *Macromedia Flash MX 2004: dicas geniais* se ajustasse à necessidade do nosso leitor quanto a informações técnicas da mais alta qualidade.

Kim Cavanaugh é professor da School District of Palm Beach County (Flórida), onde tem ministrado aulas para alunos de ensino médio sobre web design usando Dreamweaver, Fireworks e Flash desde 1999. Kim é também professor adjunto no Palm Beach Community College, onde ensina Dreamweaver e Flash.

Autor de dois títulos de guias para iniciantes em Dreamweaver e Fireworks (Osborne/McGraw-Hill), Kim também desenvolveu materiais de cursos para a Learning Library (Reino Unido) e contribuiu para o *Macromedia Studio MX Bible* (Wiley). Ele colaborou com diversos artigos para a Macromedia DevNet e escreve amplamente para a Community MX.com, cobrindo toda a faixa de produtos Studio MX.

Antes de iniciar a sua carreira como educador, ele trabalhou por dez anos como design e fabricante de móveis personalizados, e foi oficial da Artilharia de Campo no Exército dos Estados Unidos. Ele tem um diploma em Ciências Políticas obtido na Stetson University (Deland, Flórida).

Kim mora em West Palm Bech com sua esposa e filha, e adora todas as coisas associadas à vida em South Florida – especialmente o tempo quente, os golfinhos de Miami, pescarias e sons de Jimmy Buffett.

Revisores técnicos

Original de Fort Lauderdale, Flórida, **Robert M. Hall** tem se envolvido com computadores e tecnologia há mais de 20 anos em diversos campos, variando de design e trabalho de pré-impressão a arquitetura em nível de empreendimento e programação de máquinas ATM de última geração, quiosques, contadores de moedas e aplicativos sem fio para indústrias financeiras e bancárias. Robert mantém sua própria entidade corporativa, a Feasible Impossibilities, através da qual faz contratos de trabalho e de compromissos de palestras. Ele também mantém um web site que cobre notícias relativas a Flash, artigos e um blog pessoal de seus projetos e itens de interesse. A versão toda em Flash está disponível em www.impossibilities.com e o seu blog baseado em html está disponível em www.impossibilities.com/blog.

O trabalho publicado de Robert pode ser encontrado em capítulos com que ele contribuiu para os livros *Flash MX Magic* e *Flash Enabled*, ambos publicados pela New Riders; um capítulo em *Flash MX Bible*, publicado pela Wiley; e vários artigos online para Informlt.com. Robert também contribuiu para o desenvolvimento dos exames atualmente usados pela Macromedia nos programas de certificação profissional do Flash 5 e do Flash MX. O seu trabalho mais recente pode ser encontrado em um artigo escrito para o Flash Development Center on Macromedia DevNet, localizado em www.macromedia.com/devnet/mx/flash/articles/amfphp.html.

SUMÁRIO

CAPÍTULO 1
Eu o posicionarei
Dicas para organizar o seu espaço de trabalho   3

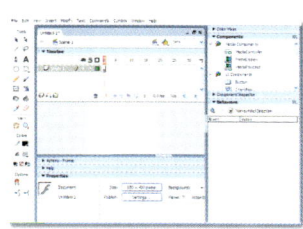

    Onde devo colocar a linha de tempo?   4
    Preciso do meu espaço!   5
    É o meu caminho ou a auto-estrada   6
    Ei, ei, ei, adeus   6
    Como diminuir seções   7
    Todos a bordo   8
    É hora de remover a linha de tempo   9
    A biblioteca não fica parada   9

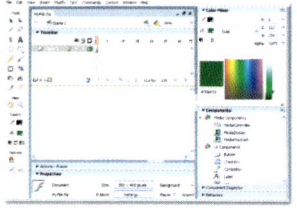

    Nomeie as suas camadas   10
    Nome de camada oculto...   10
    Estou azulejando para comparar   11
    Um efeito de cascata   12
    Como apressar a exibição de documento   12
    Ancorar/desfazer a ancoragem   13
    Alguém tem familiaridade?   13
    As alturas   14
    Simplifique o misturador de cor   14

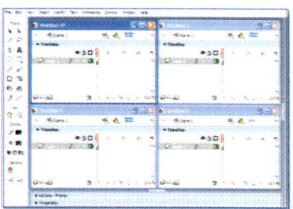

    Inspetor de propriedade – mais do que o olho vê!   15
    Nova janela   16
    Perdi meu painel   17
    Caminho para a excelência   17

CAPÍTULO 2
Meu cinturão de ferramentas
Dicas sobre o uso de ferramentas
e da barra de ferramentas 19

Pinte com um bitmap	20
Ferramentas secretas	20
Seleção mágica	21
Jogue fora!	21
Controle da escala	22
Escala rápida McGraw	22
Cores especiais só para mim	23
Para os pequenos	23
Tire o traço	24
Eu o copio	24
Ponto de rotação	25
Proteção de senha	25
Selecione toda a forma	26
Como arredondar o canto	26
Comece do meio	27
Direcione o seu texto	27
Ser ou não ser livre	28
Mantenha aquele traço reto	28
Um de cada vez, garotos	29
É preto e branco	29
Supermoldador	30
Bloqueie aqueles gradientes sem regra	30
Alinhe	31
Uma de cada vez, senhoras	31
Múltiplas seleções	32
Texto é um clique ou arraste	32
Estou tendo um ataque	33
Fio de cabelo	33
Apagador inteligente	34
Alguém me encheu	34

CAPÍTULO 3
É um risco organizacional
Dicas de linha de tempo, área de trabalho
e biblioteca — 37

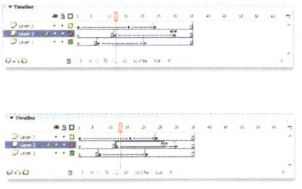

- Não pode balancear — 38
- A grade rígida — 38
- Sublinhe a minha subida — 39
- Como mudar molduras — 39
- Eis um pouco de movimento suave — 40
- Salto simbólico — 40
- O fator de toque — 41
- Seleções múltiplas na biblioteca — 41
- Ninhos de pastas também — 42
- Simbolismo — 42
- Deixe-me ver a sua máscara — 43
- A linha guia — 44
- Camada invisível — 44
- Inversão — 45
- Estique tais molduras — 45

- Eis um esboço — 46
- Visualização de biblioteca — 46
- Ordem na camada! — 47
- Todas as camadas... atenção! — 47
- Duplicatas para garantia — 48
- Visualização menor — 49
- Molduras de uma camada reunidas — 49

- Um pouco de fundo, cena diferente — 50
- Acrescente molduras a todas as camadas — 51
- A biblioteca diz tudo — 51
- Sinto saudades do Flash 5 — 52
- Colha os lucros — 52
- O que há com o aviso? — 53
- Esteja pronto para esfregar — 53

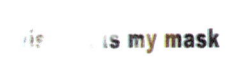

CAPÍTULO 4
Ganhar, perder ou desenhar? Desenhar!
Crie efeitos e animações melhores   55

    Gradientes personalizados   56
    Esfera real   56
    Estou falseando?   57
    Sombra projetada real   58
    Cuidado com aquelas formas   58
    Olha, mãe, estão perfeitas   59
    Rápido, ponha na máscara!   59
    Animações pré-montadas   60
    Como guiar uma máscara ou mascarar uma guia   61
    Texto que se transforma   61
    Estique-o ao limite   62
    Movimento real   62
    Simplifique as suas formas   63
    Suavização personalizada   64
    Blocos de texto, há espaço para todos   64
    Tipo em bitmap   65
    Como redimensionar campos de texto   65
    Estou desbotando depressa   66
    Há pressão demais   66
    Transformação super-rápida   67
    Formas transparentes   67

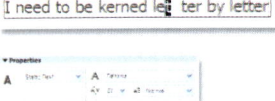

    Deixe o Flash seguir a sua liderança   68
    Graus em cada direção   68
    Multiplicidade   69
    Agora isso está aguçado   69
    Animação para símbolo   70
    Letra por letra, ajustarei o espaçamento de tudo   70
    Formas iguais precisam de uma dica   71
    Fique nas linhas   72
    Inverta, inverta bem   73

CAPÍTULO 5
Sinta o fluxo
Dicas para ajudá-lo a trabalhar mais depressa — 75

    Tabulador de troca rápida — 76
    Painéis de força — 76
    Isso parece um trabalho para o... SuperZoom!

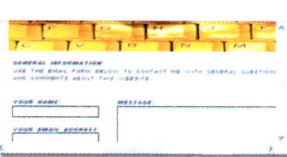

    Eis um atalho — 77
    Um passo para frente, um passo para trás — 77
    Desfaça a seleção de tudo — 78
    Ferramenta de seta temporária — 78
    Mão pegajosa — 79
    Pelo poder da minha cabeça! — 79
    E... chave de linha de tempo — 80

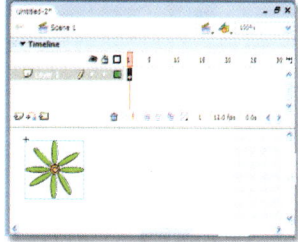

    Tanto texto, tão pouco tempo — 80
    Zoom, zoom, zoom... — 81
    É hora de circular pela fonte — 81
    Edição rápida — 82
    Localizador de camada — 82
    Dois pássaros, um painel — 83
    As cinco grandes — 83
    Sem clonagem de camadas — 84
    A cópia mais rápida do Oeste — 85
    Crie rápido — 85
    Saia depressa — 86
    Espaçamento — 86
    Inserções múltiplas — 87

    Cole no lugar — 87
    Rápido, desfaça tudo — 88
    Entra e sai, um por um — 88
    Tome a iniciativa — 89
    É um símbolo? — 89

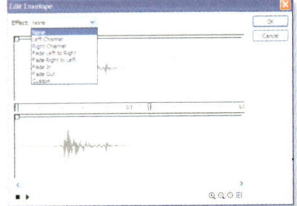
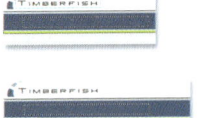
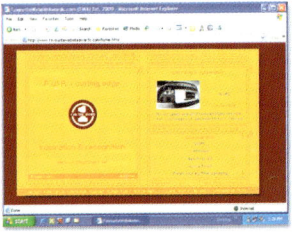

CAPÍTULO 6
Ilha das dicas mal-ajustadas
Dicas variadas   91

    Falhou em salvar o erro!   92
    Traços por traços   92
    Como avisar Will Robinson   93
    Comece daqui   93
    Leve ao limite   94
    Cliques de botão e All that jazz   94
    Penúltimo recurso   95
    Visualize um clip de filme sem testar   95
    CSS em Flash?   96
    Botões invisíveis   96
    Como aparar som   97
    Adeus, caixa de limitação   97
    O antigo troca-troca   98
    Inspiração   98
    Ativação de Flash   99
    action.script.org   99
    A Bíblia   100
    Eis o seu kit   100
    Vá direto à fonte   101
    Estamos aqui   101
    Recuperação de erro   102
    Jogue a chave fora   102
    Animação em Flash   103

CAPÍTULO 7
Negócio de importação/exportação

Dicas sobre importação, exportação e gabaritos   105

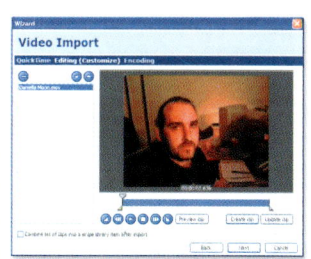

Edite vídeo! O que você diz?	106
Publique-me, Scotty	106
Importação de coisas	107
Abrir como biblioteca era um minuto atrás	107
Não posso importar um filme QuickTime	108
Mantenha-os frescos	108
Meu arquivo está todo inchado	109
Esclareça-me	109
Série mundial de imagens	110
Troca de arquivo	111
Visualize o seu trabalho	111
Novo a partir do gabarito, estou com saudades!	112
Projetor de filme	112
Estou parado com Flash MX 2004 – e agora?	113
Faça o meu gabarito	113
Colar não é permitido?	114
Manter alfa	114

Como exportar "filmes de cinema"	115
Diretamente de Photoshop para Windows	116
Clips de filme como seus próprios SWFs	116
Empertigado e excelente	117
Sobregrave o seu som	118
Edite bitmaps	119
Bloqueie	119
Publique perfis	120
Indo para Hollywood	121
Atenção com a otimização	122
Salvar como aborrecido?	123

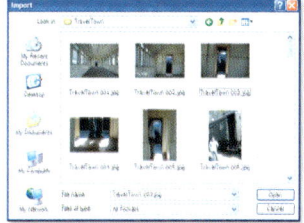

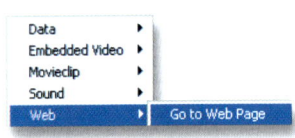

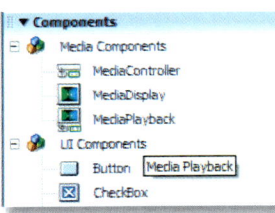

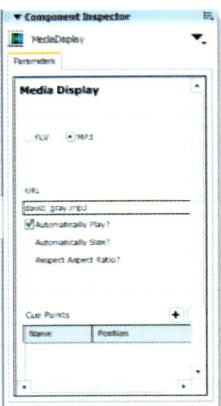

CAPÍTULO 8
Use o que tiver
Dicas para componentes
internos e elementos existentes 125

    Os componentes estão me comendo vivo 126
    O link que falta 126
    Fontes para todos e para todos uma boa fonte 127
    Componentes velhos não têm lugar 127
    Componentes comem tamanho de arquivo 128
    Transformador – mais do que vê o olhar 128
    Flash Media Player 129
    Mantenha distância 129
    Inspetor Component versus inspetor Property 130
    É uma ciência exata 130
    Dê um comando e o Flash obedecerá 131
    Exploração de filme 131
    Bibliotecas comuns 132
    Busca é a minha salvação 132
    Centro morto 133
    Simplesmente interativo 133
    O seu alinhamento básico 134
    Gerenciamento de cena 134
    Bugs rápidos ou depurações? 135
    Estou curvando 135
    Desagrupar ou dividir? 136
    Mapeamento de fonte 136
    Verificador de ortografia? 137
    Help, I need somebody... help 137
    Ícones para todos 138
    Compartilhe e compartilhe do mesmo jeito 139
    Só os que você deseja 139

CAPÍTULO 9
Não é sânscrito
Dicas para ActionScript 141

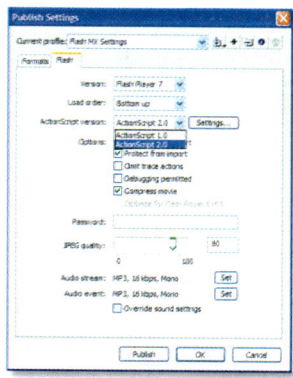

Código de arrastar-e-soltar?	142
Exteriorize ActionScript	142
Estou recebendo novos destaques	143
Que linha é essa?	143
Dica, dica ...	144
Sem mais clicar o botão direito (do mouse)	145
Agora ignoro você	145
Chamar todo JavaScript!	146
Crie e-mail	146
Loop para você	147
Você foi alfinetado	147
Ignore esse código	148
Autoformatação	148
Apresente-o certo	149
Bloqueie a root	149
Simplesmente não estou pronto	150
Texto que pode ser rolado	150
Eis uma sugestão	151
loadMovie não carrega um JPEG	151
Subitamente sensível	152
Tenho um comentário	152
Não imprimir	153
Rastreie uma ação	153
A melhor maneira de ocultar o menu de usuário	154
Como ser local	154
Botão de Actions funcionava antigamente, e agora?	155

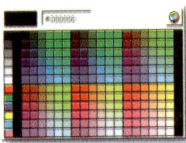

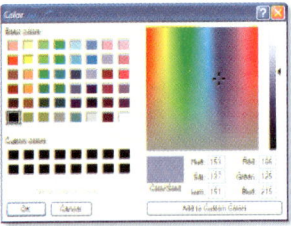

CAPÍTULO 10
Vamos ficar por dentro
Dicas para colocar o filme Flash em seu site   157

   Desempenho previsto   158
   Contornos banidos   158
   SWFs transparentes?   159
   A Web segura mudou   160
   Como redimensionar de acordo   160
   Tamanhos de documento   161
   Execução travada no Mac   161
   A luminosidade enfraquece demais   162
   Flash é para a Web, certo?   162
   Por que o meu arquivo é tão grande?   163
   Ah, taxas de moldura   164
   Melhor salvar do que se arrepender   165
   Previsão do Flash   166
   Eu tenho qualidades individuais   167
   Pobre em recursos   167
   Bitmaps partidos   168
   Desfazer personalizado?   168
   Para frente e para trás, para lá e para cá   169
   'Flashear' a imagem   170
   Escalonamento de aflições   171
   Pixel limpo   171
   10.000 ligas para desfazer   172
   Como limpar a casa ou a biblioteca   172
   Apare a gordura   173
   Suave demais para mim   174
   Som nulo   174
   Reduza as suas curvas   175
   Não seja sempre tão cinéfilo   176
   Som que sincroniza   177
   Execute Flash   177

INTRODUÇÃO

Porque escrevi este livro

Na verdade, é uma história engraçada. Eu estava sentado, sozinho em meu apartamento, tendo acabado de ver *Terms of Endearment* (Laços de Ternura) pela quinta vez e ainda estava chorando, quando o telefone tocou. Era o Presidente. Ele disse: "Shane, quero pedir-lhe um favor. Eu preciso que você escreva um livro e preciso que esse livro mude o mundo." Eu respondi: "Eu o farei, mas preciso saber tudo sobre a Área 51, cem mil dólares e uma assinatura pelo resto da vida de *Marie Claire*". Está certo, um dos três não é de todo ruim. Depois que acabei de olhar para os alienígenas, fui direto trabalhar neste livro.

Portanto, há um motivo real pelo qual escrevi este livro. Essa série de livros criadas por Scott Kelby, já inclui dois outros programas que eu uso regularmente: Dreamweaver e Photoshop. Para ser honesto, eu só tinha ouvido falar da série de livros *Killer Tips* (Dicas Definitivas) e nunca tinha lido nenhum. Quando soube que a chance de escrever um estava à caminho, fiquei um pouco apreensivo. Eu não tinha idéia que tal livro exigiria. Depois de dar uma olhada nos livros Dreamweaver e Photoshop que vieram antes, a decisão foi fácil. Pensei, "os designers de Flash precisam de um livro como este!". De fato, se não por isso, eu queria compilar todas as dicas com as quais tinha cruzado ou descoberto em meus anos de uso de Flash, de modo que podia ter uma referência rápida. Encaremos o fato: quando você lê uma revista, a primeira coisa que olha são as fotos e o balão de texto nas margens, de *Marie Claire*. Bem, você não encontra nada nas margens deste livro, porque tudo está em uma dica à margem. Todo o livro é apenas uma coletânea de dicas de Flash que o ajudarão a trabalhar melhor e mais rápido, e por fim, você mesmo receber um telefonema do Presidente.

Este livro é para você?

Eu não sei como este livro não seria para você. Sei que cada autor afia os próprios tentáculos dessa maneira, mas honestamente, escrevi um livro que teve outra pessoa escreveu, e eu queria tê-lo. Quando se trata de Flash, todos nós sabemos que o programa está sempre se expandindo e se tornando, continuamente, mais complexo. Isso significa mais atalhos para conseguir fazer as coisas. Como existem tantas coisas como essa, eu sempre tive dificuldade de lembrar de todas, ou pelo menos, de usá-las todas. Assim, para ser sincero, este livro é muito mais para mim do que para você. O que é um pouco estranho. Quero dizer, eu sentado trabalhando e então, abro o meu próprio livro como uma referência.

Eu sei que você deve estar dizendo, "Onde posso conseguir uma assinatura gratuita de *Marie Claire*?" Bem, talvez eu possa recomendá-lo na Casa Branca. Enquanto isso, tente fazer a si próprio esta pergunta .. "Se Flash é tão enorme e robusto, você não podia ter colocado 10.000 dicas?" Claro que eu podia. Eu podia ter transformado cada pequeno atalho de todo o programa em uma dica, mas então o livro teria 3.000 páginas e seria muito difícil de folhear ou usar como uma referência. O que fiz foi escolher as dicas que sempre me ajudaram e excitaram. Essas são as que considero "Dicas Definitivas".

Em muitas ocasiões, enquanto escrevia , cruzei com uma dica que sempre conheci, mas raramente usei. De fato, fiquei excitado ao redescobri-las e creio que se você as estiver descobrindo ou redescobrindo, também ficará. Porque o livro foi escrito para ser uma coleção das melhores dicas para qualquer pessoa, do iniciante ao especialista, sei que, na verdade, este livro é para você. Se não for, vá em frente e compre-o, só para ter certeza.

Está certo, como começo?

Comece pegando um envelope vazio, colocando $1,000 dentro e enviando-o para a New Riders, a/ c de Shane Elliott. Está certo, agora você está pronto para iniciar o livro. De fato, como qualquer outro livro, pode pensar que deve começar folheando para a primeira página das dicas e partir de lá. Entretanto, este livro não é destinado a ser lido direto. Afinal, escrevi o livro para ser uma coleção categorizada de dicas, e você pode pular de uma página para a próxima para encontrar o tipo de coisa que precisa, sem precisar ler todo o livro. Não é necessário qualquer software especial (a não ser, claro, Flash MX 2004); não há CD-ROM incluído com um punhado de tutoriais que podem confundir e difíceis de administrar.

Tenha em mente que explico cada dica, assim, se você for um ávido usuário de Flash, não fique frustrado se vir (CTRL+F8) cada vez que menciono algo para um símbolo. As dicas são destinadas a operar completamente por si sós e a maioria delas não requer que, nem ao menos você leia qualquer outra coisa no livro para ser eficaz. Simplesmente vire para qualquer página do livro e comece a aplicar essas sugestões úteis. É simples assim.

Este livro é para Macintosh, Windows ou ambos?

Pelo fato de não haver a exigência de CD-ROM ou qualquer software adicional, este livro é para qualquer usuário do Flash MX 2004. Porque esse lançamento do Flash MX executa sob o OS (sistema operacional) X no lado Mac, você precisará tê-lo, mas tenho certeza que você descobriu isso quando comprou o programa. Claro que desde que o Flash pareça ligeiramente diferente em no Mac e em um PC (computador de sistema operacional Windows), você perceberá que algumas das suas telas podem não ser idênticas às minhas, mas por sorte, a Macromedia garantiu que o Flash funcione exatamente da mesma maneira, tanto no Mac quanto no Windows. As únicas variações verdadeiras que verá são que os atalhos de teclado são diferentes. Mas, adivinhe .. eu coloquei ambos os conjuntos de atalhos. O que você acha? Você ama, certo?

Como usar este livro

Este livro pode ser usado para muitas coisas diferentes. Você pode colocá-lo em sua mesa de café para aumentar a sua posição social entre amigos. Pode usá-lo até fora de uma mesa lateral. Pode enrolá-lo e bater na cabeça de alguém. Ou, de fato, pode ler a coisa de vez em quando. Eu recomendo a última. O que faço é simplesmente ter certeza de que ele está comigo quando trabalho. Quando ele está ao meu lado, sinto que posso sempre pular para uma página e encontrar exatamente a coisa que preciso. Espero que você também ache isso.

Lembre-se de verificar www.killerflashtips.com, onde é possível encontrar cópia de updates (atualizações), correções e até dicas adicionais que são descobertas depois do lançamento do livro.

O que não fazer

Há uma coisa que você nunca deve fazer quando estiver lendo este livro. Tenho certeza, isso é de fato, muito importante e, se fizer isso, pode nunca mais ser o mesmo. Eu vi um camarada fazer essa coisa e ele acabou sentando em sua cadeira e se culpando por anos que se seguiram. Foi realmente estranho e não posso explicar bem, mas acredite. Não vá virar o meu livro buscando por sidebars (explicações adicionais). Elas não estão lá. Porque todo o livro é de explicações de dicas. Ah, e não conte a ninguém sobre a minha assinatura de *Marie Claire*. É pessoal e as pessoas podem ter uma idéia errada.

PREFÁCIO

Flash MX 2004 Dicas Definitivas
Editado por Scott Kelby

Bem vindo ao *Flash MX 2004 Dicas Definitivas*. Como editor da série Killer Tips não posso dizer quão excitado e verdadeiramente grato estou de ver o conceito de criar um livro que é, de capa a capa, apenas de dicas, ampliado o meu livro original (*Photoshop Killer Tips*) para *Flash MX 2004 Killer Tips* (Flash MX 2004 Dicas Definitivas).

A idéia dessa série de livros me veio quando estava em uma livraria, olhando os livros mais recentes de Photoshop na prateleira. Eu me vi fazendo a mesma coisa em cada livro que peguei: eu virava a página até encontrar um parágrafo que começava com a palavra "Tips" (dicas). Eu lia a dica, depois, continuava a percorrer até encontrar uma dica com explicação. Logo percebi que estava viciado em dicas, porque sabia que se eu estivesse escrevendo o livro é onde eu poria o meu melhor material. Pense nisso: Se você estivesse escrevendo um livro e tivesse, realmente, uma incrível dica, ou um segredo ou atalho, você não a enterraria entre centenas de parágrafos de texto. De jeito nenhum! Você deveria fazê-la sobressair: Colocaria uma caixa à volta dela, talvez um matiz atrás dela e, se ela fosse muito boa (e curta e doce) você chamaria a atenção de todos, começando com a palavra "Dica!"

Isso foi o que me fez pensar. Obviamente, não sou o único que gosta dessas dicas, pois quase todo livro de software as tem. Só há um problema: Nunca há o suficiente delas. E pensei, "Não seria ótimo se houvesse um livro que não tivesse nada senão aquelas simpáticas e pequenas dicas?" (Claro que o livro, na verdade, não teria explicações, pois não seriam elas o foco; nada, a não ser atalhos simpáticos, segredos internos, maneiras inteligentes de fazer as coisas que fazemos diariamente, porém, mais depressa – e com mais diversão – do que nunca!) Esse era o livro que eu realmente queria e, graças às maravilhosas pessoas da New Riders, esse é o livro que eles me deixaram escrever (junto com o meu co-autor e bom amigo Felix Nelson). Ele foi chamado *Photoshop Killer Tips* e tornou-se um best-seller instantâneo, pois o Felix e eu estávamos comprometidos em criar algo especial: Um livro onde cada página incluía uma outra dica que fizesse você balançar a cabeça, sorrir e pensar, "Ahh, então é assim que eles fazem isso".

DICA

Se você estiver escrevendo um livro e tiver, realmente, uma boa dica, ou um segredo ou atalho, não deve enterrá-lo entre centenas de parágrafos de texto. Você deveria fazê-la sobressair: Colocaria uma caixa à volta dela, talvez um matiz atrás dela e, se ela fosse muito boa (e curta e doce), você chamaria a atenção de todos, começando com a palavra "Dica!"

Se você já imaginou como os prós conseguem fazer duas vezes o trabalho em metade do tempo, então na verdade, não é segredo: Eles fazem tudo o mais eficientemente possível. Não fazem *nada* da forma difícil. Conhecem cada atalho para poupar tempo, cada solução, cada dica de velocidade e, como tal, trabalham o tempo todo a velocidade total. Eu lhe direi, quando se trata de ser eficiente, e quando se trata de ficar à frente da competição: A velocidade mata!

Bem, o que você está segurando em suas mãos é um outro livro de Dicas Definitivas: Um livro empacotado, de capa a capa, apenas com aquelas simpáticas e pequenas explicações de dicas (sem as explicações). Shane Elliott captou o espírito e o sabor do que trata um livro de Dicas Definitivas. Eu não posso esperar para você começá-lo, assim, ficarei de lado e o deixarei tomar a direção, pois você está prestes a ir mais rápido, ficar mais eficiente e ter mais divertimento em Flash MX 2004 do que jamais pensou ser possível.

Divirta-se a aproveite a viagem!

Com o melhor de mim,

Scott Kelby, Editor da Série

Eu o posicionarei

Você já abriu a porta do seu guarda-roupa e percebeu que tinha escolhido as suas roupas a esmo, e acabou pegando a última que tinha sobrado pendurada? Está bem, talvez

Eu o posicionarei

Dicas para organizar o seu espaço de trabalho

você seja mais organizado do que eu, mas se for como qualquer um dos meus amigos, então você não é – portanto, pare de mentir. Ah, o seu guarda-roupa é uma beleza? Está certo, e quanto ao seu carro? Ele também? Bem, isso é impressionante. De qualquer modo, agora que estou escrevendo, oficialmente, coisas sérias, deixe-me dizer que este capítulo é para os bagunceiros, bem como à deusa virgem da limpeza. Tudo o que faço nesta seção é dar dicas de como usar melhor o espaço que você tem. Sejamos realistas – a interface Flash não agrada a todos. Na verdade, ela tem levado alguns dos meus amigos a beber. Aliás, , isso foi o que me levou a dar carona a eles para o bar. De qualquer forma, se você gosta ou odeia a interface, vai adorar este capítulo, porque ele o ajuda a fazer do Flash o que deseja que ele seja.

ONDE DEVO COLOCAR A LINHA DE TEMPO?

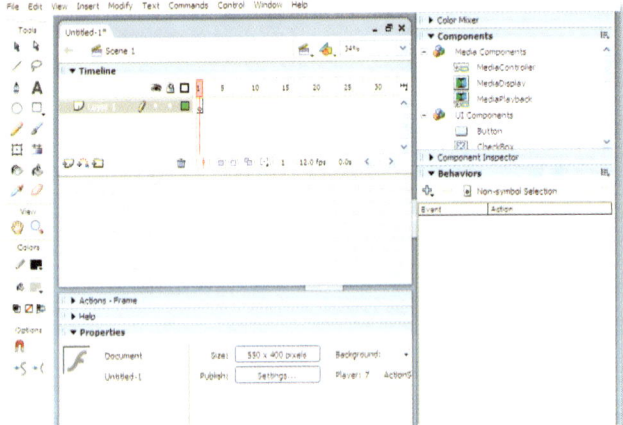

Depois de trabalhar com Flash por algum tempo, é possível que você mesmo tenha reorganizado os seus painéis, ou pode ter usado um dos conjuntos de painéis predefinidos e pode estar pensando consigo mesmo, "A linha de tempo não parece estar no melhor lugar". Se esse é o caso, eis uma sugestão:

Coloque a sua Timeline (linha de tempo) acima do seu Stage (palco; área de trabalho) de modo que as únicas coisas à esquerda e à direita dele sejam a Toolbar (barra de ferramentas) e a coluna principal de painéis. O motivo disso é que você quer ser capaz de rolar através da sua linha de tempo, usando a barra de rolagem horizontal abaixo . Às vezes, colocar a linha de tempo no lugar errado, pode limitar demais a rolagem, ou mesmo impedi-la totalmente. Isso é especialmente útil se você tiver centenas de molduras(quadros) numa linha de tempo em especial. A alternativa seria reestruturar continuamente o seu layout (disposição; desenho; esquema), sempre que quiser rolar a sua linha de tempo.Ei! se for isso que quer fazer, ótimo! sendo assim, não me ouça (estou só brincando).

CAPÍTULO 1 – Dicas para organizar o seu espaço de trabalho | 5

● ● ● PRECISO DO MEU ESPAÇO!

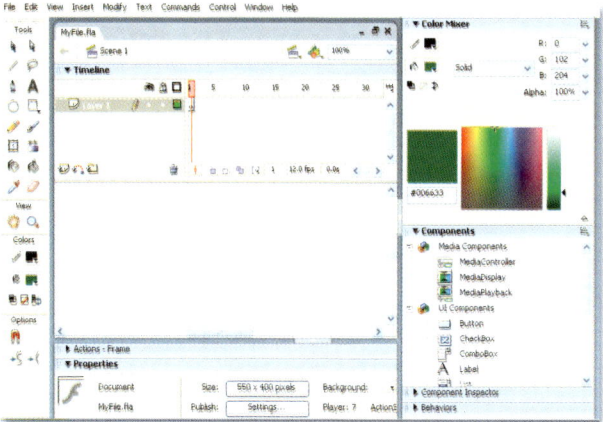

Sim, painéis são ótimos e precisamos que eles estejam disponíveis o tempo todo. Bem, quase. Se você tiver um espaço real limitado, ou trabalhar com arquivos muito grandes, pode não ser capaz de visualizar 100% sua área de trabalho. Se esse for o caso, simplesmente pressione F4 para ocultar rapidamente todos os seus painéis. As únicas coisas que permanecem são a sua área de trabalho e a linha de tempo (que pode ser diminuída). O melhor disso é que você pode conseguir todos aqueles preciosos painéis de volta, a qualquer momento, pressionando F4, de novo. Devo dizer que uso esse truque acima de tudo.

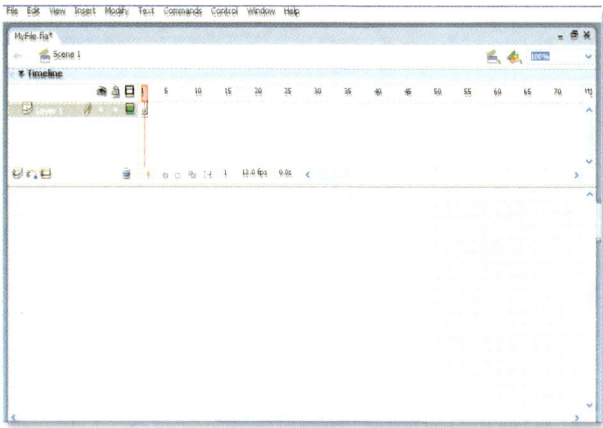

● ● ● É O MEU CAMINHO OU A AUTO-ESTRADA

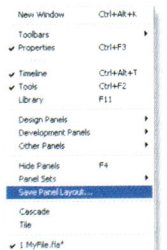

Eu sei que todos vocês adoram painéis. Eles estão colocados perfeitamente em sua tela e o painel de que precisa está sempre disponível, mas, para aqueles que gostam de fazer as coisas a seu modo, continuem a ler. É verdade que você tem um layout padrão de painel, no entanto, pode fazer o seu próprio. Depois de abrir todos os painéis que deseja e deixá-los nos lugares certos, vá para Window > Save Panel Layout (janela, salvar layout de painel). Entre com um nome simples para o layout do seu painel, como por exemplo: "Só meu" e clique OK. Da próxima vez em que for para Panel Sets (conjuntos de painéis), verá o seu novo conjunto de painel esperando por você. Também é possível gravar um conjunto de painel, salvando-o com um nome já existente. Se alguma coisa der errado, você estará apenas a uns cliques da felicidade.

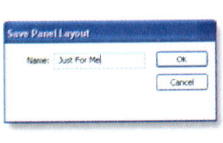

Remover um conjunto personalizado é um pouco mais difícil. Você precisará ir a sua pasta Configuration > Panel Sets (configuração, conjuntos de painéis) e remover o conjunto que não deseja mais. Encontrar essa pasta pode ser ardiloso, pois sua localização difere, dependendo de qual sistema operacional esteja usando.

Observe as localizações especiais em diferentes sistemas operacionais. Em Windows 2000 ou XP, vá para C:\Documents e Settings\<username>\Local Settings\Application Data\Macromedia\Flash MX 2004\Configuration\Panel Sets (C:\ Documentos e Configurações\nome de usuário\Local Configurações\Aplicativo de dados\MacromediaFlash MX 2004\Configuração\Conjuntos de painéis). Em Windows 98 ou ME, vá para C:\WINDOWS\Application Data\Macromedia\Flash MX 2004\en\Configuration\Panel Sets (C:\WINDOWS\Aplicativo de dados\Macromedia\Flash MX 2004\Configuração\Conjuntos de painéis).

E em Macintosh OS X, vá para <Macintosh HD>:<username>:Library:Application Support:Macromedia:Flash MX 2004:en:Configuration:Panel Sets (<HD de Macintosh>:<nome de usuário>:Biblioteca:Aplicativo de suporte:Flash MX 2004:en:Configuração:Conjuntos de painéis).

● ● ● Ei, Ei, Ei, ADEUS

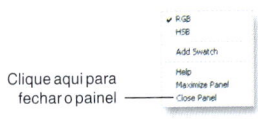

Clique aqui para fechar o painel

Então, adicionar painéis ao seu layout é bem fácil, mas remover um destes painéis, pode não ser. Obviamente sempre é possível apenas desmarcar o painel listado no menu Window, mas os painéis nem sempre estão relacionados só lá. Ao invés de percorrer todos os menus para descobrir o que levou um painel a aparecer, vá direto à fonte da sua agonia. Para remover qualquer painel individual de sua interface, simplesmente expanda o painel (ele não pode ser diminuído ao fazer isso). Vá ao menu na parte superior do painel, clique e escolha Close Panel (fechar painel). Agora aquele painel foi retirado da sua vida para sempre. Bem, pelo menos até que você o capacite novamente.

⊖ ⊖ ⊖ COMO DIMINUIR SEÇÕES

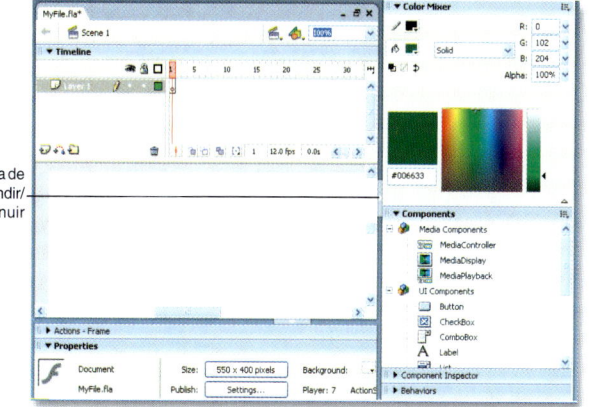

Seta de expandir/diminuir

A inclusão de painéis que podem ser ancorados em Flash MX foi uma ótima melhoria sobre os antigos designs de painéis em Flash. Os painéis que podem ser ancorados ofereceram muito mais controle sobre o que o usuário vê, e como vê. Mas, ainda não estava perfeito. Por exemplo, você não podia se livrar daquela coluna principal de painéis sem removê-los todos de uma só vez, ou ainda, ocultar cada painel do programa. Nenhuma das maneiras estava muito certa. O Flash MX 2004 introduz seções que podem ser ocultas da interface. Agora, você notará que a barra de divisão entre determinadas áreas da interface (aquela coluna de painéis, por exemplo) tem um botão de seta bem estreita. Isso parecerá familiar, como pode ser visto em Actions Panel, Debugger (painel de ações, depurador) e outras partes do Flash MX. Isso é parte da própria interface, usar esse botão pode ocultar completamente

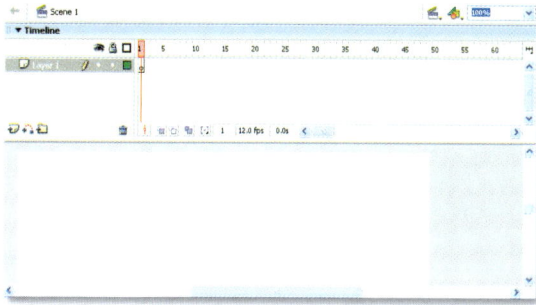

aquela seção da interface, deixando-o com muito mais espaço e acesso a outra áreas importantes do programa. De fato, um bom aperfeiçoamento.

TODOS A BORDO

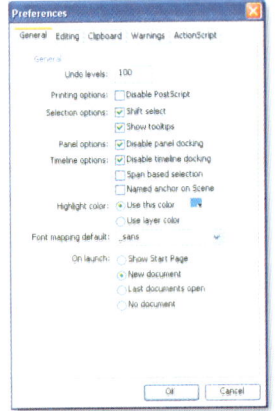

Na verdade, algumas pessoas sentem falta das interfaces do estilo antigo, onde todos os painéis flutuavam à volta do aplicativo em vez de comer espaço, sendo ancorados. Conforme mencionei anteriormente, existem várias maneiras de liberar espaço, ocultando painéis. Mas se você estiver, de fato, ansioso para que todos os seus painéis flutuem, então é possível tê-los a seu modo.

Use CTRL-U (em Mac, Flash > Preferences [Flash, preferências; favoritos]) para trazer para frente de suas preferências Flash, depois, troque para tab (aba; guia) General (geral). Agora, simplesmente coloque uma marca em "Disable panel docking" (incapacitar ancoragem de painel) e "Disable timeline docking" (incapacitar ancoragem de linha de tempo), clique OK e bang! - painéis

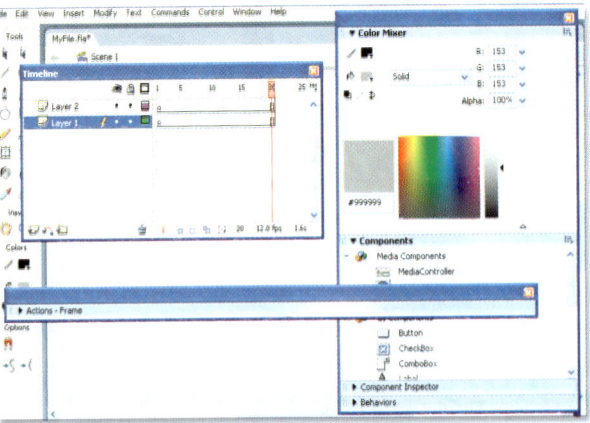

flutuando. A única coisa que resta ancorada é a barra de ferramentas, com a qual você pode desfazer a ancoragem, arrastando-a por sua alça (pequenos pontos no canto superior esquerdo). Mas, esteja atento, esta dica só é realmente útil quando sua resolução estiver ajustada para 1024x768 ou superior; caso contrário, ela apenas cria um amontoado. Para ter seus painéis de volta ao modo ancorado, desmarque as duas caixas e escolha Default Panel Set (ajuste padrão de painel) a partir de Window > Panel Sets.

CAPÍTULO 1 – Dicas para organizar o seu espaço de trabalho | 9

● ● ● É HORA DE REMOVER A LINHA DE TEMPO

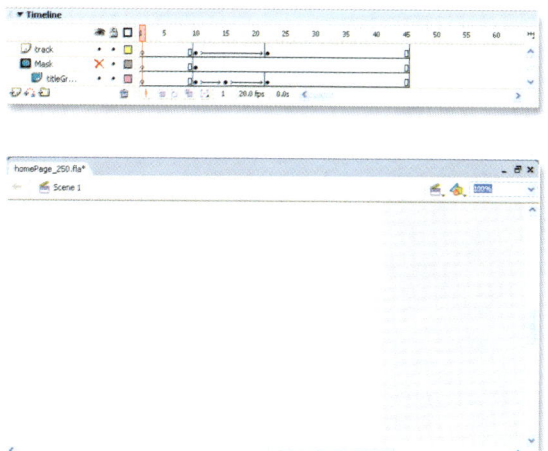

Está certo, vez por outra, quando você não está muito disposto a fazer uma animação, a linha de tempo pode atrapalhar seu caminho. Um remédio rápido para este dilema é removê-la. Porque não há como fechá-la usando o menu de painel, no alto à direita, simplesmente porque ela não tem um, mas existe um atalho. Use CTRL-ALT-T (CMD-OPT-T em Mac) para ocultar a linha de tempo, e faça a mesma coisa a fim de exibi-la de novo, quando estiver pronto para aceitá-la de volta em sua vida.

● ● ● A BIBLIOTECA NÃO FICA PARADA

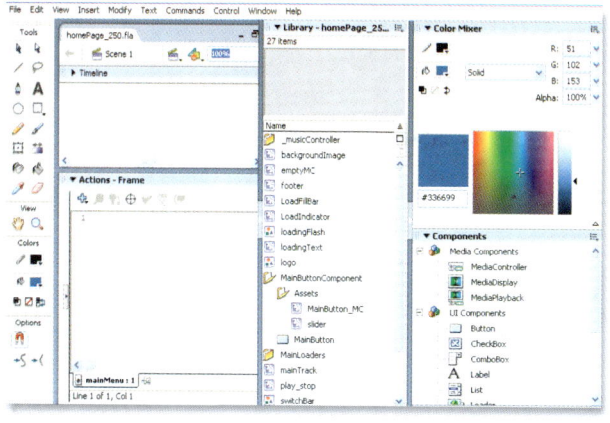

Geralmente, quando você pede ao Flash para exibir a sua Library (biblioteca) (CTRL-CMD-L), o diabo da coisa quer flutuar pela tela. Isso pode ser aborrecido se estiver apresentando itens valiosos, como a sua área de trabalho ou outros painéis de que você possa vir a observar, enquanto estiver trabalhando. Mas, se for como eu, você gosta de ter a sua biblioteca à mão, de vez em quando. Bem, a biblioteca pode ser completamente ancorada, exatamente como qualquer um dos outros painéis e janelas em Flash MX 2004. Para ancorar sua biblioteca, simplesmente agarre o canto superior esquerdo (onde estão todos os pequenos pontos) e arraste-o para um outro painel ancorado ou inspetor, até que ele se alinhe. E, se tiver espaço suficiente na tela, você pode até ancorá-la à esquerda de seus painéis, que correm para baixo, do lado direito da interface de Flash. De qualquer maneira, é uma opção muito melhor do que movê-la continuamente para fora do caminho, ou redimensioná-la com freqüência, a fim de visualizar o que está fazendo.

◎ ◎ ◎ NOMEIE AS SUAS CAMADAS

À medida que você acrescente mais camadas a seu documento, começará a querer distingui-las umas das outras. O Flash tenta fazer isso para você, nomeando como "Layer 1" (camada 1) e "Layer 2" (camada 2), mas isso só o leva até aí. Eventualmente, você vai querer nomear cada camada de acordo com o que ela contenha. Assim, se tiver uma bola balançando em uma camada, pode nomeá-la como, "Bola Balançando", apenas para seu controle. Para mudar o nome-padrão de qualquer camada, clique duas vezes sobre o nome atual da camada e digite o que quiser.

Acredite, depois de ter 20 camadas bem denominadas em determinada linha de tempo, você voltará para esta dica e dirá: "Obrigado, Shane! Você é meu melhor amigo." Bem, dirá isso ou não.

◎ ◎ ◎ NOME DE CAMADA OCULTO ...

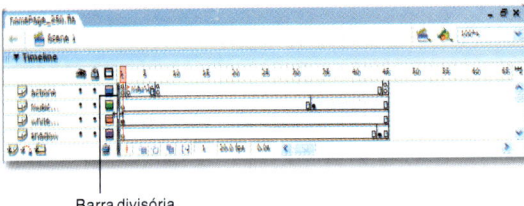

Barra divisória

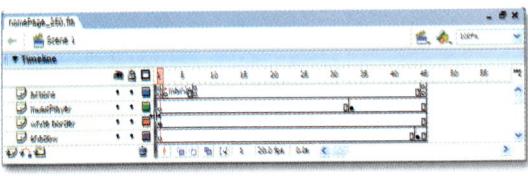

É considerada uma boa prática nomear as suas diferentes camadas de acordo com o que cada uma contenha. Sendo o bom desenvolvedor que você é, provavelmente se deparou com algum aspecto comum ao nomear as suas camadas. Quando você designar um nome muito longo a uma camada, o Flash exibirá apenas o que puder e colocará alguns pontos no fim, para que você saiba que o nome continua. Sempre é possível encurtar nomes de camadas, mas parece um tanto injusto que você fique limitado desta maneira. Ao invés disso, agarre a barra divisória que separa os nomes das camadas, a partir das molduras, e arraste esta barra para à direita até ver os nomes completos das suas camadas.

O único problema com este truque é que a posição da barra divisória não permanece depois de você movê-la. Você terá que fazer isso sempre que abrir o arquivo. Receio que salvar o layout de painel também não ajude.

ESTOU AZULEJANDO PARA COMPARAR

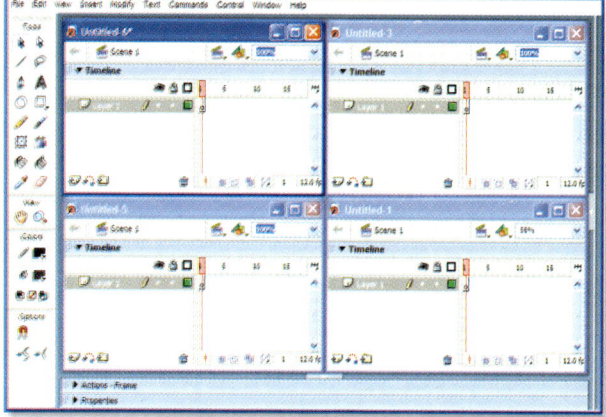

Ainda que eu não tenha ilusões de que azulejar janelas seja um conceito novo ou excitante, direi que nem todas as pessoas entendam por quê você iria querer fazer tal coisa. Especialmente quando é possível maximizar a sua janela para ver tudo, e com o novo sistema de tab (não disponível em Macs) acrescentado ao Flash MX 2004, você poderá alternar de um documento aberto, para outro, muito rapidamente (especialmente depois de ler este livro). Eis um objetivo muito útil para azulejar os seus documentos abertos: compará-los lado a lado e ver diversos deles ao mesmo tempo.

Escolher Window e depois Tile (azulejo) organizará os seus documentos abertos, de modo que todos estarão visíveis ao mesmo tempo. Há algumas coisas a considerar ao fazer isso: você pode azulejar tantos documentos abertos quantos quiser, embora eu recomende ficar com menos de oito, a menos que você tenha um teatro como tela. Qualquer janela minimizada ficará daquela maneira e não será incluída no azulejamento. Depois de ter os seus documentos abertos e expostos à sua frente, será fácil compará-los e , o mais importante, copiar e colar a partir de um documento para outro , com um simples arrastar-e-soltar.

UM EFEITO DE CASCATA

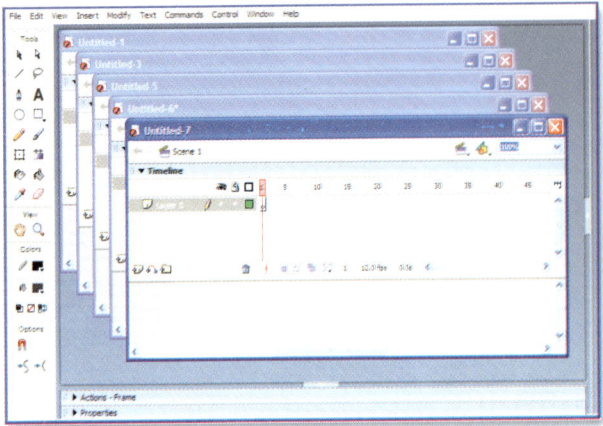

Eis uma outra maneira de organizar os seus documentos abertos, que pode ser apenas a sua xícara de chá. Escolha Window e em seguida Cascade (cascata) e o Flash organizará todos os documentos abertos, para que eles se apresentem empilhados um sobre o outro, mas ligeiramente afastados, de modo que seja possível mover-se entre eles. Qualquer documento selecionado vem para frente e você não está lidando com o constante redimensionamento de suas janelas de documento para ver o que deseja. Cada documento aberto é bem arrumado e até do mesmo tamanho. Eu mesmo, ainda prefiro usar o novo método de tab, mas essa é uma alternativa para aqueles com um pensamento diferente. Se quiser voltar a ter uma vista maximizada do documento , tudo o que tem a fazer é maximizar qualquer um dos documentos abertos e estará de volta ao normal. Ei! experimente, você pode gostar.

COMO APRESSAR A EXIBIÇÃO DE DOCUMENTO

Mesmo com os computadores atuais de alta finalidade, determinadas cenas em Flash podem dar muito trabalho para o computador apresentar rapidamente. Se você tiver uma cena muito envolvente, com muito trabalho de arte, componentes ou outros itens complexos e quiser reposicionar rapidamente as coisas, então você pode ter problemas.

Quando esse for o caso, troque o seu documento de Preview Mode (modo de visualização) para Outlines (esboços), indo para View>Preview Mode (ver, modo de visualização) e selecionando Outlines. Isso apresentará todo o trabalho de arte em sua área de trabalho apenas como esboços, permitindo que você posicione os itens rapidamente. Se ainda trabalhar com um computador mais antigo, esse truque será especialmente útil. Depois de ter feito as suas mudanças, será possível trocar para um outro modo, a fim de conseguir um sentido melhor de como a versão final se parecerá. Essa é apenas uma vista de documento, assim, apresentar em qualquer modo não afetará a qualidade final de SWF (método de troca rápida). Também é possível usar o modo Fast (rápido) para conseguir uma visualização veloz e, de certa forma, exata. Experimente cada modo para ver o que é melhor para você e para o seu sistema.

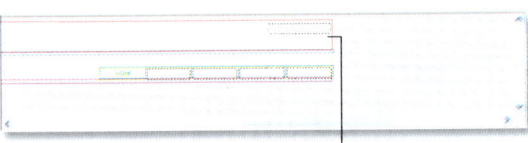
A área de trabalho (stage) no modo Outline Preview (esboço de visualização).

CAPÍTULO 1 – Dicas para organizar o seu espaço de trabalho | **13**

⊖ ⊖ ⊖ ANCORAR/DESFAZER A ANCORAGEM

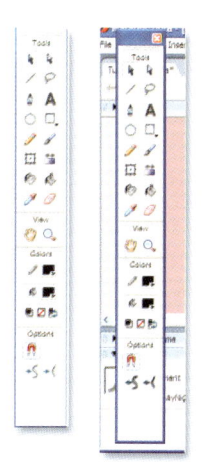

Eu me lembro quando trabalhei em uma empresa de design. Eles me deram um P4 super- carregado e duas telas planas de exibição de 24 polegadas. Embora essa situação de sonho tenha durado apenas umas duas semanas, uma coisa de que me lembro é que nunca tive que diminuir ou mover qualquer um dos painéis em Flash. Tudo era visível de uma vez. Mas, sejamos francos, essa não é a configuração típica do designer.

Quando se trata do espaço normal da tela, cada pixel é precioso. Um dos maiores desperdiçadores de espaço pode ser a barra de ferramentas. Ela se estica até o fundo da interface, de qualquer forma. Se você precisar desfazer a ancoragem dela e movê-la rapidamente, simplesmente clique duas vezes sobre sua pequena alça pontilhada. Arraste-a para onde quiser e depois, poderá refazer a sua ancoragem, clicando-a duas vezes novamente. Ela é enviada de volta ao lugar onde estava da última vez em que você a ancorou, e não é preciso arrastar à volta para encontrar o lugar certo para soltá-la.

Lamento usuários de Mac – essa dica só se aplica a Windows. A barra de ferramentas de Flash em Macs não é ancorada, ela está sempre flutuando à volta.

⊖ ⊖ ⊖ ALGUÉM TEM FAMILIARIDADE?

Este livro gasta muito tempo falando sobre atalhos de teclado e outras operações de poupar tempo. Entretanto, ainda não falamos sobre configurar alguma coisa familiar. Para muitos de nós, o que costumamos usar são as barras de ferramentas. Veja MS Word, por exemplo. Claro que temos a barra de ferramentas de desenho, mas também existem outras. Vá para Window > Toolbars e capacite as duas barras de ferramentas, Main (principal) e Controller (controlador).

Essas duas barras de ferramentas trarão de volta ferramentas familiares, como Save (salvar) e Open (abrir), assim como um controlador muito útil, bem no estilo VCR (videocassette recorder – gravador de fita de vídeo) para a sua linha de tempo. Use-o para controlar a exibição da sua linha de tempo ativa, sem precisar exportar ou publicar. A execução não é tão exata, mas certamente ajuda. Às vezes, é até bom quando você vê velhos amigos.

AS ALTURAS

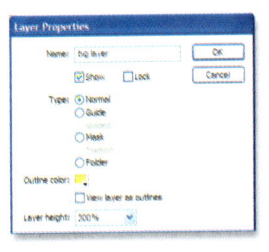

Em outras áreas do livro, falamos muito sobre camadas e molduras, e em como mudar a quantidade de espaço de visão horizontal e vertical. Até agora, todas essas opções de vista para a linha de tempo têm sido muito universais – elas se aplicam a cada camada ou a cada moldura. Mas, há uma coisa que deixamos de fora – a propriedade Layer Height (altura de camada).

Clicar duas vezes no ícone da camada trará para a frente a janela Layer Properties (propriedades de camada). Logo abaixo, você é capaz de ajustar a altura para 100%, 200% ou 300%. A configuração é só para aquela camada, o que pode, de fato, fazê-la sobressair. Existem muitos motivos pelos quais você pode querer usar essa configuração, portanto, deixamos para você decidir. Basicamente, isso fará apenas o que diz e nada mais.

SIMPLIFIQUE O MISTURADOR DE COR

Quando você abre o Flash MX 2004 pela primeira vez, nem ao menos vê o Color Mixer (misturador de cor) (Window > Design Panels > Color Mixer – janela; painéis de design; misturador de cor). Mas, se você for um designer, encontrará e abrirá esse camarada imediatamente. Sendo esse o seu caso, será possível perceber que um Color Mixer pode ocupar muito espaço de tela. Com certeza, você pode ocultar a coisa toda, clicando a sua barra de título, mas, pode querê-lo à mão, sem precisar alternar a cada vez a sua visibilidade.

Com o Color Mixer aberto, clique a pequena seta para cima, localizada na parte inferior direita, a fim de diminuí-lo para uma vista básica. Isso poupa espaço e não é preciso ocultá-lo totalmente. Clique a seta para baixo no mesmo lugar para ver novamente os recursos avançados.

CAPÍTULO 1 – Dicas para organizar o seu espaço de trabalho | **15**

◉ ◉ ◉ INSPETOR DE PROPRIEDADE – MAIS DO QUE O OLHO VÊ!

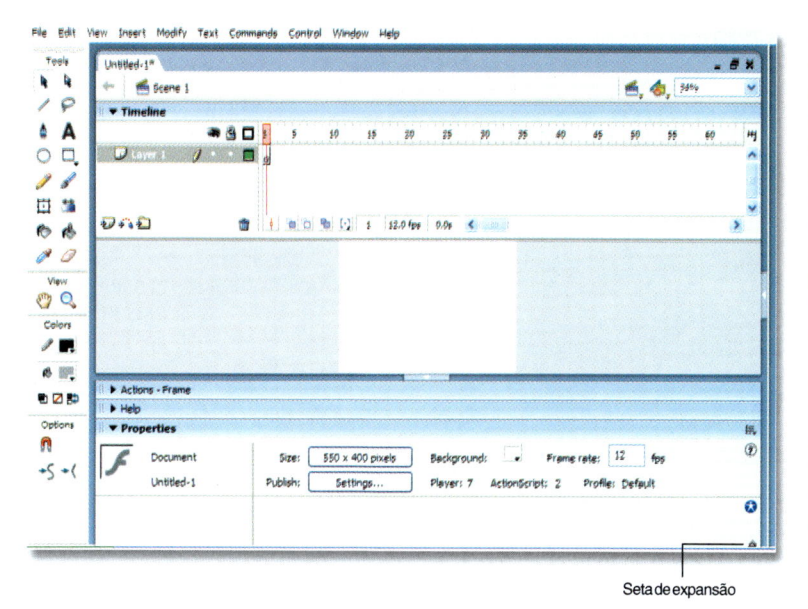

O Property Inspector (inspetor de propriedade) é apenas isso – um lugar para ver as propriedades que você selecionou em seu documento Flash. Na maior parte do tempo ele faz o seu trabalho, e você não quer nada mais dele. Entretanto, ocasionalmente (dependendo do que você selecionou), pode haver mais propriedades para ver. Olhe no canto inferior direito do inspetor de propriedade e verá uma pequena seta para baixo. Se clicar nela, o inspetor vai se expandir, revelando ainda mais propriedades.

Seta de expansão

Talvez o melhor exemplo de como isso pode ser útil, seja selecionar um bloco de texto que esteja em sua área de trabalho. Olhar para o inspetor de propriedades, enquanto ele se expande, oferecendo toda uma gama de opções adicionais. O mesmo conceito se aplica a muitos elementos do seu documento Flash, que podem ser selecionados e, se você vier a precisar de espaço extra, poderá simplesmente clicar a mesma seta (agora, virada para cima) novamente, a fim de ocultar as propriedades extras. Quando você inicia o Flash, o inspetor de propriedade já se expandiu, assim, fique à vontade para diminuí-lo e poupar algum espaço.

NOVA JANELA

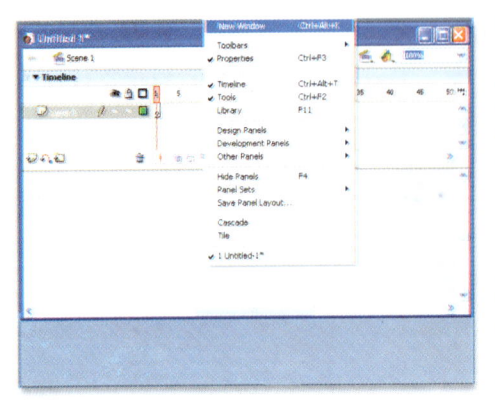

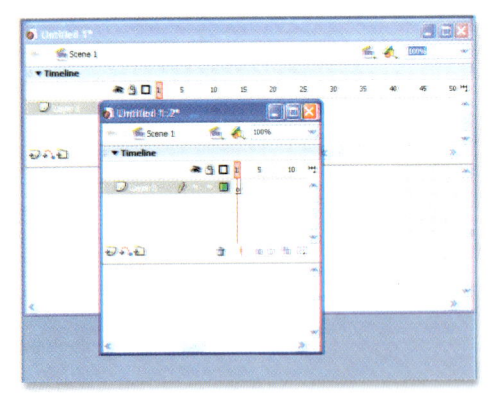

Essa pode complicá-lo um pouco, a princípio. Todo mundo sabe como criar um novo documento, indo para File > New (arquivo, novo) mas, uma nova janela é ligeiramente diferente. Na verdade, é muito diferente. Uma nova janela é apenas uma nova vista que exibe o mesmo documento.

Abra qualquer documento Flash e pressione CTRL-ALT-K (CMD-OPT-N em Mac), ou vá para Window > New Window (janela, nova janela). De qualquer maneira verá que uma nova janela se abriu, exibindo o mesmo arquivo. Essa me ajuda muito quando estou fazendo pequenas mudanças em múltiplas linhas de tempo, pois posso abrir apenas uma nova janela e usar cada janela para ver uma linha de tempo separadamente. Depois, posso trocá-las, usando o Quick Swith Tabber (tabulador de troca rápida), sem precisar perder tempo navegando entre elas, usando uma única janela. Devo admitir, isso não é algo que uso com freqüência, mas agora que estou mencionando tudo isso, creio que começarei a utilizar de novo. Eu adoro me lembrar de coisas. Isto é, de filhotes.

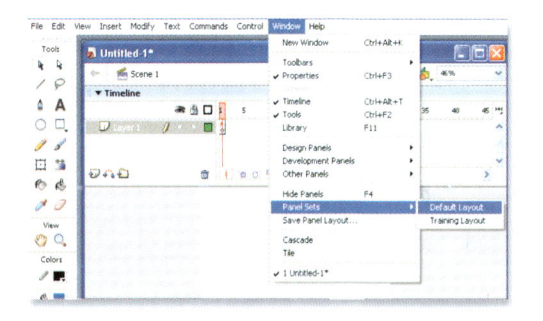

CAPÍTULO 1 – Dicas para organizar o seu espaço de trabalho | 17

● ● ● PERDI MEU PAINEL

Acontece de vez em quando. Você está trabalhando e talvez mude as resoluções de tela com painéis não ancorados flutuando à volta. Subitamente, não importa o que faça, não consegue de volta um painel em sua tela. Ele some naquele espaço desconhecido, atrás da borda da tela. Eu gosto de chamar esse espaço de "Non Visible Panel Land" (terra do painel invisível). Seja como for que você o chame, existe uma maneira simples de tê-lo de volta. Vá para Window > Panel Sets e escolha Default Layout. Isso trará quaisquer painéis perdidos de volta à "Visible Panel Land" (terra do painel visível) e evitará que tenha outra alucinação.

Se, por qualquer motivo, não puder ter o painel de volta desta maneira, precisará esvaziar as suas preferências (a pasta Configuration, na dica Path to Excellence [caminho para a excelência]). Reinicie o Flash após tê-las esvaziado. Se o painel ainda não voltar, você terá que desinstalar e reinstalar o Flash. Sinto muito, certas coisas acontecem.

● ● ● CAMINHO PARA A EXCELÊNCIA

Há muito o que mencionar neste livro – e pelos desenvolvedores em geral – sobre as suas prefs (abreviação de *preferências*) em Flash. Às vezes, as pessoas recomendam que você as apague no caso de algum erro desconhecido ou, terá que saber onde elas estão, de modo a poder personalizar a sua experiência em Flash. O único problema é que elas estão em um lugar diferente, dependendo de qual sistema operacional você use. Por isso é que quero dar uma lista clara de como encontrar as suas preferências em qualquer computador. Agora elas estão em uma pasta chamada Configuration, e eis como encontrá-las:

Windows 2000 ou XP: C:Documents and Settings\\<username>\Local Settings\Application Data\Macromedia\Flash MX 2004\en\Configuration

Windows 98 ou ME: C:\WINDOWS\Application Data\Macromedia\Flash MX 2004\en\Configuration

Macintosh OS X: <Macintosh HD>:<username>:Library:Application Suppot:Macromedia:Flash MX 2004:en:Configuration

Agora, se eu ou outra pessoa mencionarmos a sua pasta Configuration ou prefs, você saberá exatamente aonde ir.

Meu cinturão de ferramentas

Zona de ferramentas

Imagine se alguém pedir para você construir uma casa. Isso é estranho porque você pode não ser um construtor, mas coisas estranhas acontecem . Assim, você chega ao

Meu cinturão de ferramentas

Dicas sobre o uso de ferramentas e da barra de ferramentas

terreno e encontra uma enorme caixa de ferramentas, cerca de trinta homens com capacetes, esperando por suas orientações, e um par de adolescentes bêbedos ainda dormindo, devido a uma festa na noite anterior. Está bem, espere! isso é apenas estranho. Esqueça os operários da construção. Agora, você ficou com a enorme tarefa de construir uma casa, com uma caixa de ferramentas e dois garotos de ressaca . O que você faz? Deve ler este capítulo. Eu não estou dizendo que vou ajudá-lo com a situação que descrevi. O fato é que o Flash é simplesmente uma ferramenta e, como qualquer ferramenta, você precisa saber como usá-la, para poder construir a casa que imagina. É onde entra este capítulo. Nele, eu permito a sua entrada em todos os segredos do uso das ferramentas que lhe são oferecidas, da maneira mais efetiva e eficaz possível. Portanto, leia e, quando tiver terminado, inicie aquela casa.

● ● ● PINTE COM UM BITMAP

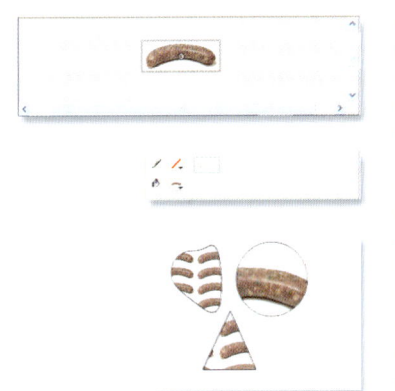

Em Flash existe um truque curioso que lhe permite usar um bitmap (imagem gráfica formada por pixels) como um preenchimento para tudo, de retângulos a traços de pincel. Comece importando um bitmap de qualquer tipo, coloque-o na área de trabalho, divida-o usando CTRL-B e, depois, use a Eyedropper Tool (ferramenta de conta-gotas) para exemplificar o bitmap dividido. Logo você perceberá que a cor de preenchimento na barra de ferramentas é agora uma pequena imagem do bitmap. Assim, é possível fazer qualquer coisa com aquele preenchimento, como faria com qualquer cor normal de preenchimento ou gradiente, portanto, use-a!

Esse truque tem um pequeno gancho. Se você remover um bitmap da Library, então perderá o seu preenchimento especial. Assim, o meu conselho seria ...não faça!

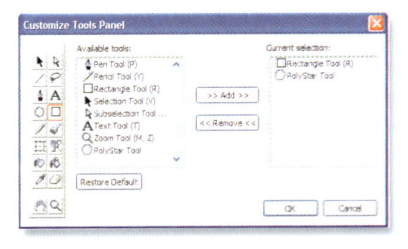

● ● ● FERRAMENTAS SECRETAS

Bem, está certo, elas não são realmente um segredo, mas você não pode simplesmente acessá-las apenas com um clique com o botão direito na barra de ferramentas como é possível em muitos aplicativos. O Flash MX 2004 apresentou uma nova barra de ferramentas que pode ser personalizada e há mais ferramentas ocultas do que é possível imaginar de imediato. Sim, a barra de ferramentas atual provavelmente deve ser mais do que suficiente para qualquer um, mas existem algumas ferramentas novas bem curiosas, que só são acessíveis indo para Edit > Customize Tools Panel (editar, personalizar painel de ferramentas) (CTRL-clique em Mac). Uma vez lá, você pode selecionar, à esquerda, qualquer ferramenta existente e acrescentar a ela subferramentas. Isso significa reorganizar a barra de ferramentas da maneira que quiser. Por fim, essa é apenas uma outra forma de personalizar a sua experiência ao máximo, e se você for como eu, isso é exatamente o que gosta de fazer.

⚫⚫⚫ SELEÇÃO MÁGICA

Selecione parte do bitmap

Quando você importa um bitmap em Flash, pode fazer muitas coisas com ele. Digamos que você quer importar um bitmap e editá-lo em Flash. Não é possível, você diz? Bem, de certo modo, você está certo. Com certeza as opções são muito limitadas, mas é possível. Primeiro, importe um bitmap e divida-o usando CTRL-B. Em seguida, ative a ferramenta Lasso (laço) e depois o modificador Magic Wand (varinha mágica). Agora, selecione qualquer ponto no bitmap e perceberá como as cores são selecionadas em torno daquele ponto. Então, você pode fazer tudo o que quiser com a área selecionada, como faria com qualquer forma em Flash.

Também é possível ajustar com a Magic Wand, clicando as propriedades do modificador dela à direita da própria Magic Wand. Você pode mudar a cor de limite para definir quão próximas as cores de pixels em torno precisam combinar para ser incluída na seleção, assim como ajustar a suavidade da borda da seleção. A Magic Wand só funciona em bitmaps que estejam divididos.

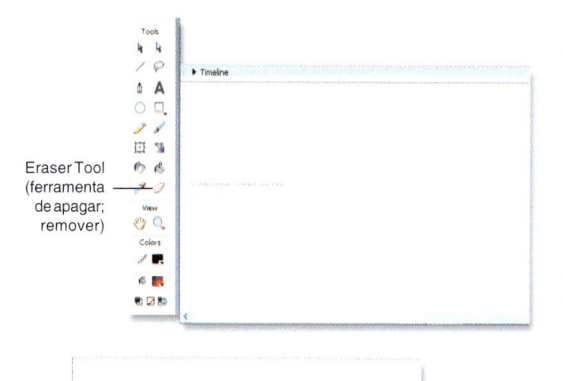

⚫⚫⚫ JOGUE FORA!

Eraser Tool (ferramenta de apagar; remover)

Ficar frustrado e começar de novo enquanto trabalha em alguma coisa é um fato comum e não há nada com que se envergonhar, certo? De qualquer modo, podendo ou não ser verdade, uma coisa é certa: você nunca deve pressionar duas teclas de uma vez ou clicar, arrastar e depois pressionar Delete (apagar; remover) para remover tudo de sua área de trabalho e começar de novo. Isso é trabalho demais para qualquer um. Em vez disso, simplesmente clique com o botão direito na ferramenta Eraser em qualquer ocasião, para limpar rápida e eficientemente toda a sua área de trabalho. Agora, você está de volta ao quadro um. Tenha em mente que, como em outros métodos de limpar a sua área de trabalho, isso só afetará as camadas que não estão bloqueadas.

● ● ● CONTROLE DA ESCALA

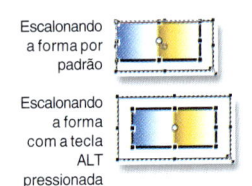

Escalonando a forma por padrão

Escalonando a forma com a tecla ALT pressionada

Coloque uma forma e um símbolo lado a lado em sua área de trabalho. Agora, selecione a forma e pressione Q para capacitar a Free Transform Tool (ferramenta de transformação livre). Agarrar qualquer alça e arrastar, levará a forma a escalonar na direção da alça escolhida, enquanto se ancorando à alça do lado oposto. Se você quiser que a forma estique a partir do ponto central, poderá manter pressionada a tecla ALT. Pode também manter pressionada a tecla SHIFT enquanto estiver arrastando, a fim de garantir que ela estique com a mesma quantidade, em cada direção. Agora, selecione o símbolo, edepois pressione Q. Você perceberá que a tecla ALT tem o efeito oposto nele, porque, por padrão, ela estica a partir do ponto central do símbolo. A tecla SHIFT tem o mesmo efeito em ambos. Agora que você está ciente dessas pequenas caixas alternativas de tecla, pode controlar melhor qualquer objeto selecionado em seus escalonamentos de área de trabalho.

● ● ● ESCALA RÁPIDA MCGRAW

Clique duas vezes para escalonar a 100%

Clique duas vezes para Show All (exibir tudo; todo)

Existem muitos métodos bem conhecidos de escalonar a vista de seu documento em Flash. Você pode digitar os valores, aumentar ou diminuir até que ela esteja certa, ou mesmo, escolher a partir de uma lista de porcentagens pré-ajustada. No entanto, na maior parte do tempo, há dois ajustes principais de escalonamento que são usados repetidamente. Esses são 100% e Show All (Show All pode exigir menos do que 100% para fazer isso). Em vez de escolher constantemente a Magnify/Zoom Tool (ferramenta de aumento/zoom) e escalonar a sua vista para qualquer um desses, não seria bom ter um atalho rápido para fazer exatamente isso? Bem, existe. A partir de agora, você pode simplesmente usar a Hand Tool (ferramenta de mão) e Zoom Tool (ferramenta de zoom) na barra de ferramentas para poupar o tempo de conseguir a vista certa da sua área de trabalho. Simplesmente, clique duas vezes na ferramenta Hand, em qualquer ocasião, a partir de qualquer lugar, e a sua configuração de vista será ajustada instantaneamente para Show All. Da mesma forma, clicar duas vezes a ferramenta Zoom pulará a sua vista direto para 100%. Não há nada mais fácil do que isso.

● ● ● CORES ESPECIAIS SÓ PARA MIM

Digamos que você tenha um site ou um projeto que possua um esquema especial de cor, que muitas pessoas usarão. Não é certo que todas essas cores estarão na paleta-padrão e que uma tinta tenha de ser acrescentada às cores da paleta de cores de todo mundo. O Flash permite que você limpe o quadro, monte uma paleta de cores personalizada e depois, salve aquela paleta em um arquivo, no qual pode ser compartilhado com todos os envolvidos.

Abra o painel Color Swatches (trocas de cor) usando SHIFT-F9, e clique no canto superior direito do painel de opções Color Swatches, localizado na parte superior direita. Para criar a sua própria paleta a partir do nada, selecione Clear Colors (limpar cores) da lista de opções. Agora, acrescente as suas próprias cores e gradientes, misturando as cores no Mixer e depois clicando no painel Color Swatch quando cada cor estiver pronta para ser acrescentada.

Depois de ter montado completamente a sua paleta e tiver todas as suas cores e gradientes acrescentados, escolha Save Colors (salvar cores) a partir do menu de painel e salve a sua nova paleta de cores em um arquivo.

Agora, outra pessoa pode usar o comando Load Palette (carregar paleta) para importar as suas cores personalizadas do arquivo que você criou. Belo feito!

● ● ● PARA OS PEQUENOS

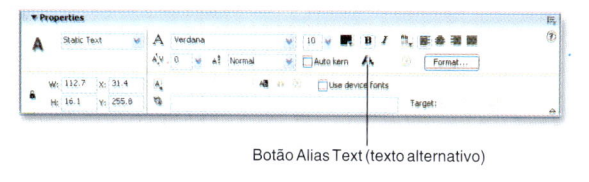

Botão Alias Text (texto alternativo)

Continuamente, os designers usam fontes menores em seus designs. Às vezes, fazer isso lhes dá mais espaço e alguns deles simplesmente ficam excitados em fazer os visitantes ler seus textos com uma lupa. De qualquer modo, se você for uma dessas pessoas, ficará satisfeito em saber que Flash MX 2004 introduziu uma nova opção para ajudá-lo a otimizar um texto menor.

Se selecionar qualquer campo de texto em sua área de trabalho e olhar para o inspetor de propriedade, verá um novo botão, bem à direita da opção Auto Kern (diminuição automática). Clicar nesse novo botão Alias Text (texto alternativo) irá alterar se Flash aplica uma substituição a esse campo de texto. A substituição (aliasing) é a suavização da fonte e, com freqüência, é o motivo do texto pequeno e difícil de ler. É recomendado que você só use essa opção para campos de texto com um tamanho de ponto 11 e inferior. Qualquer tamanho de fonte maior do que isso normalmente fica muito bom com a substituição ativada.

● ● ● TIRE O TRAÇO

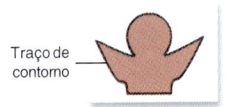

Traço de contorno

Depois de brincar com todas as ferramentas à sua disposição, você descobrirá que tem uma forma com um contorno que simplesmente não se ajusta mais. Felizmente o traço e o preenchimento de uma forma são duas coisas separadas, tornando muito fácil remover um ou o outro.

Quando você tiver a sua forma desenhada, apenas role sobre o traço da forma e clique-o duas vezes, para selecioná-lo todo. Depois, pressione DEL em seu teclado e ele se vai.

● ● ● EU O COPIO

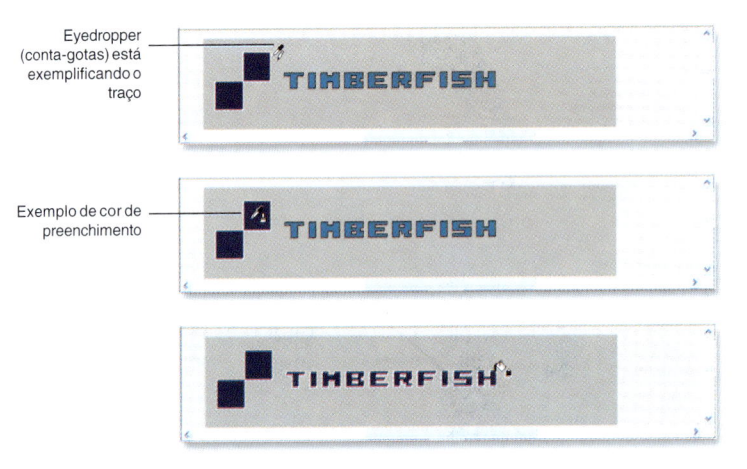

Eyedropper (conta-gotas) está exemplificando o traço

Exemplo de cor de preenchimento

Eis uma maneira rápida e fácil de copiar os atributos do traço e do preenchimento de uma forma para outra. Ative a ferramenta Eyedropper e role sobre qualquer traço ou preenchimento da forma, a partir da qual você deseje copiar. Se clicar sobre o traço, o Flash o trocará para a Ink Bottle Tool (ferramenta de vidro de tinta) e ajustará o estilo de traço para combinar com o que você selecionou. Depois, clique em qualquer parte da forma à qual deseja aplicar o estilo do traço e terá assim, uma cópia exata. Faça a mesma coisa com o preenchimento e terá copiado o estilo de uma forma em uma outra, quase sem trabalho algum. O conta-gotas só copia o estilo de uma forma, não a própria forma. Isso é toda uma outra bola de cera.

● ● ● PONTO DE ROTAÇÃO

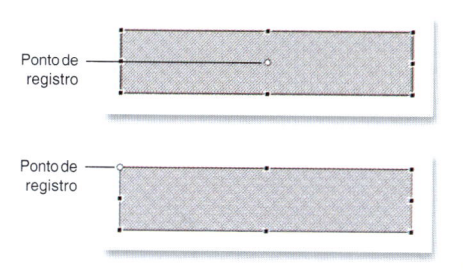

Ponto de registro

Ponto de registro

Ao girar objetos em Flash, você perceberá que todos eles parecem girar em torno de um ponto especial. Por padrão, esse é o ponto central do objeto. Isso é ótimo e delicado, mas para mim, há muitas ocasiões em que é preciso girar algo de determinada maneira e precisaria ter o ponto pivô em um canto do objeto. Para mudar o ponto pivô de qualquer objeto ou forma em Flash, selecione o objeto, ative a ferramenta Free Transform e mova o ponto pivô (a pequena alça circular no centro) para um novo lugar. Se você mover o ponto pivô de um objeto, isso será uma mudança permanente para aquela cópia do objeto. Entretanto, se você mover o ponto pivô de uma forma, então ele só ficará lá enquanto a forma estiver selecionada. Quando desfizer a seleção e refizer a seleção de novo, verá o ponto pivô de volta ao centro.

● ● ● PROTEÇÃO DE SENHA

Sempre que você vai para um web site que exija o registro de entrada da sua conta, você é solicitado a fazer duas coisas: digitar o nome de usuário e a senha. Geralmente, você digita o nome de usuário em texto simples, mas, quando digita a senha, tudo o que vê são asteriscos (*) para cada letra. Esse é um bom truque que, na verdade, nada tem de truque, e o seu objetivo é aumentar a segurança. Você pode digitar, com segurança, uma senha enquanto alguém olha e sentir-se seguro de que a pessoa não conhece o seu login (registro de entrada).

Adivinha? No Flash você também pode fazer isso. Crie um campo de texto na área de trabalho e ajuste-o para Input Text (entrada de texto). Vá para a propriedade Line Type (digitar linha) (onde está escrito Single Line [linha única]) e mude-a para Password (senha). Teste o seu movimento (CTRL-RETURN; CMD-RETURN em Mac) e digite na caixa de texto. Você verá que cada caractere está oculto por um asterisco. Agora, você pode ter uma página de registro de entrada exatamente como HTML, mas totalmente em Flash. Isso não é excitante?

● ● ● SELECIONE TODA A FORMA

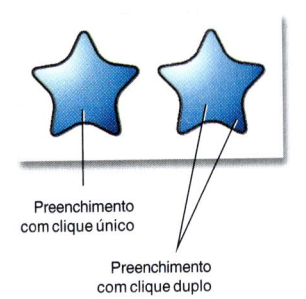

Preenchimento
com clique único

Preenchimento
com clique duplo

Eu sei, parece mesmo um conceito difícil de pegar, certo? Uma coisa a considerar é que o Flash olha para uma forma em duas partes: um preenchimento e um traço. Se você tiver qualquer forma na área de trabalho, clique em seu preenchimento e depois arraste- o. Você verá que o seu traço é deixado para trás. Assim, tente isso. Para mover uma forma (inclusive o seu traço), clique duas vezes em qualquer lugar na área de preenchimento da forma. Isso selecionará as seções de traço e de preenchimento da forma, assim, você poderá mover a coisa toda de uma só vez. Pode demorar um pouco para se acostumar, mas quando o fizer, essa poderá ser uma maneira poderosa de operar.

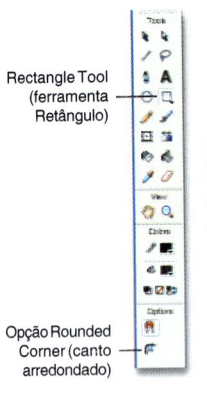

● ● ● COMO ARREDONDAR O CANTO

Rectangle Tool
(ferramenta
Retângulo)

Opção Rounded
Corner (canto
arredondado)

Agora você sabe como fazer um simples retângulo usando a ferramenta Rectangle. Isso é bom se quiser os ângulos-padrão retos para os cantos do seu retângulo, mas se quiser algo um pouco mais suave, veja isso:

Selecione a ferramenta Rectangle e logo abaixo, na barra de ferramentas, pressione a opção Round Rectangle Radius (raio de retângulo arredondado). Aqui é possível ajustar um valor que arredondará os cantos do retângulo que você desenhará. Para começar, ajuste para 10 pontos e desenhe rapidamente um retângulo. Como é possível ver, agora você tem belos cantos arredondados. Você imaginaria tentar fazer esses cantos arredondados sem essa pequena opção? Eu conheço um sujeito que costumava fazer isso à mão, repetidamente, antes de descobrir este processo. A única coisa a considerar é que, ao redimensionar um retângulo arredondado, os cantos podem parecer menos arredondados. Isso é especialmente verdade quando esticado em uma direção, mas não em outra. Você pode precisar redesenhar a forma para corrigir isso.

CAPÍTULO 2 – Dicas sobre o uso de ferramentas e da barra de ferramentas | 27

◉ ◉ ◉ COMECE DO MEIO

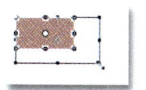

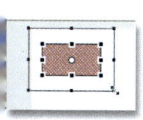

Mantenha pressionada a tecla ALT (OPT em Mac) do seu teclado enquanto desenha qualquer forma em Flash MX 2004 e verá algo ligeiramente diferente. A forma é desenhada a partir do centro do ponto clicado. Porque, normalmente, as formas são desenhadas da esquerda para cima ou da direita para baixo, de onde você clica, essa é uma pequena e bem vinda opção, que só pode ser encontrada nessa nova versão do Flash.

◉ ◉ ◉ DIRECIONE O SEU TEXTO

Texto ajustado para o padrão Horizontal

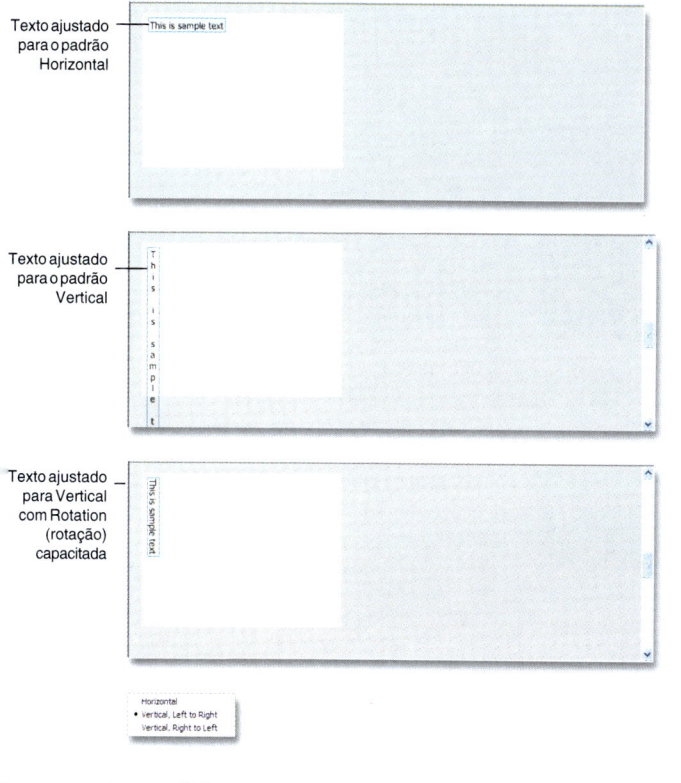

Texto ajustado para o padrão Vertical

Texto ajustado para Vertical com Rotation (rotação) capacitada

- Horizontal
- Vertical, Left to Right
- Vertical, Right to Left

Ajustar o direcionamento de um bloco de texto para vertical, ao invés do padrão (horizontal) é bem direto. Selecione o seu bloco de texto, vá para o Inspector Property (inspetor de propriedade), pressione o botão de orientação e escolha uma das opções verticais da lista. Imediatamente o seu campo de texto é girado para um direcionamento vertical e o botão Rotation, encontrado bem abaixo, torna-se ativo. Desativar essa opção girará as letras em seu campo, parecendo que você digitou cada letra e, em seguida, pressionou ENTER (RETURN em Mac).

A beleza de tudo isso é que, não importa para qual orientação e rotação você ajuste, o campo de texto ainda estará totalmente editável como se estivesse em sua posição normal. Você também pode continuar a ajustar o espaçamento e o alinhamento para o campo. Embora esse não seja um recurso novo no Flash MX 2004, com certeza ele funciona muito melhor agora do que em Flash MX.

...amento, mas isso só funciona em campos de texto Static (estáticos).

● ● ● SER OU NÃO SER LIVRE

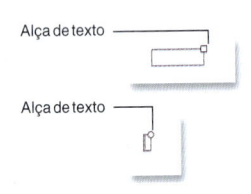

Alça de texto

Alça de texto

Você coloca blocos de texto na área de trabalho usando a Text Tool (ferramenta de texto). Ao criar texto estático, você pode colocá-lo em um bloco livre, para que ele se expanda à medida em que seja digitado, ou em um bloco fixo, que se expande e envolve automaticamente as palavras, conforme você digita.

É possível trocar o bloco de texto entre os modos fixo e livre com facilidade, apenas manuseando a alça do bloco de texto. Para mudar de fixo para livre, clique duas vezes a alça quadrada (bloco fixo) e ela troca para a alça redonda (bloco livre). Alternativamente, se tiver um bloco livre e quiser que ele seja fixo, agarre a alça do círculo e arraste-a, a fim de definir o tamanho do bloco de texto, e assim, ajustá-lo para ser livre.

Pode ser o seu instinto redimensionar um campo de texto usando a ferramenta Free Transform. Embora essa seja uma opção, lembre-se de que isso esticará o próprio texto, enquanto que arrastar a alça do bloco de texto, só dimensionará o bloco, e não o texto em si.

● ● ● MANTENHA AQUELE LAÇO RETO

Usando o laço para selecionar

Usando o laço e mantendo a tecla ALT pressionada

Não estamos falando aqui de rodeio, mas isso é divertido da mesma maneira. Bem, quase. Usar a Lasso Tool (ferramenta laço), de um modo geral é semelhante a usar a Pencil Tool (ferramenta lápis), na qual você desenha a sua seleção de forma livre, e depois, processa. Mas, se vier a fazer seleções poligonais, tudo o que você precisa é manter pressionada a tecla ALT (OPT em Mac) enquanto faz a sua seleção, e terminará com belas linhas certas, ao invés de curvas confusas a partir do seu mouse.

Não é preciso clicar e arrastar como faria normalmente. Simplesmente, clique para começar e depois, clique em cada ponto da sua seleção poligonal. Quando tiver terminado, clique duas vezes o último ponto ou libere a tecla ALT (OPT em Mac) para fazer a seleção. Sim, é a mesma coisa que ativar a opção polígono da ferramenta, mas com metade do trabalho. E agora, você sabe o que se diz : "Metade do trabalho feito é metade do trabalho poupado." Está certo, eu inventei isso.

CAPÍTULO 2 – Dicas sobre o uso de ferramentas e da barra de ferramentas | 29

◉ ◉ ◉ UM DE CADA VEZ, GAROTOS

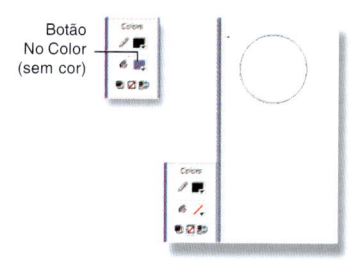

Botão No Color (sem cor)

Na primeira vez que desenhar uma forma (círculo, retângulo ou outro polígono), você será agraciado com uma cor de preenchimento e uma cor de traço para aquela forma. Isso é ótimo se você quiser um contorno em tudo o que desenhar. Só por divertimento, vou lhe pedir para fazer algo louco. Quero que você selecione a ferramenta Circle (círculo), ative a cor de preenchimento e depois, pressione o botão No Color (o botão do meio dos três mini- botões bem sob o preenchimento). O traço vermelho informa que, quando você desenhar o círculo, não haverá preenchimento e, com certeza, não haverá. A mesma coisa serve para o traço, de modo que você pode desenhar só um círculo sem contorno, ou vice-versa.

Não tente fazer isso com a ferramenta Pencil; isso só funciona ao desenhar formas com ambos, preenchimentos e traços. Quando comecei a aprender Flash (na época de Flash 4), eu desenhava traços e preenchimentos e voltava para remover um que não queria. Não ria, não é engraçado.

◉ ◉ ◉ É PRETO E BRANCO

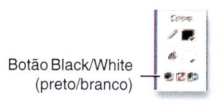

Botão Black/White (preto/branco)

Existem duas cores básicas que todos conhecem – magenta e ciano. Espere, quero dizer, preto e branco. É, é isso. Pode haver a necessidade de pular de volta para essas cores-padrão mais básicas, e se a necessidade surgir, eis o que fazer. Seja no painel Color Mixer ou na barra de ferramentas, você verá um pequeno ícone de caixa preto e branco, bem sob a cor de preenchimento. Pressionar esse botão mágico ajustará o seu traço para preto e o preenchimento para branco. Eu ainda queria que eles tivessem um botão Magenta/Cyan como esse. Preto e branco simplesmente são comuns demais.

● ● ● SUPERMOLDADOR

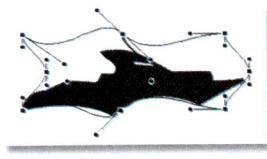

Ao trabalhar com formas, com freqüência você precisa curvá-las e torcê-las de muitas maneiras diferentes. Se não por algo mais, é apenas divertido. Para misturar as suas formas, como se fossem Play-Doh™, selecione uma delas, ative a ferramenta Free Transform e capacite a opção Envelope (embaixo, à direita das quatro opções). Mais outras alças aparecem em torno da forma selecionada. Agarre qualquer uma delas e arraste, para ver o seu efeito. Circular com esses coisinhas pode render algumas formas bem interessantes, e a melhor parte é que tudo aparece de forma suave, em oposto ao que é obtido quando desenhado com um mouse.

● ● ● BLOQUEIE AQUELES GRADIENTES SEM REGRA

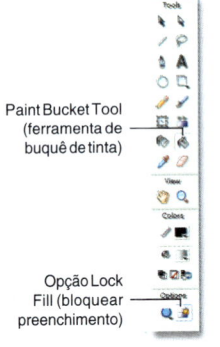

Paint Bucket Tool
(ferramenta de
buquê de tinta)

Opção Lock
Fill (bloquear
preenchimento)

Lock Fill
capacitada — Greyson

Lock Fill — Greyson
incapacitada

Naturalmente, quando você preenche uma forma usando a ferramenta Paint Bucket, o preenchimento é escalonado a fim de se ajustar dentro daquela forma. Essa não é a única maneira. Desenhe algumas formas de vários tamanhos, em diferentes lugares, por toda a sua área de trabalho. Agora não importa qual preenchimento você use. Ative a ferramenta Paint Bucket e ajuste o seu preenchimento para um gradiente ou bitmap. Com a Paint Bucket ainda ativada, ative Lock Fill, pressionando o botão direito na área de opções da barra de ferramentas. Prossiga, clicando sobre cada uma das formas em sua área de trabalho e verá que o preenchimento parece se espalhar sobre todas as formas, ao invés de ser escalonado para se ajustar a cada uma. É quase como criar uma máscara, só que muito mais fácil. A opção Lock Fill também está disponível para a ferramenta Paint Bucket, permitindo-lhe pintar como se revelando uma imagem. Claro que isso não seria muito útil se você tivesse usado um preenchimento sólido; só funciona com um preenchimento de gradiente ou bitmap.

CAPÍTULO 2 – Dicas sobre o uso de ferramentas e da barra de ferramentas | 31

⦿ ⦿ ⦿ ALINHE

Arrow Tool (ferramenta de seta)

Imã ativo

Às vezes, quando você cria um trabalho de arte, um símbolo ou texto em sua área de trabalho e precisa movê-lo ao redor, deseja fazer isso livremente, já em outras ocasiões, pode querer a ajuda de um amigo. O Flash lhe permite o Object Snapping (alinhamento de objeto), que alinhará os pontos de referência de um objeto que você esteja arrastando para os pontos de referência de outros objetos existentes. Isso pode ajudá-lo ao tentar alinhar coisas ou colocar um objeto em uma guia. Para capacitar o recurso, selecione a ferramenta Arrow da barra de ferramentas e assegure-se de que o modificador Snap to Objects (alinhar a objetos) (imã) esteja ativado. Você também pode capacitar isso, indo para View > Snap to Objects. Quando estiver ativo, você verá que os objetos se alinharão entre si, o que é indicado por um círculo escuro quando você move um objeto para perto do outro. Para uma melhor utilização , sempre arraste um objeto pelos seus cantos ou ponto central.

⦿ ⦿ ⦿ UMA DE CADA VEZ, SENHORAS

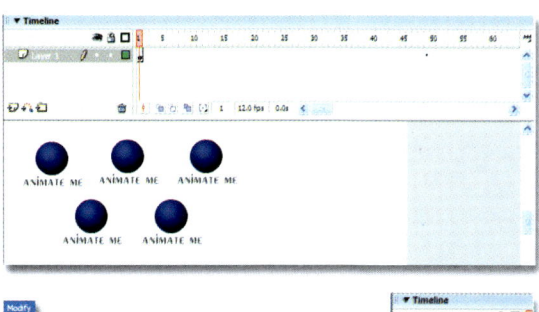

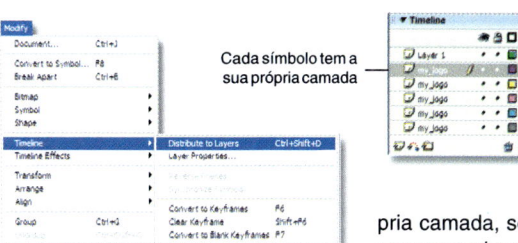

Cada símbolo tem a sua própria camada

Como você deve ter percebido, se quiser animar um símbolo, precisa colocar tal símbolo em sua própria camada, sozinho, e depois, acrescentar sua própria Motion Tween (pinça de movimento). Tudo isso está certo e é bom, mas e se você resolver animar depois de já ter colocado 15 símbolos na mesma camada? Respirar fundo enquanto cria uma nova camada para cada um e depois, copiar e colar um de cada vez? Digamos que não. A maneira mais fácil é selecionar todas as cópias que você deseja animar ao mesmo tempo, depois, ir para Modify > Timeline > Distribute to Layers (modificar, linha de tempo, distribuir para camadas) (CTRL-SHIFT-D; SHIFT-D em Mac). Isso colocará cada item selecionado em sua própria camada, sozinho, de modo que você possa animar cada um separadamente. O Flash até nomeará cada camada, para combinar com o nome do símbolo de cada item selecionado.

Ah, a vida é boa!

⬤ ⬤ ⬤ MÚLTIPLAS SELEÇÕES

Usando CTRL ou CMD para selecionar múltiplas camadas (não seqüenciais)

Usando SHIFT para selecionar múltiplas camadas (seqüenciais)

Todos nós já tivemos oportunidade de olhar para a linha de tempo e simplesmente resolver que vamos nos desfazer da metade das camadas, por qualquer motivo. Ainda que não haja uma mensagem de aviso com a qual lidar, selecionar uma camada de cada vez e pressionar o ícone da lixeira podem ser cansativos. Uma maneira rápida é selecionar múltiplas camadas de uma vez. Isso pode ser feito de duas maneiras.

Mantenha pressionada a tecla CTRL (CMD em Mac) enquanto seleciona cada camada, uma de cada vez, em qualquer ordem, ou manter pressionada a tecla SHIFT e selecionar um início e fim de camada, para indicar uma extensão de camadas seqüenciais.

De qualquer modo, pressione o ícone da lixeira a fim de despejar aquelas camadas selecionadas para execução. Sinto muito, eu não queria fazer isso soar tão definitivo.

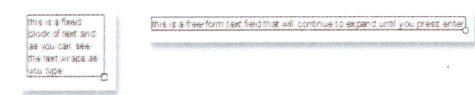

⬤ ⬤ ⬤ TEXTO É UM CLIQUE OU ARRASTE

Ao criar blocos de texto em Flash, você tem dois tipos à sua escolha. É possível acrescentar texto simplesmente clicando em qualquer ponto da área de trabalho ou clicando e arrastando, para criar o bloco de texto. O primeiro método criará um bloco de texto de tamanho automático, que se expandirá enquanto você digita e só vai para a linha seguinte quando você pressionar Enter. O segundo método lhe dará um bloco de texto fixo, que envolverá automaticamente qualquer texto colocado dentro, de acordo com a largura do bloco criado.

Os dois métodos têm os seus objetivos, mas pelo menos você será capaz de criar qualquer um, seguindo em frente.

ESTOU TENDO UM ATAQUE

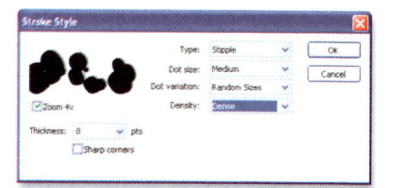

Normalmente, quando você está usando contornos (traços) em suas formas, tem um conjunto básico de estilos a partir do qual escolher. Para muitos de vocês, isso é bom e você nunca pensou duas vezes quanto à necessidade de qualquer outra coisa mais. No entanto, se for como eu (um esquisito controlado), então desejará ser capaz de fazer as suas próprias coisas, sempre que possível. O mesmo se aplica a traços.

Ative a ferramenta Ink Bottle, olhe para o inspetor Property e clique o botão Custom (personalizar). Aqui você será capaz de definir o seu próprio Stroke Style (estilo de traço) único. As variações que podem ser feitas são quase ilimitadas, assim, fique à vontade para brincar e encontrar algumas das quais gostar. Eu também recomendo verificar a caixa que diz Zoom 4x, para ver em close-up (de perto) o estilo que está criando. Essa personalização não é tão potente quanto algumas ferramentas de personalização de outros programas com os quais você pode estar acostumado, mas não chega a ser nem metade ruim.

FIO DE CABELO

Se você tiver colocado qualquer forma que tenha um traço em um símbolo de qualquer tipo e depois escalonado aquele símbolo em grandes quantidades, deve ter percebido alguma distorção. Por padrão, todos os seus traços serão linhas sólidas de um pixel. Isso é bom se você não pretende escalonar a forma enquanto em um símbolo. E não é tão bom se você tiver muito escalonamento e vir que as linhas estão, de certa forma, distorcidas.

Para diminuir a distorção de contornos, ajuste o seu traço para hairline (fio de cabelo). Você pode fazer isso ao criar o traço ou quando estiver usando a ferramenta Ink Bottle e, em vez de escolher Solid (sólido) do drop-down (menu de deixar cair) Style, escolha fio de cabelo. Com isso ajustado, é possível escalonar formas e encontrar apenas uma distorção mínima, se houver, e todo o seu trabalho de arte aparecerá um pouco ondulado. Muitos de vocês podem perguntar: "Por que então nunca usar um traço sólido de um pixel?" Para falar a verdade, eu raramente uso. Porém, ele parece um pouco mais espesso do que o fio de cabelo; assim, se você quiser um contorno mais perceptível, Solid é o seu homem!

🔴 🟡 🟢 APAGADOR INTELIGENTE

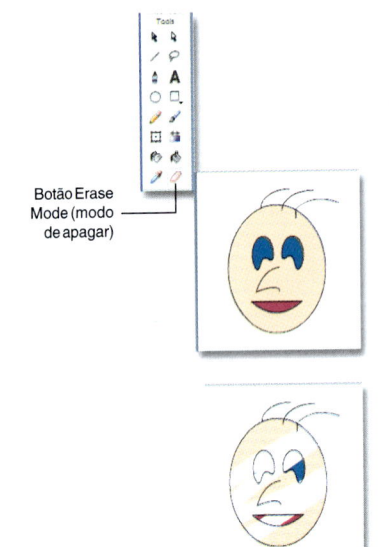

Você já terminou de desenhar alguma coisa e simplesmente desejou poder voltar e apagar partes do traço ou do preenchimento, mas não os dois ao mesmo tempo? Existem muitos motivos pelos quais você pode precisar fazer isso, mas, qualquer que seja o seu, se sentirá bem em saber que não apenas é possível, mas também fácil.

Botão Erase Mode (modo de apagar)

Ative a ferramenta Eraser, clique a opção Eraser Mode (a da esquerda) e selecione Erase Fills (apagar preenchimentos). Agora, tente apagar qualquer forma que tenha um traço e um preenchimento e verá que a única coisa faltando, quando tiver terminado, é a área do preenchimento que apagou. O contorno fica intocado. O contrário é verdade se você selecionar Erase Lines (apagar linhas) como modo. Eis a questão: por que o Flash se refere a traços como: "linhas", "traços" e "contornos", por meio do sistema de ajuda e da interface? Interessante. Você também descobrirá alguns outros modos aqui, com os quais poderá brincar. Todos eles são bem auto-explicativos; eu só queria indicá-los.

🔴 🟡 🟢 ALGUÉM ME ENCHEU

Observe a pequena falha

Muitas vezes eu usarei a ferramenta Pen (caneta) ou Pencil para criar algum tipo de trabalho de arte e preenchimento de cores, só depois de estar satisfeito com o meu trabalho. Normalmente isso significa que nunca preencho as cores. Se você trabalhar assim ou apenas tiver um contorno e for preencher a forma usando a ferramenta Paint Bucket, só para descobrir que nada acontece, pode estar interessado nisso.

Desenhe uma forma simples (se ainda não tiver uma) com apenas um contorno. Corte fora um pequeno segmento do contorno. Tente preencher a forma com a ferramenta Paint Bucket. Nada acontece, certo? Agora, selecione a opção de modo Fill (o botão à esquerda, em Options) e escolha Close Large Gaps (fechar grandes espaços; falhas). Tente preencher novamente. Em geral, para um preenchimento funcionar é exigido um contorno totalmente fechado, mas com essa opção, você pode ignorar pequenas falhas no contorno, mas há um limite. Para identificar estas falhas, você poderá ampliar a fim de procurar por elas.

É um risco organizacional

Trabalho suave à frente

Se você leu este livro direto, sem pular nada, então sem dúvida percebeu algo sobre a minha personalidade. Eu sou bem sarcástico e perspicaz, vez por outra. A minha

É um risco organizacional

Dicas de linha de tempo, área de trabalho e biblioteca

terapeuta diz que eu uso isso para ocultar os meus sentimentos verdadeiros e que preciso entrar em contato com a minha criança interior. Ela chamou de "tempo solitário". A única coisa que não entendo é esse tempo "solitário", então, por que a minha criança interior precisa ficar junto? Pessoalmente, não creio que você deva forçar o seu caminho no tempo solitário de outro alguém. É simplesmente rude, o que significa que a minha criança interior é rude, e isso poderia explicar muito sobre por quê sou sarcástico. Quando percebi isso, voltei à minha terapeuta, contei a história a ela e disse que eu sentia que seria melhor que a minha criança interior e eu não falássemos por algum tempo, visto que ela sentia a necessidade de me desrespeitar daquela maneira. Depois de cerca de uma hora explicando a discussão que tive com a minha criança interior, aconteceu uma coisa estranha. A minha terapeuta começou a rir de nós (da minha criança e de mim). Descobri que seria melhor se a minha criança interior fosse ver uma outra pessoa, assim, não haveria conflito de interesses, mas era realmente doloroso convencê-la a ir sem mim. Está certo, essa história nada tem a ver com Flash, você está pensando. "Qual é o ponto?" O ponto é, se você não ler este capítulo, ficará louco.

● ● ● NÃO PODE BALANCEAR

Desta vez, no campo de Pan (balanceamento) ... aprendi um pequeno truque para ajudar com determinados aspectos de enquadramento. Vez por outra, quando está editando um símbolo diretamente sem usar Edit in Place (editar no lugar), você pode descobrir que o seu trabalho de arte é tão grande que é incapaz de fazer a área de trabalho rolar para vê-la inteira . Mesmo se você tenta balancear no final, ainda assim, não é possível.

Vamos simplesmente marcar isso como um daqueles aspectos ardilosos em Flash de que gostamos tanto. Para conseguir contorná-lo, você pode ir à linha de tempo-pai do símbolo com o qual está tendo problemas e clicar duas vezes a cópia do símbolo. Isso editará aquele símbolo no lugar e, por algum motivo, será capaz de rolar e balancear para longe o bastante, de modo a ver toda a coisa. Uau! isso é esquisito!

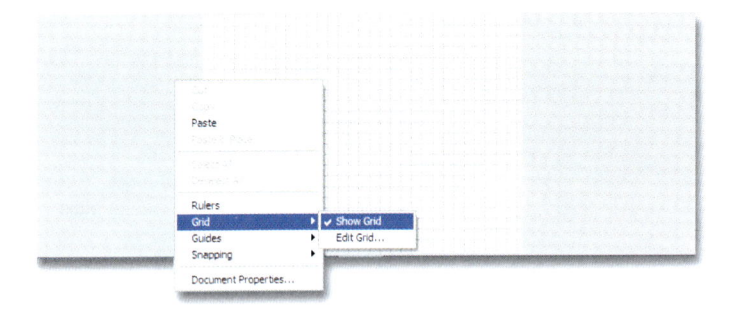

● ● ● A GRADE RÍGIDA

Cada vez que uso Flash, descubro que quero alinhar meus símbolos, objetos, formas e texto perfeitamente, com o mínimo de trabalho possível. O que posso dizer é que sou um pouco preguiçoso. Para ajudar com isso, há uma opção em Flash que permite ver uma grade de layout em sua área de trabalho. Você clica com o botão direito sua área de trabalho e vai para Grid > Show Grid (grade, exibir grade), ou, se quiser ser realmente rápido, use CTRL-´ em seu teclado.

Veja isso! Agora você pode ter certeza que todos os seus objetos estão alinhados como você deseja, o tempo todo, sem precisar do painel Align (alinhar). Oh! eu mencionei que é possível editar as propriedades de Grid selecionando Edit Grid (editar grade) ao invés de Show Grid? Bem, agora eu o fiz. É possível mudar o espaçamento ou a cor, capacitar o enquadramento para linhas de grade e mudar a exatidão do enquadramento, permitindo que você seja tão preguiçoso quanto quiser. E está certo exportar enquanto as grades estão ativadas, pois elas não aparecerão em seu filme final.

CAPÍTULO 3 – Dicas de linha de tempo, área de trabalho e biblioteca | **39**

◉ ◉ ◉ SUBLINHE A MINHA SUBIDA

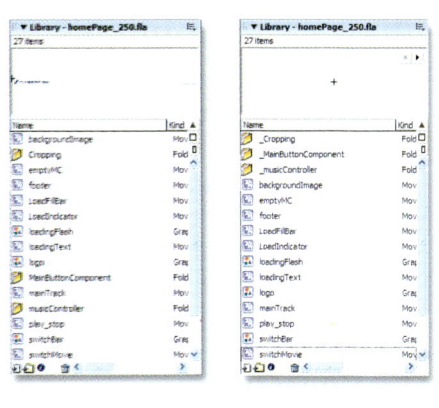

Uma Library (biblioteca) de documento pode conter uma série de objetos diferentes, de pastas e vídeo a clips de filme e botões. Geralmente, os itens na biblioteca são organizados alfabeticamente de A a Z. Se você também tiver uma tonelada de pastas em sua biblioteca, verá que elas também estão espalhadas na lista de itens, em ordem alfabética. Porque a maioria de nós está acostumado a pastas sendo ancoradas no alto de uma lista (como nos sistemas operacionais Window/Mac), por que não fazemos a mesma coisa em nossa biblioteca?

Colocando um sublinhado "_" na frente do nome da pasta, você pode ancorar aquela pasta no alto da biblioteca. Fazer isso com todas as suas pastas vai colocá-las no alto e em ordem alfabética, separadamente do resto dos seus bens. Hum, isso parece muito melhor.

◉ ◉ ◉ COMO MUDAR MOLDURAS

Ainda que a Timeline do Flash possa parecer bem estática e enfadonha, de fato há algumas opções muito interessantes que podem tornar sua linha de tempo muito mais útil. No canto superior direito da linha de tempo, você verá um botão de linha de tempo pequena. Clicá-lo lhe dará várias opções de vista de moldura. É possível ajustar quão amplo Flash exibe as molduras ou até torná-las verticalmente compactas, escolhendo Short (curto). Se seqüências de molduras colorizadas dão nos seus nervos por algum motivo, desative-as. E as mais divertidas são as duas últimas na lista. Escolher qualquer uma das opções Preview (visualização), permitirá ver um ícone dimensionando para baixo os objetos em suas molduras, tal como uma visualização. Claro que todas essas são opções de visualização, e elas não afetam em como as molduras operam, mas podem ajudá-lo a ver as molduras da maneira que é melhor para você. Quem disse que a Timeline do Flash é enfadonha?

⬤ ⬤ ⬤ EIS UM POUCO DE MOVIMENTO SUAVE

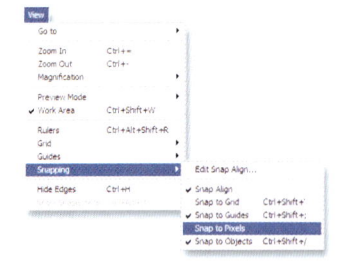

Geralmente, quando você faz o zoom para ampliar ou reduzir, o número de pixels de um objeto selecionado se moverá quando você tocar os pixels com teclas de seta, com alterações baseadas no fator de zoom. Se quiser ter certeza de que os seus objetos se movem apenas 1 pixel de cada vez, independentemente do aumento da sua visualização, é possível capacitar Snap to Pixels (alinhar a pixels), indo para View (vista), depois Snapping e escolhendo Snap to Pixels. Uma outra coisa interessante é que, quando você der um zoom de 400% ou maior, verá uma simpática grade de pixels aos quais todos os objetos serão restritos. Para capacitar ou incapacitar temporariamente (dependendo da situação atual) a grade de pixels e o enquadramento de pixels, pressione a tecla K. Quando você liberá-la, a grade e o enquadramento voltarão à posição ajustada.

⬤ ⬤ ⬤ SALTO SIMBÓLICO

Se você tiver muitos símbolos em muitos diretórios de sua biblioteca, encontrar o certo para editar pode ser um pouco demorado. Experimente essa maneira realmente rápida de encontrar e editar um símbolo em sua biblioteca. Olhe para a parte superior direita da janela Stage, onde verá um ícone com formas, que está bem à esquerda do menu de drop-down View Magnification (ampliação de vista). Clicar esse ícone Edit Symbols (editar símbolos) oferecerá um menu de drop-down de cada pasta e símbolo em sua biblioteca. Clicar em qualquer um o levará à linha de tempo dele para edição. É muito mais rápido do que clicar pela estrutura de árvore da biblioteca. A única desvantagem é que isso só funciona para símbolos, não para bitmaps, fontes e outras coisas que também podem estar na biblioteca. A propósito, o ícone bem à esquerda de Edit Symbols fará a mesma coisa para cenas em seu documento. Não é possível ser mais rápido do que isso.

CAPÍTULO 3 – Dicas de linha de tempo, área de trabalho e biblioteca | **41**

⬤ ⬤ ⬤ O FATOR DE TOQUE

Sempre que você selecionar um objeto na área de trabalho em Flash e movê-lo ao redor usando as suas teclas de seta, você moverá o item a um número variável de pixels, com base em sua escala de visualização . Eis como funciona. Se você estiver a 100%, um simples toque na tecla de seta moverá o item 1 pixel naquela direção. Manter pressionada a tecla SHIFT, enquanto cutucando, vai movê-lo para 10 vezes mais longe (10 pixels). Se ajustar a sua escala de visualização para 50%, um toque o moverá 2 pixels e um toque em SHIFT será equivalente a 20 pixels. O contrário será verdadeiro quando a sua escala de visualização estiver ajustada para 200%. Essas informações podem ser usadas a fim de descobrir a qual distância o Flash moverá os seus objetos selecionados. Mas, como se pode notar , se você ajustar a sua visualização para algum número arbitrário, como 34%, terá muito mais dificuldade em determinar o fator de toque.

Eis uma fórmula que pode ser usada para descobrir esses complexos. Para um toque normal, use 1/(porcentagem de zoom/100). Para toque de SHIFT, use 10/(porcentagem de zoom/100).

⬤ ⬤ ⬤ SELEÇÕES MÚLTIPLAS NA BIBLIOTECA

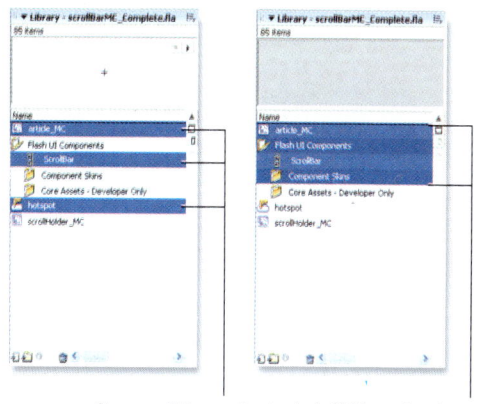

Itens escolhidos mantendo a tecla SHIT pressionada para selecionar um grupo seqüencial de itens de uma só vez

Se você tiver determinado que vários itens em sua biblioteca que atualmente estão espalhados, precisam ser colocados em uma pasta ou removidos da biblioteca, eis uma maneira fácil. Inicialmente, você pode abordar a questão pegando cada um e pressionando a lixeira no botão direito da biblioteca para removê-lo. Bem, repetir essas duas etapas muitas vezes para cada item, pode demorar para sempre.

Em vez disso, selecione todos os itens de uma vez, mantendo pressionada a tecla CTRL (CMD em Mac), enquanto seleciona cada item. Quando todos estiverem selecionados, você poderá ou arrastá-los para onde desejar , ou removê-los apenas clicando uma vez a lixeira. O mesmo conceito se aplica a itens na área de trabalho e na linha de tempo, mas é preciso usar SHIFT em vez de CTRL. Pense nisso como um dos pequenos jogos com que o Flash brinca com nossas mentes.

NINHOS DE PASTAS TAMBÉM

Os documentos de Flash estão ficando mais e mais complexos, à medida que recursos são acrescentados. Como resultado, com freqüência, você acaba com linhas de tempo que têm várias camadas. Organizar essas camadas se torna mais difícil e às vezes, apenas nomeá-las não é o suficiente para tal organização. Um recurso que ajuda na organização de uma linha de tempo, é Layer Folders (pastas de camada). E como as pastas também podem começar a abarrotar muito rapidamente uma linha de tempo, precisamos ir mais além a fim de evitar que as nossas linhas de tempo se pareçam com uma partitura musical. Para fazer isso, passamos a aninhar. É isso mesmo. Podemos aninhar pastas também na linha de tempo. Para fazê-lo, simplesmente crie uma Layer Folder, usando o botão Add Folder (acrescentar pasta) umas duas vezes. Com várias pastas na linha de tempo, você pode clicar e arrastar uma para a outra e, claro, o mesmo se aplica para as próprias camadas. Aninhando as suas camadas, você poupará espaço na tela e manterá as suas camadas bem organizadas desse dia em diante.

SIMBOLISMO

Já pensou para quê servem os símbolos? Você lê capítulo após capítulo em outros livros de Flash e sente que eles complicaram demais as coisas? Então, isso pode ser para você. A regra básica para converter uma forma em um símbolo é que um símbolo deve ser feito quando você for reutilizar qualquer objeto ou forma repetidamente. Assim, se tiver alguma coisa em sua área de trabalho que você use repetidamente, transforme-a em um símbolo. Depois, é possível colocar cópias do símbolo em sua área de trabalho, indicando o original, arrastando o símbolo da biblioteca para a sua área de trabalho. Portanto, eis a regra básica. Claro que existem muitos outros motivos para usá-los, mas se você quiser se aprofundar em tudo isso, então leia um livro que tenha as explicações complicadas. Você não vai ferir os meus sentimentos, juro. Bem, talvez um pouco.

● ● ● DEIXE-ME VER A SUA MÁSCARA

Visualizar os efeitos da sua máscara aninhada pode ser demorado se tiver feito pequenos ajustes sem a vantagem de uma visualização em tempo real. Você acaba indo para a frente e para trás cada vez que fizer uma mudança. Por isso é que o Flash lhe permite visualizar o efeito da sua máscara no ambiente de autoria. Para fazer isso, ajuste uma máscara como de hábito, depois, bloqueie todas as camadas incluídas em sua máscara. É preciso bloquear a camada com a máscara, assim como todas as camadas mascaradas, para a visualização funcionar corretamente. Depois que as camadas estiverem bloqueadas, o efeito pode ser visualizado, exibindo através da sua linha de tempo, como sempre. A única diferença é que, agora, é possível ver a sua máscara e como ela se parece, sem usar Test Movie (testar filme) ou Publish (editar). Ainda que essa função funcione muito bem, lembre-se de que não há substituto para o teste ou para a edição do seu filme. Por exemplo, usar a visualização de autoria não mostrará adequadamente a máscara de fontes embutidas e, portanto, só deve ser usado como um guia a fim de poupar tempo.

⦿ ⦿ ⦿ A LINHA GUIA

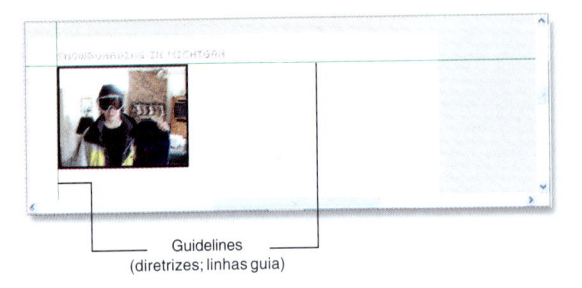

Guidelines
(diretrizes; linhas guia)

Alinhar trabalho de arte, texto e outros objetos em sua área de trabalho pode ser uma capacidade útil. Digamos que você quer ter certeza de que todo o seu texto na área de trabalho está dividido igualmente em três colunas. Porque o Flash não suporta tabelas de qualquer tipo, isso pode ser ardiloso.

Quando as réguas estão ativadas em Flash (View > Rulers [vista, réguas] ou CTRL-SHIFT-R; OPT-SHIFT-CMD-R em Mac), você pode criar uma guia para ajudá-lo a alinhar e organizar o seu trabalho de arte. Para criar uma guia, clique numa régua e arraste para a sua área de trabalho. Você pode fazer guias tanto verticais quanto horizontais para dar uma mão, e a melhor parte é que elas não fazem parte de seu filme SWF exportado. Estão lá apenas para ajudar e mais nada. Isso não é lindo?

Esses sujeitos não respondem a CTRL-Z (Undo [desfazer]) assim, para remover uma linha-guia, arraste-a de volta para a régua, de onde ela veio, e ela desaparece.

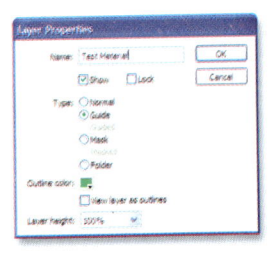

⦿ ⦿ ⦿ CAMADA INVISÍVEL

Nenhuma das camadas no Flash são criadas igual. Eu tenho certeza de que você está ciente, ou pelo menos viu os diferentes tipos de camada que o Flash pode criar. Na maior parte, qualquer camada criada exportará os seus itens para o seu filme SWT final. Isso não se aplica às camadas-guia. Acrescente algum trabalho de arte à sua área de trabalho (ou palco) em uma camada especial e mude a camada para uma guia, clicando duas vezes a camada e selecionando Guide (guia). Agora, teste o filme (CTRL-ENTER) e verá que nada em sua camada-guia está, de fato, visível.

Isso pode ser útil quando você quiser ver como o seu filme ficará sem determinados itens, sem na verdade, precisar apagá-los. Se usar Templates (gabaritos), verá que as instruções estão em uma camada-guia, portanto, elas não interferem com o projeto. Se houver itens que deseje remover permanentemente, não se baseie nesta dica, pois, enquanto uma guia estiver invisível, o tamanho total do arquivo do documento ainda será afetado pelo trabalho de arte em um.

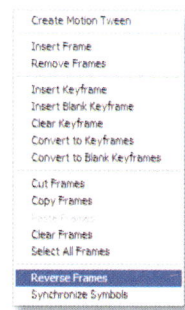

CAPÍTULO 3 – Dicas de linha de tempo, área de trabalho e biblioteca | **45**

● ● ● INVERSÃO

Você já teve uma seção de animação em sua linha de tempo da qual realmente gostou, mas onde havia um pequeno problema – indo no caminho errado? Existe uma pequena ferramenta útil que pode ser usada para, de fato, pegar um conjunto de molduras selecionado e invertê-lo, com algumas etapas fáceis.

Selecione a série de molduras na linha de tempo que deseja inverter, clique com o botão direito (CTRL-clique em Mac) a seleção e escolha Reverse Frames (molduras invertidas) a partir da lista. O Flash fará o melhor de si para inverter a animação na linha de tempo. O resultado será apenas como se, de fato, você estivesse exibindo o original ao contrário. Às vezes, isso pode ocasionar alguns efeitos estranhos, portanto, mantenha a sua mão sobre o botão Undo, para o caso. Entretanto, se tiver certeza de que a sua seleção inicia e termina com uma moldura-chave, é possível que ela fique muito boa.

● ● ● ESTIQUE TAIS MOLDURAS

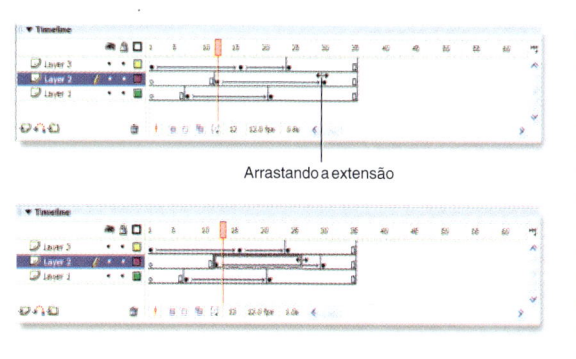

Arrastando a extensão

Existe uma maneira de mover uma moldura-chave mais rapidamente do que ter de selecioná-la, liberar e depois clicar a moldura-chave destacada e arrastar de novo. Essa é a maneira típica pela qual você moveria qualquer moldura-chave ou moldura na linha de tempo no Flash. No lugar disso, role sobre qualquer moldura-chave em sua linha de tempo, mantendo pressionada a tecla CTRL (OPT em Mac), e verá que o seu cursor muda para uma seta de duas cabeças. Pairar ligeiramente para a esquerda da moldura-chave agarrará o final da extensão da moldura para a esquerda dela, enquanto que pairar para a direita afetará o início daquela distância. Clique e arraste sobre qualquer lado para ajustar as distâncias da moldura sem ter o aborrecimento do método normal de mover molduras.

⚫ ⚫ ⚫ EIS UM ESBOÇO

Na verdade, o Flash lhe dá a habilidade de apresentar todo o trabalho de arte em qualquer camada apenas como esboços. Escolha qualquer camada em sua linha de tempo que contenha um trabalho de arte e clique o quadrado colorido à direita do nome daquela camada. O Flash exibirá tudo naquela camada como esboços, na cor do ícone quadrado.

Há uma série de motivos para usar o recurso. Você pode determinar qual trabalho de arte vai em qual camada, simplesmente olhando e combinando a cor do esboço. Pode posicionar um objeto sob um outro, sem que a cor do preenchimento fique no caminho. Seja qual for o caso, agora você conhece a solução. Algumas coisas que deve saber: esboços só aparecem em Flash, não quando você exporta o filme, e apresentar arte em modo de esboço pode apressar o Flash em máquinas mais lentas. Clique novamente o mesmo ícone para voltar ao modo normal de visualização da camada.

⚫ ⚫ ⚫ VISUALIZAÇÃO DE BIBLIOTECA

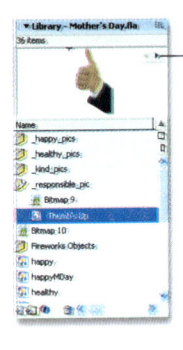

Botão Play
(exibir;
executar)

Antes de escolher um símbolo de animação a fim de colocar em sua área de trabalho, por que não dar uma olhadinha em como ele se parecerá? Selecione qualquer símbolo em sua biblioteca que tenha mais do que uma moldura em sua linha de tempo (gráfico, clip de filme ou botão) e, se o símbolo contiver uma animação, a visualização no alto da biblioteca exibirá uma exibição em miniatura e o botão stop (parar). Pressionar o botão play executará uma pequena visualização da animação, uma vez, daquele símbolo.

Com freqüência eu uso essa visualização quando me esqueço completamente do que um símbolo contém. Prefiro ver uma pequena visualização rápida do que utilizar a linha de tempo e ver o que há.

Isso também funciona para sons importados, mas, lamento dizer que, não funciona para vídeo importado. Portanto, não estranhe quando selecionar um clip de vídeo e não houver controle de execução na área de visualização. É simplesmente da maneira que é.

⊖ ⊖ ⊖ ORDEM NA CAMADA!

Assim, você descobriu que mover uma camada sobre uma outra garantirá que todos os objetos naquela camada estarão sempre acima de quaisquer objetos sob ela. Existe uma outra maneira de brincar com o que está em cima, mas nem todo mundo fala sobre isso.

Em uma camada com múltiplos objetos, selecione um objeto. Vá para Modify, depois Arrange (arrumar; organizar) e escolha Bring to Front (trazer para a frente). Agora, mova qualquer outro objeto na mesma camada, para que este se sobreponha ao primeiro objeto escolhido. Agora você pode usar Send to Back (enviar para trás) no mesmo objeto e ver que ele é coberto por qualquer outro objeto naquela camada. Usar Bring Forward/Back (trazer para a frente/para trás) adiantará ou retrairá um nível, relativo a outros objetos na mesma camada.

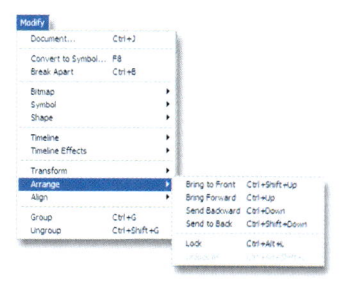

Depois de selecionar 3 e pressionar Send to Back (enviar para trás)

Tenha em mente que uma organização só se aplica a objetos da mesma camada e nada disso se aplica a formas. As formas sempre aparecem sob qualquer objeto em uma camada, e a organização delas não pode ser alterada.

⊖ ⊖ ⊖ TODAS AS CAMADAS... ATENÇÃO!

Cada camada em uma linha de tempo tem três rápidas configurações, que podem ser aplicadas com um clique – Show/Hide (exibir/ocultar), Lock/Unlock (bloquear/desbloquear) e Outlines/Normal (contornos-esboços/normal). Cada uma tem um ícone no alto da sua coluna, informando o que ela faz. A única coisa da qual você pode não estar ciente é que esses três ícones também podem ser clicados. Clicar em qualquer um deles alterará aquela opção em cada camada imediatamente.

Experimente clicar o ícone do olho para ocultar todas as camadas na linha de tempo e verá o que quero dizer. Uma boa maneira de usar esses ícones seria bloquear rapidamente todas as suas camadas e depois, desbloquear apenas aquela em que você deseja trabalhar. Use-os sempre que quiser, e não se esqueça de que esses sujeitos estão lá.

🔴 🟡 🟢 DUPLICATAS PARA GARANTIA

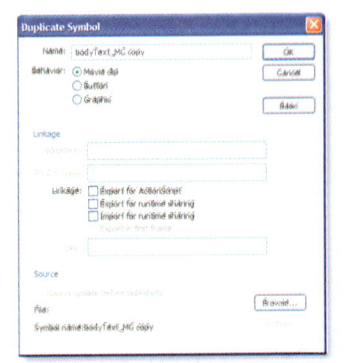

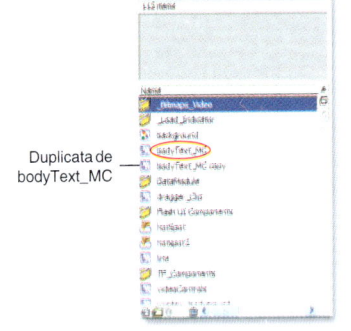

Duplicata de bodyText_MC

Já estou trabalhando com Flash há muitos anos e a lição mais importante que aprendi foi copiar o trabalho. Você pode ter percebido que este livro dá várias dicas de como fazer isso, efetivamente. Isso porque aprendi da maneira difícil, repetidamente. Derramei muitas lágrimas, para que você não precise fazê-lo.

Se você quiser fazer mudanças em qualquer símbolo em sua biblioteca e quiser garantir que pode voltar se as coisas não derem certo, faça isto :

Clique com o botão direito no símbolo que deseja alterar e escolha Duplicate (duplicar). Dê a ele qualquer nome que quiser e faça as suas mudanças no original. Agora você tem uma cópia para a qual pode voltar sempre que as suas mudanças não funcionarem. Uma outra vantagem é que não é necessário salvar um novo arquivo para fazer pequenas mudanças, com segurança, em um símbolo (embora eu recomende fazer isso também, de tempos em tempos).

CAPÍTULO 3 – Dicas de linha de tempo, área de trabalho e biblioteca | **49**

◉ ◉ ◉ VISUALIZAÇÃO MENOR

Um dos painéis mais ricos em recursos no Flash, não é realmente um painel. É mais uma janela, e é a chamada Library. Talvez você tenha ouvido falar? A janela de visualização, no alto da biblioteca, provavelmente é uma das melhores coisas dela, mas eu preciso ser franco. Realmente eu não uso muito toda essa coisa. Sei que devia, e você também, mas creio que me deixo levar por alguns maus hábitos. De qualquer modo, se ela não for utilizada, você pode evitar que ocupe espaço demais, arrastando a barra que separa a área de visualização da lista de bens, até o alto. Ela não vai desaparecer completamente, mas com certeza estará fora do seu caminho. Ei, veja, essas pequenas visualizações não são bonitinhas?

Arraste isso para diminuir a área de visualização

◉ ◉ ◉ MOLDURAS DE UMA CAMADA REUNIDAS

Clique o ícone para selecionar todas as molduras de uma camada

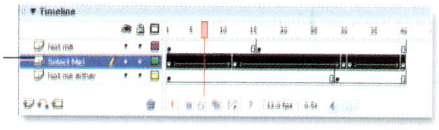

Selecionar todas as molduras de uma única camada é algo que faço muito. Devido ao fato de que é possível ter milhões de molduras em uma camada, arrastar o seu mouse para selecioná-las todas, pode não ser a melhor maneira. Portanto, não faça isso dessa maneira. Em vez disso, simplesmente clique qualquer ícone de camada para selecionar imediatamente todas as suas molduras. Uau! esse trabalho avançado de Flash está me deixando cansado. Acho que vou tirar uma soneca.

🔴 🟡 🟢 UM POUCO DE FUNDO, CENA DIFERENTE

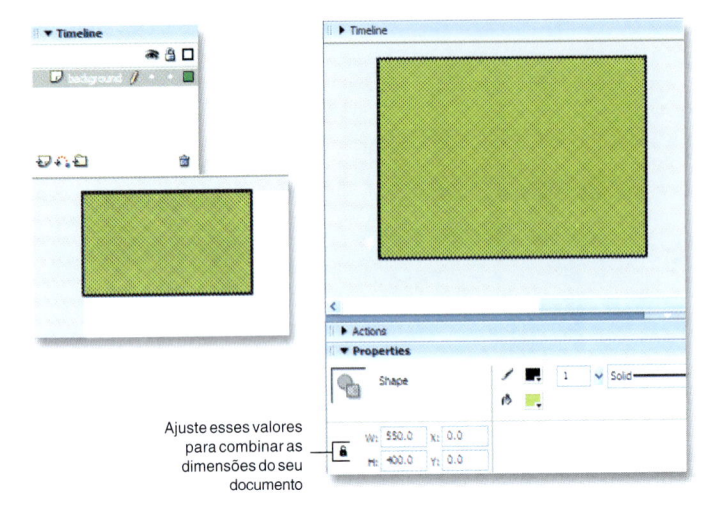

Ajuste esses valores para combinar as dimensões do seu documento

Se fizer cenas grandes, tenho certeza de que você notou que, quando ajusta a cor de fundo do seu documento, todas as cenas têm o mesmo fundo. Isso é porque o fundo do documento cobre cada peça do documento, e não há nada que você possa fazer para mudar isso.

Mas, existe um truque. Crie uma nova camada e denomine-a "background" (fundo). Desenhe um retângulo na camada e redimensione-o, usando o inspetor Property, para que ele seja exatamente do tamanho de seu documento. Ajuste a posição dele para 0,0, assegure-se de que a camada esteja sob todas as outras e bloqueie-o. Você acaba com uma camada de fundo que pode ser colocada em diferentes cenas, e mudando para a cor que quiser em cada uma. Pronto! Fundos personalizados em qualquer linha de tempo ou cena em seu documento.

É possível conseguir milhagem extra e fazer símbolos para cada cor de fundo, para usar e mudar o símbolo original de forma a alterar muitos fundos imediatamente. Ah, isso é como folhas de estilo de HTML.

CAPÍTULO 3 – Dicas de linha de tempo, área de trabalho e biblioteca | 51

ACRESCENTE MOLDURAS A TODAS AS CAMADAS

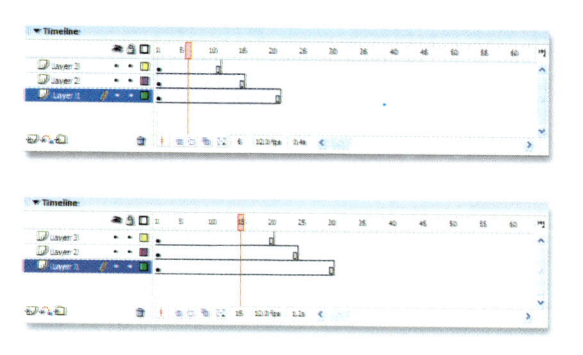

Para estender rapidamente a sua animação, você já sabe usar F5 (Insert Frame – inserir moldura). Geralmente, você seleciona uma moldura na linha de tempo, na camada que deseja estender e, depois, pressiona F5 até ficar satisfeito. Se tiver várias camadas, você poderá poupar um pouco do seu tempo, não precisando repetir o processo para cada camada.

Mova o marcador da linha de tempo (a linha vermelha) para determinada área de sua linha de tempo, onde deseja acrescentar molduras a todas as camadas e pressione ESC para desfazer a seleção de qualquer uma das molduras selecionadas. Agora, pressionar F5 acrescentará molduras a cada camada na linha de tempo naquele lugar. Digamos apenas que isso pode poupar muito tempo se você tiver 30 ou 40 camadas, como tenho visto nas linhas de tempo de algumas pessoas.

A BIBLIOTECA DIZ TUDO

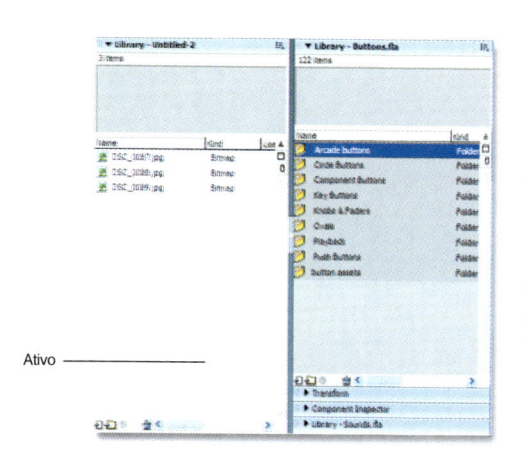

Ativo

Quando você está trabalhando em vários arquivos abertos ao mesmo tempo, pode ser difícil dizer qual documento está vendo no momento. Acredite em mim, tem acontecido muito fazer mudanças em uma linha de tempo e perceber que estava trabalhando no arquivo errado. Com certeza, parte disso é não prestar atenção .. em nada. A biblioteca pode ajudá-lo nisso, se estiver aberta. Normalmente, a cor de fundo da biblioteca é branca, mas quando você tiver mais do que uma delas aberta de uma vez, as inativas têm fundos cinza.

Isso pode ajudá-lo a determinar em qual arquivo você está trabalhando, só com um olhar. Eu sei que parece comum, mas me salvou muitas vezes.

⊜ ⊜ ⊜ SINTO SAUDADES DO FLASH 5

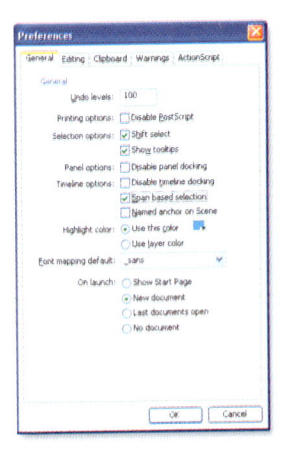

Não acredito que, na verdade, muitas pessoas sintam falta do Flash 5, mas ele tinha uma qualidade sobre a qual as pessoas falam até hoje. Essa seria a seleção baseada em extensão, na linha de tempo. Para aqueles de vocês que nunca a viram, ela tem suas vantagens, embora seja demorada para se acostumar. De qualquer forma, se desejá-la de volta, tudo o que precisa fazer é uma visita à sua janela de favoritos (CTRL-U ou Flash > Preferences em Mac) e colocar uma marca em Span based selection (seleção baseada em extensão).

Isso lhe permitirá selecionar uma seqüência de molduras a partir de uma moldura-chave para a próxima em sua linha de tempo, apenas clicando em qualquer moldura intermediária. Também é possível agarrar a extremidade de uma seqüência de moldura e arrastar todas de uma vez para redimensionar aquela seqüência. Se isso ajudá-lo em seu trabalho, então, nunca tenha medo. A Macromedia escutou atentamente e manteve a linha de tempo baseada na expansão do Flash 5, como uma opção.

⊜ ⊜ ⊜ COLHA OS LUCROS

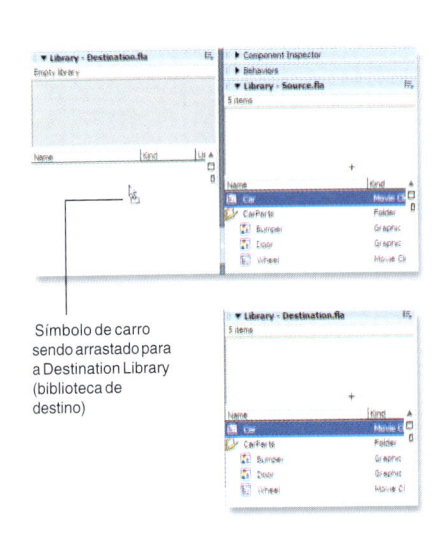

Símbolo de carro sendo arrastado para a Destination Library (biblioteca de destino)

Digamos que você tenha dois documentos separados e que cada um deles tenha bens em suas bibliotecas, que você gostaria de ter na outra. Abra os dois arquivos ao mesmo tempo e abra as duas bibliotecas deles. Conseguir um item de um documento para a outra é fácil, como arrastar aquele bem de uma biblioteca para a próxima. Digamos que você tem um símbolo de carro que contenha os símbolos de pneu, porta e pára-choque. Arrastar o símbolo do carro para uma outra biblioteca, copiará automaticamente os outros bens usados junto com ele. Às vezes, o Flash é bem inteligente.

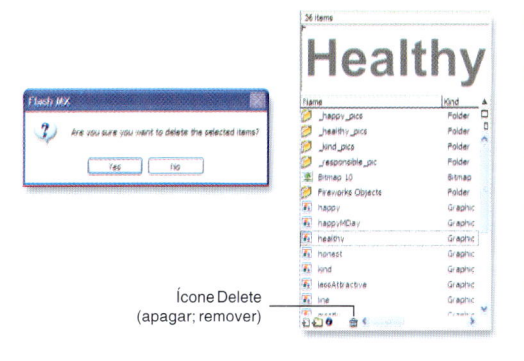

CAPÍTULO 3 – Dicas de linha de tempo, área de trabalho e biblioteca | **53**

●●●● O QUE HÁ COM O AVISO?

Ícone Delete
(apagar; remover)

Remover itens da biblioteca certamente é algo que você precisa fazer com cuidado, mas o Flash apresenta um aviso instantâneo quando você faz isso, fazendo parecer como uma ação que não possa ser desfeita. Esse não é o caso. Se você vier a remover alguma coisa de sua biblioteca e logo em seguida achar que faz falta e que a quer de volta, pressione CTRL-Z. Será como se a coisa toda nunca tivesse acontecido. Agora, se eles só tivessem acrescentado um Undo para formatar o seu disco rígido, tudo estaria feito.

●●●● ESTEJA PRONTO PARA ESFREGAR

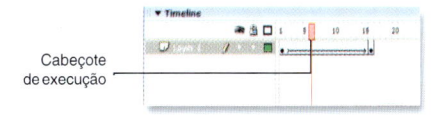

Cabeçote
de execução

Se você não tiver um botão de roda em seu mouse ou estiver trabalhando em um Mac, então pode pular essa. Usar bem a linha de tempo do Flash é uma habilidade muito importante e muitas pessoas ficam frustradas e desistem. Bem, mais trabalho para nós que ficamos. E porque você resolveu continuar no jogo (e comprar o meu livro), vou dar-lhe uma bela pequena dica de como se mover através da linha de tempo com maior facilidade. O movimento através da linha de tempo é chamado de *scrubbing* (esfregar) e, tipicamente, é feito de várias maneiras lentas, algumas das quais já foram bem mencionadas neste livro. Há um método que é simplesmente o mais rápido de todos eles. Boa sorte na viagem para encontrar tal caminho.

Não, eu nunca faria isso com você. Ative a sua área de trabalho em qualquer documento Flash, clicando em qualquer lugar nela. Agora, mantenha pressionada a tecla SHIFT e role a roda do seu mouse. Rolar para cima moverá o cabeçote da sua execução para a frente na linha de tempo, enquanto que rolar a roda para baixo, move o cabeçote para trás. Oh! mais uma coisa – mantenha pressionada a tecla CTRL enquanto usar a roda do mouse, o que o jogará para o início e para o fim da linha de tempo.

Ganhar, perder ou desenhar? Desenhar!

Avenida da animação

Ganhar, perder ou desenhar? Desenhar!

Crie efeitos e animações melhores

Sempre que as pessoas me perguntam para quê o Flash é usado, digo: "Não faço idéia – eu apenas pago algum sujeito para fazer todo o meu trabalho e copiar coisas que leio em outros livros." Geralmente, elas me olham por um segundo e depois começam a chorar. Eu não posso explicar, mas talvez seja porque, a essa altura, eu os atinja na canela. Então, afinal, eu tive que perguntar a alguém qual é o objetivo do Flash, e eis o que me foi dito: "Bem, Shane, o Flash é primeiro, e acima de tudo, uma ferramenta de animação. Quando foi usado pela primeira vez, o único objetivo era capacitar animações compactas, fluidas, que fossem pequenas em tamanho e belas de se olhar. A coisa interessante é que, com o resultado da ética pós-guerra ... blá, blá, blá." Está na hora de interromper a conversa. O que aprendi é que o Flash é capaz de criar animações muito poderosas, assim, resolvi dedicar este capítulo a ensinar a todos vocês os segredos de tornar as suas animações mais rápidas, mais bonitas e melhores.

● ● ● GRADIENTES PERSONALIZADOS

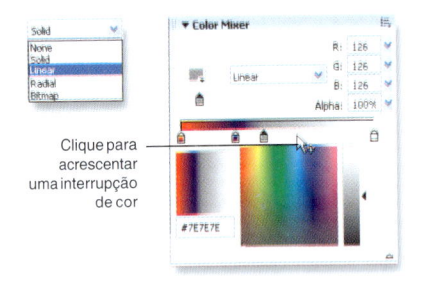

Clique para acrescentar uma interrupção de cor

Sejamos francos, os gradientes-padrão em Flash são bem inúteis. Tenho certeza de que eles tiveram seus motivos para incluir esses gradientes em especial, mas não posso fantasiar o que eles são. Graças à Deus, somos capazes de fazer os nossos próprios. Para fazer isso, vá ao painel Color Mixer (abra-o usando SHIFT-F9) e escolha Linear ou Radial, em vez de Solid do menu de drop-down. Para editar uma cor existente, selecione a pequena alça quadrada sob a barra Gradient (conhecida como uma *color stop* [interrupção de cor]) e escolha uma nova cor do espectro. Para acrescentar uma nova cor, clique em qualquer lugar ao longo da barra de gradiente, onde vir que o cursor tem um pequeno sinal de adição próximo a ele. Para remover uma interrupção, clique-a e arraste para baixo, até vê-la desaparecer. Quando tiver um gradiente com o qual ficar satisfeito, clique no menu do painel do Color Mixer (no alto à direita) e escolha Add Swatch (acrescentar amostra). Agora você verá o seu novo gradiente relacionado junto com os outros padrões. Amostras personalizadas só são visíveis para o arquivo em que foram criadas.

● ● ● ESFERA REAL

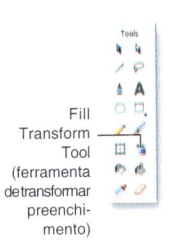

Fill Transform Tool (ferramenta de transformar preenchimento)

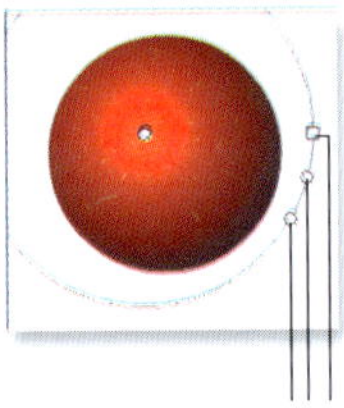

Todos nós sabemos que o Flash não suporta objetos verdadeiros em 3D. Assim, como as pessoas fazem aquelas formas que parecem em 3D? Por exemplo, seria bom fazer uma esfera que, de certa forma, parecesse real, você não acha? Vamos tentar. Desenhe um círculo básico sem traço e um simples gradiente esférico a partir da lista-padrão de gradientes, no coletor de cor. Ative a ferramenta Fill Transform a partir da barra de ferramentas e selecione o círculo em sua área de trabalho. Você verá que agora em quatro alças que aparecem, cada uma controla um aspecto diferente do gradiente. Primeiro, agarre o círculo no centro do gradiente e arraste-o ligeiramente para cima e para a esquerda. Depois, agarre a alça do centro das três à direita e arraste para baixo e para a esquerda, de modo que o gradiente se pareça com uma distribuição de luz em 3D em uma esfera de verdade. Aqui e lá, você pode precisar ajustar para conseguir o efeito certo, e desativar Snap to Objects pode ajudar a arrastar com exatidão. Ah, não é uma esfera tão feia!

Alças

CAPÍTULO 4 – Crie efeitos e animações melhores | **57**

● ● ● ESTOU FALSEANDO?

Para alguns isso será útil; para outros, apenas uma coisa divertida, falsa, para fazer de vez em quando, a fim de impressionar os amigos. Quando tiver qualquer alternância ou qualquer movimento em sua linha de tempo, de qualquer modo há uma opção na linha de tempo no Flash para lhe permitir ver diversas molduras de uma animação, de uma só vez. Esse recurso é referenciado como Onion Skinning (folha/papel de transparência), mas sem as lágrimas (N. do T. – onion, em inglês, significa cebola). Para capacitar Onion Skinning, busque pelo fundo da linha de tempo, diretamente sob a primeira moldura. O segundo botão a partir da esquerda alterna o modo Onion Skinning.

Quando estiver em tal modo, você poderá mover as chaves pretas acima da linha de tempo, agarrando o seu centro para cobrir a faixa que quer incluir na visualização de Onion Skinning. Isso pode ser muito útil ao aplicar técnicas de animação, moldura por moldura, pois lhe permite ver à frente, ou atrás, para uma referência.

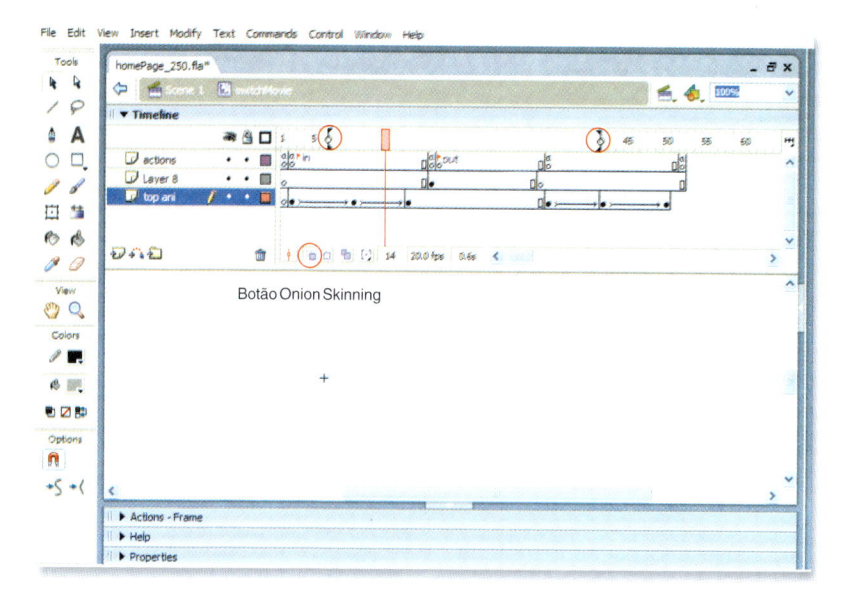

Botão Onion Skinning

SOMBRA PROJETADA REAL

Com o Flash MX 2004 você tem um conjunto interno de Timeline Effects (efeitos de linha de tempo) e um deles até lhe permite criar uma gota de sombra para qualquer objeto. O único problema é que o resultado parece muito amador. Por que não fazer uma gota de sombra mais real? Comece desenhando um simples círculo em sua área de trabalho. Agora, selecione-a, copie-a usando CTRL-C, crie uma nova camada e nomeie-a "shadow" (sombra). Com a camada de sombra selecionada, pressione CTRL-SHIFT-C (Paste in Place – cole no lugar). Isso colará o círculo exatamente na mesma posição de onde você a copiou, mas claro, em uma nova camada. Agora, mova aquele círculo recém criado alguns pixels à direita e para baixo, de modo que ele fique ligeiramente além do original. Em seguida, mude a cor da sombra do círculo para qualquer sombra de cinza, usando Paint Bucket. Com o círculo cinza selecionado, vá para Modify, depois Shape, depois escolha Soften Fill Edges (suavizar bordas preenchidas). Entre com 10 para a distância e 40 para o número de etapas e, depois, clique OK. Finalmente, mova a camada com a sombra para baixo da camada original na linha de tempo. O resultado final é um efeito de gota de sombra de aparência muito boa, e, claro, você pode seguir essas mesmas etapas para qualquer forma que tiver.

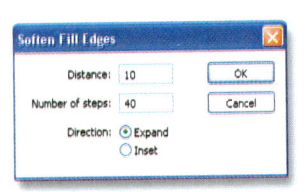

CUIDADO COM AQUELAS FORMAS

O Flash é bem único na maneira como ele gerencia formas que se sobrepõem entre si. Para isso funcionar, as formas mencionadas precisam estar na mesma camada. Crie um círculo azul e um vermelho em sua área de trabalho. Agora, sobreponha o círculo vermelho ao azul. Então, desfaça a seleção do círculo azul, pressionando ESC e, depois, mova o círculo azul para longe do vermelho. Você verá que o círculo azul tomou um pouco do vermelho. Basicamente, no Flash, se você sobrepuser formas de cores diferentes, elas se cortam; enquanto formas da mesma cor, na verdade, combinarão, a fim de constituir uma forma unificada. Muitos têm argumentado sobre a utilidade desse comportamento, mas, imagine criar uma perfeita meia lua sem essa habilidade. Com certeza é possível, mas depois de quanto trabalho? Eu acredito que esse comportamento permita usos ilimitados que agora você poderá explorar. Vão, minhas crianças, explorem!

⬤ ⬤ ⬤ OLHA, MÃE, ESTÃO PERFEITAS

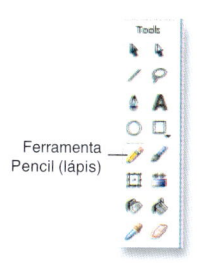

Ferramenta Pencil (lápis)

Já pensou como Da Vinci desenhou aquele círculo perfeito? Claro que ele usou Flash. Selecione a ferramenta Pencil da barra de ferramentas e assegure-se de ajustar o Pencil Mode (modo de lápis) em Options to Straighten (opções para endireitar; arrumar; tornar reto). Eu sei, parece estranho usar Straighten quando você quer desenhar um círculo perfeito, mas acredite em mim. Agora, desenhe o melhor círculo que puder em sua área de trabalho. Se conseguir chegar marginalmente perto, o Flash tornará perfeito para você. Agora é possível tentar desenhar outras formas como: ovais, retângulos e triângulos, e ver que o Flash continua a torná-las formas perfeitas. Claro que o Flash só pode fazer isso, portanto, não pense que desenhar um círculo batido, pois resultará em um que o próprio Da Vinci invejaria. O Flash faz apenas o melhor que pode, portanto, você precisa estar bem próximo.

⬤ ⬤ ⬤ RÁPIDO, PONHA NA MÁSCARA!

Para um simples efeito de Mask em algumas etapas curtas, comece colocando algum trabalho de arte para ser a máscara em uma camada. Agora, crie uma nova camada e coloque todos os seus itens a serem mascarados naquela camada. É inteligente nomear as camadas, assim, você também poderia nomeá-las "Mask" (máscara) e "Masked" (mascarada), respectivamente. Agora vem a parte difícil. Mova a camada Mask para que ela fique exatamente acima da camada contendo os itens a serem mascarados. Clique duas vezes a camada Mask, ajuste o seu tipo para Mask e clique OK. Automaticamente, o Flash deve incluir a camada sob a camada Mask como sendo mascarada e bloquear as duas camadas para você, o que lhe permite visualizar o efeito de Mask.

Se por algum motivo o Flash não fizer isso automaticamente (ele tem suas razões), então clique duas vezes a camada Masked, ajuste-a para Masked e, a seguir, bloqueie as duas camadas. Isso foi incrivelmente fácil, não foi? Uhuu!

🔴 🟡 🟢 ANIMAÇÕES PRÉ-MONTADAS

Existem muitos programas Flash por aí que têm animações internas e são destinados unicamente para permitir às pessoas animar coisas sem precisar, realmente, saber como trabalha uma linha de tempo de Flash. Bem, adivinha? Vá em frente, adivinhe. Está certo, eu conto. Agora Flash tem as suas próprias Animations (animações) internas, referenciadas como Timeline Effects. É tão simples como aplicar um. Coloque, com o botão direito, qualquer objeto (forma, símbolo e assim por diante) em sua área de trabalho (ou palco) e vá para Timeline Effects, que exibirá uma lista de efeitos pré-fabricados a partir dos quais você poderá fazer sua escolha. Pegar qualquer efeito geralmente apresentará uma pequena janela de ajustes rápidos, que lhe permite especificar os parâmetros para o efeito. Quando julgar que tem o que deseja, clique OK, e o Flash fará todo o seu trabalho. Depois de um efeito ter sido aplicado, você pode alterá-lo facilmente ou removê-lo, selecionando Edit ou Remove Effect a partir do mesmo lugar em que escolheu o próprio efeito, e claro, depois clique com o botão direito no objeto com o efeito aplicado.

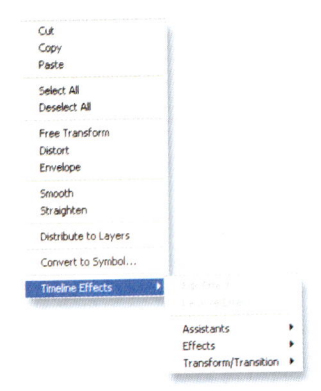

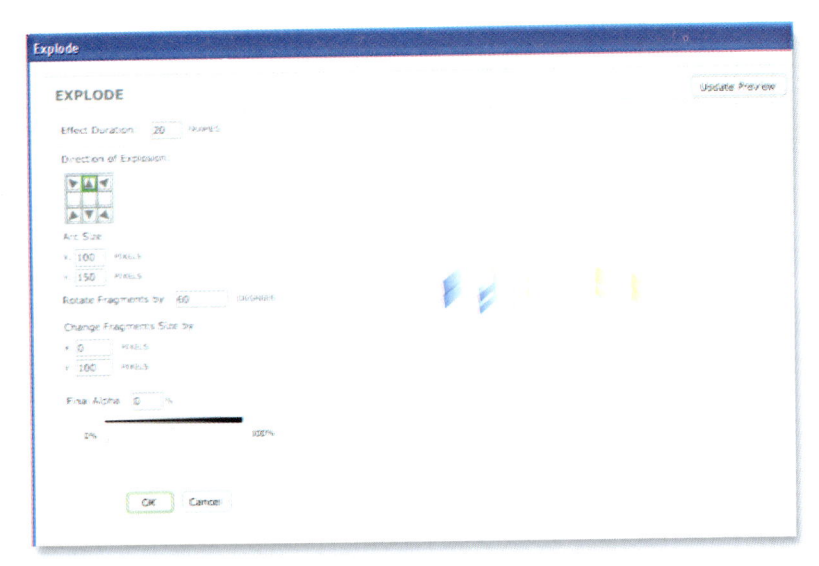

⦿ ⦿ ⦿ COMO GUIAR UMA MÁSCARA OU MASCARAR UMA GUIA

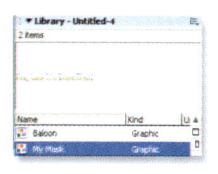

Ainda que criar Motion Guides (movimento de guias) e Masks possa ser relativamente direto, o que pode não ser é como combinar os dois efeitos. Digamos que você deseje aplicar uma máscara a alguns objetos que fazem parte de um Motion Guide. Inicialmente, você pode pensar em mover as suas camadas guiadas sob a sua camada Mask, mas isso apenas incapacitará uma ou a outra e tornará as suas camadas guiadas mascaradas. Ao invés, tente colocar o seu efeito de Mask em um clip de filme, que é criado em sua biblioteca. Coloque apenas as suas camadas de máscara e mascarada no clip de filme e, quando estiver exatamente da maneira desejada, você poderá trocar para a linha de tempo onde a guia estiver, ou criar uma guia, se não houver uma. Agora, coloque o seu recém criado símbolo, contendo o seu efeito Mask em uma camada, sob a sua guia, anexe-o ao caminho da guia, ajuste aquela camada para ser guiada e pronto! Agora, é possível guiar efetivamente uma máscara. Claro que o mesmo processo funciona na outra direção, quando mascarando uma guia, mas pode exigir um pouco mais de tempo para garantir que a sua animação guiada seja totalmente visível através da área que você definiu como a sua máscara.

⦿ ⦿ ⦿ TEXTO QUE SE TRANSFORMA

Você poderá usar uma Shape Tween (alteração de forma) quando quiser mover uma forma através da área de trabalho ou transformar um círculo em um quadrado. No entanto, não é possível aplicar uma Shape Tween a campos de texto e tê-los transformados de uma palavra para outra. Pode? Na verdade, pode, mas há algumas etapas envolvidas ao fazer isso. Conforme você possa, ou não, saber, um campo não é uma forma, é um objeto, e objetos respondem a Motion Tweens, e não a Shape Tweens, portanto, é hora de ser esperto.

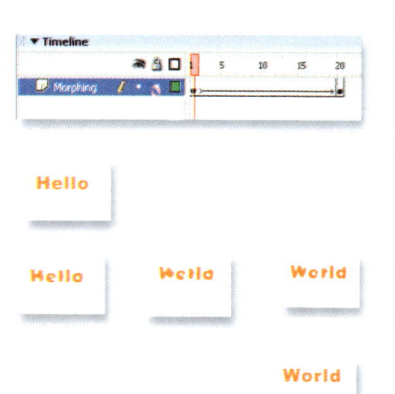

Acrescente algum texto à primeira moldura da sua linha de tempo. Agora, acrescente uma moldura-chave (keyframe) à moldura 20 e mude o texto lá para algo diferente do que está na moldura 1. Agora (com o campo de texto selecionado), pressione CTRL-B para Break Apart (dividir) o campo de texto. Inicialmente ele dividirá a palavra em blocos individuais de letras. Pressione novamente CTRL-B para transformar aquelas letras em formas. Repita essa etapa para o texto na moldura 1.

Finalmente, crie uma Shape Tween para animar, entre as duas molduras-chave. Lá está: um claro pequeno efeito de texto, comumente referenciado como *morphing* (transformando; transformação).

ESTIQUE-O AO LIMITE

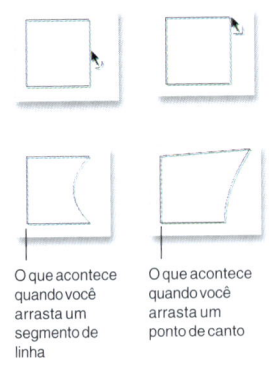

Há diversos aplicativos destinados a criar trabalho de arte vetor – inclusive o Flash, é claro. As formas pelas quais esses programas lhe permitem criar tal trabalho de arte, porém, nem sempre são iguais. O caso aqui seria a capacidade do Flash em manipular as formas que você desenhou. Comece desenhando um simples círculo ou quadrado e depois ative a ferramenta Arrow (seta) (V). Role sobre a borda da forma desenhada até ver uma pequena linha curva ao lado do seu cursor de seta. Clique e arraste em qualquer direção. Quando soltar, verá que a sua simples forma, agora está bem personalizada. Agarrar pontos opostos para uma área reta também produzirá resultados diferentes.

O que acontece quando você arrasta um segmento de linha

O que acontece quando você arrasta um ponto de canto

Essa habilidade de manipular formas com tal facilidade é um benefício-chave de usar o Flash, assim, sugiro que o explore. Não há limite para o que você pode fazer, por isso, estique-o ao limite, de novo!

MOVIMENTO REAL

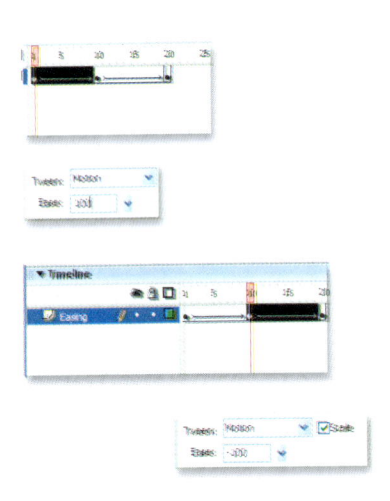

Uma das coisas mais difíceis de fazer em animação, é recriar um movimento real que você pode ver na vida real. Crie um círculo, converta-o para um símbolo e crie uma rápida animação, usando Motion Tween para que o círculo se mova para cima, e depois, para baixo da sua posição original (semelhante ao movimento de uma bola balançando). Selecione qualquer moldura no primeiro Motion Tween, vá para o inspetor Property e ajuste o valor numérico Ease (atenuar) para 100. Agora, selecione qualquer moldura no segundo Motion Tween e ajuste o seu valor Ease para –100. Exiba novamente a sua animação e verá que ela se parece muito com uma bola de verdade sendo atirada para o ar.

Qualquer número negativo é para facilitar, significando que a animação iniciará lenta e vai se tornar rápida, enquanto que um valor positivo significa o oposto. Também é possível usar o deslizador para mudar o valor Ease em vez de digitá-lo.

CAPÍTULO 4 – Crie efeitos e animações melhores | **63**

◉ ◉ ◉ SIMPLIFIQUE AS SUAS FORMAS

Com freqüência, se você desenha uma forma à mão em Flash ou importa um trabalho de arte vetor de um outro aplicativo, como Illustrator ou Freehand, há um resultado semelhante – um resultado que quase sempre não conhecemos. As formas podem se tornar complexas demais, com curvas irregulares ou linhas retorcidas. Para simplificar essas formas, o Flash lhe oferece duas opções. Clique a ferramenta Arrow e veja as duas opções na base da barra de ferramentas. À esquerda, você vê Smooth (suavizar) e, à direita, Straighten. Essas duas opções podem ajudar a simplificar a quantidade de pontos em suas formas, tornando assim as formas mais rápidas de apresentar e reduzindo um pouco o seu tamanho de arquivo. Para aplicar qualquer desses efeitos, simplesmente selecione uma forma, ative a sua ferramenta Arrow e pressione qualquer um dos botões. Isso aplicará a simplificação e mudará ligeiramente o aspecto do seu desenho. Ah! e você pode aplicar isso múltiplas vezes para melhorar mais e mais a forma.

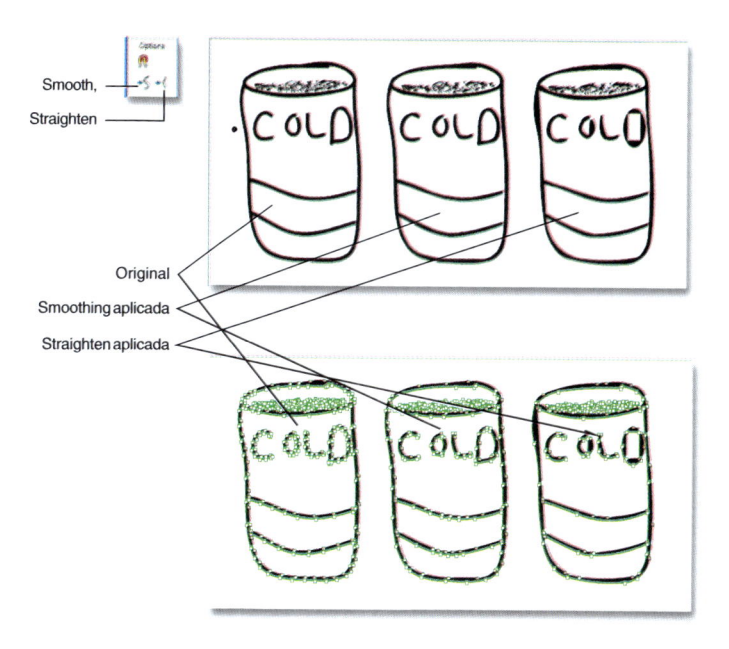

◉ ◉ ◉ SUAVIZAÇÃO PERSONALIZADA

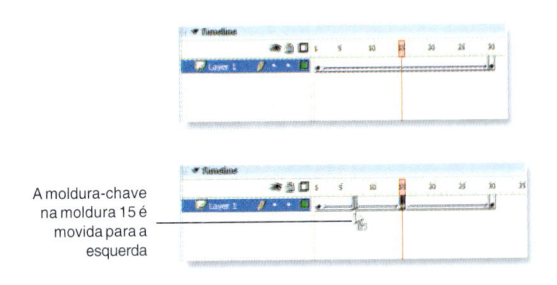

A moldura-chave na moldura 15 é movida para a esquerda

Ajustar o valor Ease de uma transformação no inspetor Property é bem eficaz para tornar algumas animações mais interessantes. Existe uma outra maneira de simular a suavização sem jamais mudar o valor de Ease. Crie pelo menos um Motion Tween de 20 molduras, de um símbolo se movendo pela sua área de trabalho. Agora, acrescente uma moldura-chave no meio da transformação e mova-a para perto do início da animação. Se testar o seu filme, você verá que ele tem um efeito semelhante a ajustar um valor de Ease para a transformação. A diferença é que você tem mais controle sobre esse estilo de suavizar. É possível mover aquela moldura-chave do meio, mais para perto do início, ou do final da transformação, de modo a conseguir efeitos diferentes. Você também pode acrescentar mais molduras-chave e movê-las ao redor para ver o que acontece. Assegure-se apenas de que possa acrescentar molduras-chave depois da transformação estar no lugar, para o truque funcionar perfeitamente.

◉ ◉ ◉ BLOCOS DE TEXTO, HÁ ESPAÇO PARA TODOS

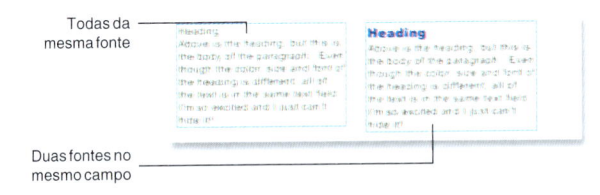

Todas da mesma fonte

Duas fontes no mesmo campo

Os campos de texto com freqüência são subestimados. Muitos dos seus recursos não são utilizados ou não são percebidos pelo usuário mediano. Um desses recursos, que pode ser muito útil, é o gerenciamento de mais de uma fonte em determinado campo. Comece criando duas ou mais linhas de texto em sua área de trabalho, dentro do mesmo bloco. Destaque uma das linhas de texto e deixe a outra sem selecionar. Agora, usando o inspetor Property, mude qualquer uma das propriedades dele. Isso pode ser muito útil se você apenas quiser destacar código em seu texto, como faço no livro assim, sem precisar criar vários campos e posicioná-los individualmente.

Você terá que tomar boas decisões a respeito de quando usar esse método, pois ele pode provocar demoras se quiser mudar rapidamente as suas fontes.

TIPO EM BITMAP

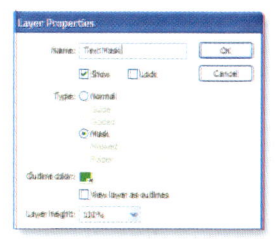

Pintar o texto com uma imagem em bitmap pode parecer, de início, uma tarefa avançada. Eis como tornar a tarefa avançada muito simples, usando uma máscara.

Crie uma camada chamada "Text Mask" (máscara de texto) e coloque o texto que deseja na área de trabalho. Crie uma outra camada, chamada "Image" (imagem), e coloque um bitmap ou algo que quiser, a fim de exibir através do seu texto naquela camada. Assegure-se de que a camada "Image" esteja sob "Text Mask", clique duas vezes a camada "Text Mask" e mude o seu tipo para Mask. Agora, mude o tipo da camada "Image" para Masked. Finalmente, assegure-se de que o seu texto esteja bem sobre a imagem e bloqueie as duas camadas, para visualizar o efeito. Esse é um resultado bem impressionante, considerando a pequena quantia de trabalho exigido para consegui-lo. Oh! e eu recomendo usar o texto em negrito para tornar a imagem mais visível.

COMO REDIMENSIONAR CAMPOS DE TEXTO

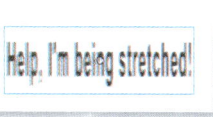

Tem havido muita discussão sobre campos de texto neste livro. Existem várias dicas sobre a mudança de tamanho de blocos de texto e por que não. A única coisa sobre a qual não falamos é como escalonar o texto (esticá-lo). Para fazer isso, simplesmente ative a ferramenta Free Transform , selecione o bloco de texto e vá para a cidade. Adivinha? O campo de texto ainda pode ser editado depois de você tê-lo esticado todo.

Esta foi uma boa dica, não foi? Nem ao menos demorou muito para ler. Eu gosto disso.

◉ ◉ ◉ ESTOU DESBOTANDO DEPRESSA

Com a introdução de comportamentos em Flash MX 2004, um simples desbotamento é uma coisa fácil de criar. Está bem, é ótimo, mas esses comportamentos não funcionam em todas as situações. E se você quisesse que uma forma se transformasse em outra, enquanto ela desbotasse (ou clareasse)? Não vai acontecer com um comportamento.

A coisa boa é que mesmo sem comportamentos, os efeitos de desbotamento não são difíceis de criar. Crie um simples Motion Tween (precisa ser a transformação de um símbolo). Na última moldura-chave, vá para o inspetor Property, clique o botão Effects e ajuste o Alpha para 0. E isso é tudo. Agora você tem um efeito básico de desbotamento.

A mesma coisa se aplica a uma Shape Tween. É possível usar a dica sobre See Through Shapes (formas transparentes) para ajustar o Alpha certo para uma forma. Use comportamentos quando puder, mas mantenha esse sob o seu chapéu, para situações personalizadas.

◉ ◉ ◉ HÁ PRESSÃO DEMAIS

Se estiver usando uma prancheta de desenho para criar trabalho de arte em Flash, você é um felizardo. Eu adoro essas coisas, pois elas lhe dão um sentido muito mais natural de controle sobre os seus desenhos. O Flash até lhe ajuda a fim de tornar o seu desenho o mais natural possível.

Com uma prancheta instalada, ative a ferramenta Paintbrush em Flash e busque pela opção Use Pressure (usar pressão), bem abaixo da palavra "Options", à direita. Ativar essa opção dirá ao Flash para sentir a quantidade de pressão que você está usando enquanto pinta, dando aos seus traços um aspecto mais natural. Eu conheço diversos animadores que nunca usariam o Flash se ele não tivesse esse simples recurso. Se não vir a opção à qual estou me referindo, então você precisará sair e comprar uma prancheta para vê-la.

CAPÍTULO 4 – Crie efeitos e animações melhores | **67**

😀 😐 🙂 TRANSFORMAÇÃO SUPER-RÁPIDA

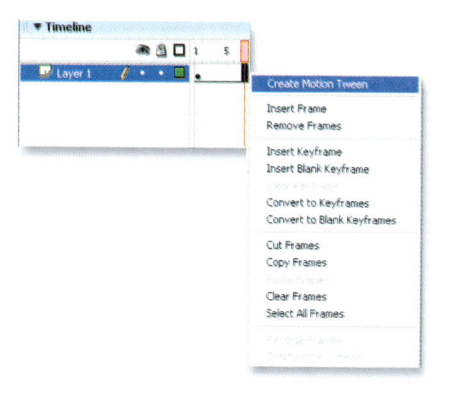

Existem diversas ações que repetimos de novo e de novo ao criar um filme ou aplicação Flash. Criar uma transformação está indiscutivelmente no alto dessa lista. Isso sendo verdade, só faria sentido se houvesse uma maneira super-rápida de criar essas loucas transformações. Também, parece que as pessoas na Macromedia resolveram que Motion Tweens são até mais comuns do que Shape Tweens, porque essa dica só funciona para Motion Tweens.

Se você clicar com o botão direito (OPT-clique em Mac) qualquer moldura em sua linha de tempo, no alto da lista de opções verá "Create Motion Tweens". Selecionar essa opção criará rapidamente um Motion Tween para aquela extensão de molduras. Super-rápido!

😀 😐 🙂 FORMAS TRANSPARENTES

Grade oferecendo uma visualização da transparência

Configuração Alpha

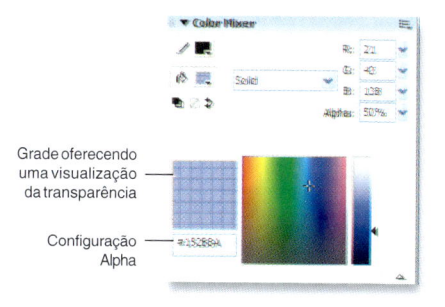

Se você já tiver desejado um texto ou formas transparentes sem passar pelo aborrecimento de convertê-las primeiro para um símbolo, então, não está sozinho. A transparência é uma configuração divertida para brincar e muito fácil de fazer. Ao escolher uma cor (traço ou preenchimento), no lugar de usar as opções na barra de ferramentas ou o inspetor Property, busque o painel Color Mixer (SHIFT-F9). Torne qualquer cor transparente, escolhendo a cor e ajustando o valor, no campo Alpha, algo abaixo de 100%. Quanto menor o valor, mais transparente será a sua cor. Você tem até uma pequena grade subjacente de modo a visualizar quão transparente será a cor. Agora, apenas aplique a cor como faria normalmente e ta-rã! Transparência instantânea sem converter para um símbolo.

⬤ ⬤ ⬤ DEIXE O FLASH SEGUIR A SUA LIDERANÇA

De tempos em tempos, escuto sobre situações loucas em que uma pessoa tem uma transformação configurada e decide acrescentar uma moldura-chave para, de alguma forma, mudá-la. Está certo, não é louca – é uma coisa bem comum, e todo mundo pode fazer isso ocasionalmente. Você podia fazer o típico acréscimo de uma moldura-chave à transformação e depois remover o seu item na nova moldura, mas é possível fazer isso até mais depressa. Eis como ...

Configure uma transformação e selecione qualquer moldura nela. Agora, simplesmente mova o objeto na área de trabalho para onde deseje. Olhe a linha de tempo e verá que o Flash acrescentou uma moldura-chave para você. Nem é necessário usar o pestilento teclado para isso. O Flash se comporta como um bom serviçal – ele antecipa o que o mestre deseja e faz o trabalho para o mestre. Isso está certo, Flash. Está certo.

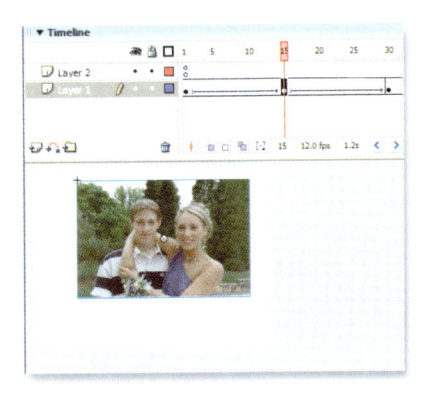

⬤ ⬤ ⬤ GRAUS EM CADA DIREÇÃO

Usar a ferramenta Line não é a coisa mais difícil de fazer. Basicamente, você só arrasta a linha que deseja entre dois pontos e lá está. Mas, pode ser difícil criar determinados ângulos.

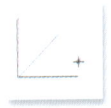

Assim, experimente manter pressionada a tecla SHIFT enquanto criar uma linha, que o capacitará a desenhar linhas em qualquer ângulo de 45 graus. Você pode desenhar linhas horizontais perfeitamente planas, linhas verticais ou um ângulo de 45 graus diretamente no meio. Esta é apenas uma outra pequena dica para ajudar o trabalho de adivinhação de fazer as suas visões tomarem vida.

CAPÍTULO 4 – Crie efeitos e animações melhores | **69**

● ● ● MULTIPLICIDADE

Em especial, quando você deseja criar uma transformação de qualquer tipo, você seleciona uma moldura em uma moldura de extensão e ajusta a opção Tween no inspetor Property. Onde quer que resolva aplicar a sua transformação, uma coisa parece ser verdade: só é possível criar uma transformação de cada vez. De fato, você pode acrescentar muitas transformações de uma vez, apenas selecionando múltiplas molduras que estão em diferentes molduras de extensão.

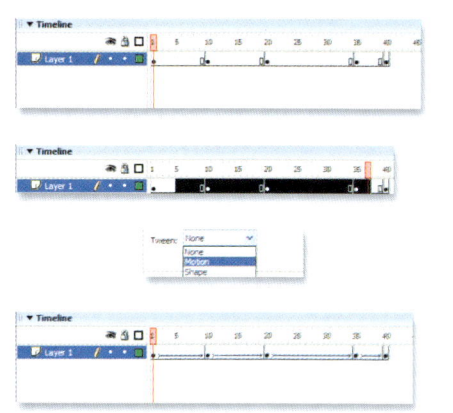

NOTA: Uma *moldura de extensão* consiste em uma série de molduras entre duas molduras-chave.

Se você tiver múltiplas molduras de extensão que gostaria de animar rapidamente, apenas selecione as molduras através de cada extensão que deseja animar e ajuste o seu Tween no inspetor Property como faria normalmente. Imediatamente, todas as molduras de extensão selecionadas terão a transformação aplicada. Isso pode poupar muito tempo no caso de você ter muitas camadas que tenham molduras-chave ajustadas adequadamente e só precisem ser animadas. Uau, um outro poupador de tempo!

● ● ● AGORA ISSO ESTÁ AGUÇADO

É uma coisa comum selecionar algum trabalho de arte e pressionar F8 para convertê-lo em um símbolo, mas você sabia que também pode converter uma cópia de símbolo de volta em uma forma? Selecione qualquer cópia de grupo ou símbolo na área de trabalho e pressione CTRL-B para executar o comando Break Apart. Essencialmente, isso dividirá o objeto, deixando para trás apenas o que estava dentro dele. Assim, se você tinha uma cópia de símbolo de um círculo que era apenas uma forma, então, você converteria aquela cópia de volta à forma.

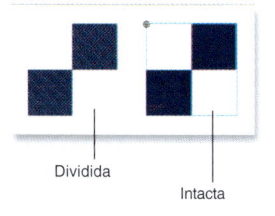

Mas, isso pode ser ardiloso. Por exemplo, se você tiver um objeto com muitos outros objetos dentro dele, e dividi-lo, terminará com todos esses objetos em sua área de trabalho. Para garantir que o divida completamente em formas, você pode apenas pressionar CTRL-B repetidamente, até ver que só restam as formas.

Dividida   Intacta

● ● ● ANIMAÇÃO PARA SÍMBOLO

Aninhar é colocar animações dentro de símbolos e símbolos em símbolos e assim por diante ... É uma boa idéia usar o aninhamento sempre que possível. Por um lado, com freqüência eu tenho ficado sem alças e sido tão carregado pelo meu maravilhoso trabalho, que me esqueço de criar um símbolo para contê-lo. Tenho certeza de que não estou sozinho, certo? Mas, uma coisa é converter um objeto selecionado, que não está se movendo, em um símbolo. É algo diferente de converter toda uma linha de tempo. Ou não?

Para converter qualquer linha de tempo em um símbolo, pressione CTRL-ALT-A (SHIFT-CMD-A em Mac) enquanto estiver vendo aquela linha de tempo. Você perceberá que isso selecionará toda a linha de tempo e tudo o que há nela. Agora, pressione CTRL-ALT-X ou OPT-CMD-X em Mac (Cut Frames – cortar molduras), depois CTRL-F8 para criar um novo símbolo. Nomeie o símbolo e pressione OK. Isso o leva à sua linha de tempo, de novo, como símbolo. Uma vez aqui, selecione a moldura-chave vazia em Frame 1 (moldura 1) e depois, pressione CTRL-ALT-V ou CMD-F8 em Mac para colar as suas molduras cortadas na nova linha de tempo.

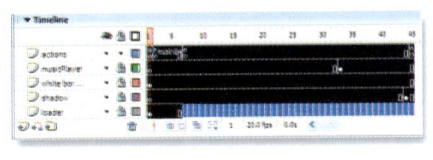

Você terá que limpar um pouco a sua linha de tempo original, pois ela terá molduras vazias do corte, mas, fora isso, está tudo pronto.

● ● ● LETRA POR LETRA, AJUSTAREI O ESPAÇAMENTO DE TUDO

Mais e mais você está vindo para Flash de uma experiência de produção de impressão. Está acostumado a usar InDesign ou Quark, e para muitos de vocês, o Flash é um mundo estranho. Ainda que falte em Flash, certamente, o poder do layout de texto de qualquer bom programa de produção de impressão, ele tem uma habilidade pouco conhecida que talvez você desconheça. Normalmente, quando seleciona um campo de texto, você é capaz de ajustar Auto Kern (ajuste de espaçamento automático) ativado ou desativado, para permitir que o próprio Flash ajuste o espaçamento entre cada letra. Entretanto, digamos que você só precise de determinadas letras para ter mais espaço entre elas, do que de outras.

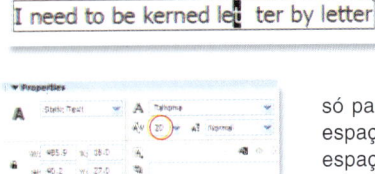

Crie algum texto em sua área de trabalho e selecione uma letra individual. Vá para o seu inspetor Property e ajuste o valor de Character Spacing (espaçamento de caractere) para 20. Fazer isso aumentará o espaçamento só para aquele caractere no seu lado direito. É possível ajustar o espaçamento de qualquer letra para conseguir o seu ajuste de espaçamento personalizado. O único problema é que não há como salvar as configurações de ajuste de espaçamento de uma letra ou fonte, assim, você terá que fazer isso para cada letra, o tempo todo. Mas, é útil, não é?

⬤ ⬤ ⬤ FORMAS IGUAIS PRECISAM DE UMA DICA

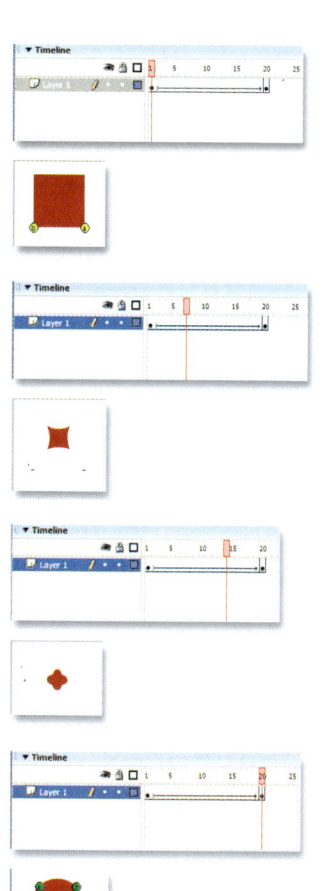

Neste livro, você leu o termo "hint" (dica; sugestão) várias vezes. Normalmente ele se referia a ActionScript. Até agora. Existe um outro tipo de dica em Flash, conhecido como uma shape hint (dica de forma). Eis um exemplo de como ela funciona.

Assegure-se de que Snap to Object esteja capacitada e crie um quadrado na Moldura 1 da sua linha de tempo. Agora, acrescente uma moldura-chave vazia na Moldura 24 e coloque um círculo de tamanho semelhante na área de trabalho. Acrescente uma Shape Tween à moldura de expansão, de modo que ela se transforme de um quadrado para um círculo. Observe a animação e veja como o Flash transforma de uma para a seguinte. Vá agora para a primeira moldura-chave da transformação e pressione CTRL-SHIFT-H (SHIFT-CMD-H em Mac). Você verá aparecer um pequeno círculo vermelho com um "a". Isso é chamado de dica de forma. Pressione CTRL-SHIFT-H novamente. Arraste o círculo "b" para o canto inferior esquerdo do quadrado até que ele se estenda no lugar. Arraste o "a" para o canto inferior direito. Vá para a Moldura 24 e arraste o "b" para a borda superior direita do círculo e o "a" para a superior esquerda. Elas devem se estender no lugar e se tornar verdes, para indicar que estão ajustadas.

Quando exibir a animação, você verá que a mesma animação se transforma de uma maneira totalmente nova. O Flash combina o ponto de cada dica de forma em cada moldura-chave com aquela da seguinte. Isso lhe permite controlar, de fato, a maneira pela qual as suas formas se animam. Acrescente tantas dicas quanto quiser e clique com o botão direito em qualquer delas para remover uma ou todas elas. Não exige muito mais esforço do que isso.

🔴 🟡 🟢 FIQUE NAS LINHAS

– Botão Brush Mode (modo de pincel)

– Pintando com o modo Paint Inside (pintar dentro) ativo

Aposto que você ouviu muito isso quando era criança. Na verdade, ainda existem pessoas que me dizem isso, mesmo sendo um adulto. Assustador, eu sei. Por sorte, há uma pequena opção simpática que fará ficar na linha uma moleza, quando você estiver criando um trabalho de arte em Flash.

Crie qualquer esboço de uma forma, sem um preenchimento de cor. Ative a ferramenta Paintbrush e procure pela opção Brush Mode, logo abaixo na barra de ferramentas. Escolha Paint Inside e, desde que você comece a pintar o seu traço de pincel dentro das linhas, pode rabiscar o quanto quiser, sem jamais sair para fora das linhas. Onde estava esse recurso quando eu estava fazendo as revistas *Highlights*?

Assegure-se de que o seu esboço (traço) esteja conectado, para que o Flash possa determinar adequadamente o que é o interior. Ah, e também existem outros simpáticos modos Brush. Brinque com eles também. Da mesma forma, tente iniciar o seu traço de pincel fora dos esboços do seu objeto e verá que o Flash só pintará "fora" da forma fechada. É quase como se o Flash estivesse tratando a parte de fora como "interna". Estranho, hein?

⊖ ⊖ ⊖ INVERTA, INVERTA BEM

Vamos apenas cortar certo para caçar esta. Desenhe um círculo na Moldura 1 da sua linha de tempo e converta-o em um símbolo, selecionando-o e pressionando (F8). Acrescente uma outra moldura-chave à Moldura 20 e acrescente um Motion Tween à extensão de molduras. Na moldura-chave final, selecione a cópia de círculo, vá para Modify > Transform e escolha Flip Horizontal (inverter horizontal). Agora, observe a sua animação e verá que um simpático pequeno efeito de inversão da moeda está no lugar.

Claro que você não precisa usar essa ferramenta só para animações. Ela pode ser muito útil quando você só precisar inverter um símbolo para ficar virado em outra direção. E não se esqueça do comando Flip Vertical (inverter vertical), que aparece bem próximo.

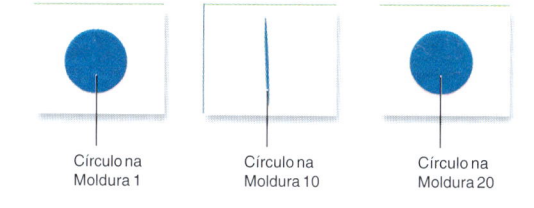

Círculo na Moldura 1

Círculo na Moldura 10

Círculo na Moldura 20

Sinta o fluxo

Dicas rápidas

Levante a mão se quiser aprender a criar as mesmas animações, os mesmos sites e os mesmos efeitos na metade ou mesmo, em um décimo do tempo. Ah, vamos lá!

Sinta o fluxo

Dicas para ajudá-lo a trabalhar mais depressa

alguém erga a mão. Está bem, espere não posso ver você levantar a sua mão. Então vou dizer, pegue uma foto sua com a mão levantada e me mande. Melhor ainda, me convide para um belo jantar, eu farei a pergunta e então você poderá levantar a mão. Está bem, vou esperar pelo convite. Enquanto estou esperando, imaginarei que pelo menos um ou dois de vocês ergueram a mão. Este capítulo está cheio daquelas pequenas preciosidades que todos os usuários poderosos querem conhecer sobre qualquer programa que usem. Tudo, dentro destas próximas poucas páginas, tornará tão mais veloz o seu fluxo de trabalho, que você ficará em chamas, e seus amigos observarão e irão rir enquanto você senta lá, em chamas. Mãe, você estava certa – eu não sou normal.

⬤ ⬤ ⬤ TABULADOR DE TROCA RÁPIDA

O Flash MX 2004 apresenta um recurso muito útil, conhecido como *documentos tabulados*. Vimos esse conceito em vários outros produtos e agora temos a sorte de tê-lo também em Flash. Ele capacita a troca relativamente rápida entre os seus diversos documentos Flash. Mas, eu tenho um segredo. Na verdade, há uma maneira mais rápida de circular através de seus documentos. Mais rápida, você diz? Não foi o que acabei de dizer? De qualquer modo, se você quiser circular rapidamente através de seus documentos abertos, use CTRL-TAB e, com cada pressão, você pulará para o próximo documento. Não dá para ser mais fácil e mais rápido do que isso. Isto é, até eles aparecerem com um dispositivo de entrada de leitura de mente. Sinto muito, mas isso só vai pôr um sorriso em seu rosto se você usar Windows. A versão Mac OS X não suporta janelas tabuladas.

⬤ ⬤ ⬤ PAINÉIS DE FORÇA

Para todos vocês aí, poderosos usuários! Está certo, para todos que pensam que um mouse nunca deve precisar ser tocado (exceto para desenhar, espero), esta é para vocês: normalmente, para diminuir, aumentar ou ir para um painel em especial, você precisa abrir uma exceção e usar aquele horrendo mouse. Mas, por que não usar CTRL-ALT-TAB para circular rapidamente através dos painéis, um de cada vez? O painel ativo terá um contorno de traço branco em volta do seu título, para demonstrar que ele está ativo. Para expandir ou diminuir qualquer painel ativo, simplesmente pressione a barra de espaço. Então, isso é uma coisa poderosa.

Ah, se você estiver em um Mac, não se preocupe. Devido as diferenças de interface, ela não se aplica a você.

⬤ ⬤ ⬤ ISSO PARECE UM TRABALHO PARA O... SUPERZOOM!

Não, eu não criei nenhum super-herói cuja arma de escolha seja uma lente de aumento. Ainda que você possa sentir-se assim depois desta dica genial! Ative a área de trabalho de qualquer documento Flash clicando em qualquer lugar nela. Agora, mantenha pressionado CTRL-SHIFT e role a roda do seu mouse para cima e para baixo. Quando você rolar para cima, o Flash fará zoom para diminuir; quando para baixo, para aumentar. A melhor parte disso é que o zoom é centralizado onde quer que você tenha o seu mouse localizado, portanto, é possível controlar o foco do zoom, movendo o mouse enquanto rolar. Agora que você é um super-herói, vá lutar contra o crime e dançar nas ruas.

Lamento mas esta dica não se aplica às pessoas sem um mouse com roda ou pessoas usando um Mac.

● ● ● EIS UM ATALHO

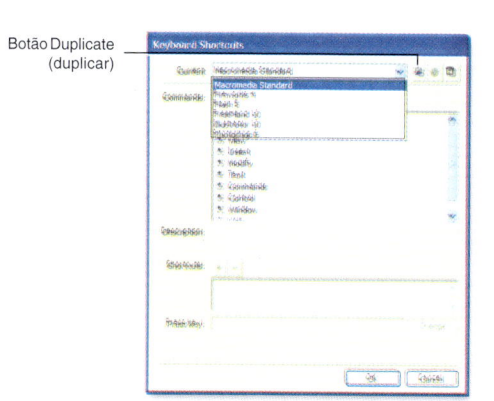

Botão Duplicate (duplicar)

Várias pessoas, novatas em Flash, normalmente têm experiência em alguns outros programas que têm certas semelhanças. Depois de usar tais programas por algum tempo, podem estar adaptadas a atalhos de teclado para aquele programa em especial. Se você for uma dessas pessoas, pode ser que o Flash tenha, por padrão, atalhos parecidos mas, senão, existem algumas opções.

Vá para Edit > Keyboard Shortcuts (editar, atalhos de teclado) e verá que a Macromedia ofereceu alguns conjuntos de atalho predefinidos a partir dos quais você pode escolher. E se isso não for o bastante, simplesmente escolha o conjunto que estiver mais próximo do que gostaria e use o botão de duplicar para fazer um novo conjunto para você. Agora é possível definir com segurança cada comando, pois você estará selecionando o comando da árvore, selecionando o campo Press Key (pressionar tecla) e pressionando a caixa de teclas que deseja ajustar em seu teclado.

● ● ● UM PASSO PARA FRENTE, UM PASSO PARA TRÁS

Mover-se através de uma linha de tempo de Flash enquanto no modo de autoria, geralmente o mouse é mais usado para pular para um ponto em especial ou esfregar através de molduras. Claro que você também pode pressionar ENTER em qualquer ocasião, enquanto a linha de tempo estiver ativa, e ela começará a ser exibida. Esses dois métodos são ótimos, mas se quiser tornar lenta a passagem através da linha de tempo, moldura por moldura, pode ser que fique perdido, sem saber como fazer isso. Meu amigo, não se sinta mais perdido. Você pode pensar que usar as suas teclas de seta fariam o truque, mas não, essas são para cutucar objetos na área de trabalho (palco). Para caminhar rapidamente através da linha de tempo, uma moldura de cada vez, use as teclas "," e "." de seu teclado. A tecla "," move para a esquerda e a "." para a direita. Uma maneira mais fácil de se lembrar onde esses sujeitos estão, é pensar neles como "<" e ">" em vez de "," e ".", porque faz mais sentido visual. Lembre-se apenas de que não é preciso pressionar SHIFT para isso funcionar.

● ● ● DESFAÇA A SELEÇÃO DE TUDO

Há perto de um milhão de maneiras diferentes para selecionar o trabalho de arte na área de trabalho em Flash. Você pode usar a ferramenta Arrow e arrastar, ou CTRL-A (CMD-A em Mac) para selecionar tudo de uma vez. Também pode selecionar itens individuais em uma variedade de maneiras, sobre as quais eu poderia continuar a dissertar por muito tempo. Não se preocupe, não pretendo fazer isso. Mas, digamos que você queira ter certeza de que nada está selecionado em lugar nenhum. Tenho certeza de que houve a ocasião em que estava tentando usar a tecla de seta no painel Actions e acabou movendo algum objeto que nem sabia que tinha selecionado na área de trabalho. Bem, para evitar isso no futuro, simplesmente pressione a tecla ESC em seu teclado para desfazer a seleção de qualquer coisa que tenha sido selecionada. Isso é efetivo para objetos na área de trabalho assim como na sua linha de tempo. Ah, agora você pode relaxar. Isto é, claro, se você puder se lembrar de pressionar ESC.

● ● ● FERRAMENTA DE SETA TEMPORÁRIA

Você está atrasado para um prazo final, assim, está voando através de seu documento, usando zoom, escalonando e editando por todo o lado. Seus amigos observam aturdidos enquanto você se move mais depressa do que os olhos deles podem ver. O que eles não sabem é como você fica aborrecido em ter que olhar para as teclas rapidamente enquanto pula para a frente e para trás entre a ferramenta Rectangle e a ferramenta Arrow. Quer se mover mais depressa? Usando qualquer ferramenta, rapidamente, tente manter pressionada a tecla CTRL (CMD em Mac) e temporariamente, o Flash trocará para a ferramenta Arrow (Move). Quando tiver terminado de mover um objeto, você poderá trocar de volta para a sua ferramenta ativa, simplesmente liberando a tecla CTRL. Com essa produtividade aumentada, você atinge o seu prazo final, os seus amigos ficam surpresos com a sua velocidade e você pode ir para casa com um sorriso no rosto e recomendar este livro para cada ser humano que encontrar. A vida é ótima!

CAPÍTULO 5 – Dicas para ajudá-lo a trabalhar mais depressa | **79**

◉ ◉ ◉ MÃO PEGAJOSA

Pode ser embaraçoso e aborrecido precisar rolar a sua área de trabalho quando quiser ver uma outra parte dela. Está certo, com certeza você poderia trocar para a ferramenta Hand (Pan), pressionando H no teclado, mas se houver uma maneira mais fácil, use-a. Esse é o meu lema. Como muitas coisas em Flash, há uma maneira mais rápida. Se estiver usando o seu mouse para mover objetos em sua área de trabalho e precisar expandir instantaneamente para ver uma parte diferente dela, simplesmente pressione e mantenha pressionada a barra de espaço, que trocará temporariamente para a ferramenta Hand. Agora, clique em qualquer lugar em sua área de trabalho e arraste. A sua área de trabalho se expande a cada vez, razão pela qual eu me refiro a esse sujeitinho como o Mão Pegajosa. Ele me lembra de como Tom Cruise agarra aquelas telas e faz delas slides em *Minority Report*. Bem, isto é, sem o mouse. Aposto que eles usaram o Flash para fazer aquelas telas!

◉ ◉ ◉ PELO PODER DA MINHA CABEÇA!

Se você quiser ser um verdadeiro usuário poderoso e trocar de ferramenta para ferramenta em Flash, sem se preocupar com o mouse e a barra de ferramentas, então desejará anotar alguns dos atalhos de teclado mais importantes. Está certo, importantes pode ser a palavra errada, mas com certeza, os mais usados. Eles são V, Arrow (Move/Select) (V, seta – mover/selecionar); ferramenta Text; Q, Free Transform e Z, Magnifying Glass (Zoom) (Z, lente de aumento – zoom).

Claro que também existem muitos outros, mas você pode descobrir qualquer atalho de teclado da ferramenta, rolando sobre ela e esperando por um segundo. O Flash exibirá o comando-chave para você acrescentá-lo à sua lista. Quem sabe, se você for bom o bastante, nem ao menos precisará, da barra de ferramentas. Ah! se a ferramenta tiver mais do que uma opção, como a Rectangle, é possível circular por elas, pressionando a tecla repetidamente.

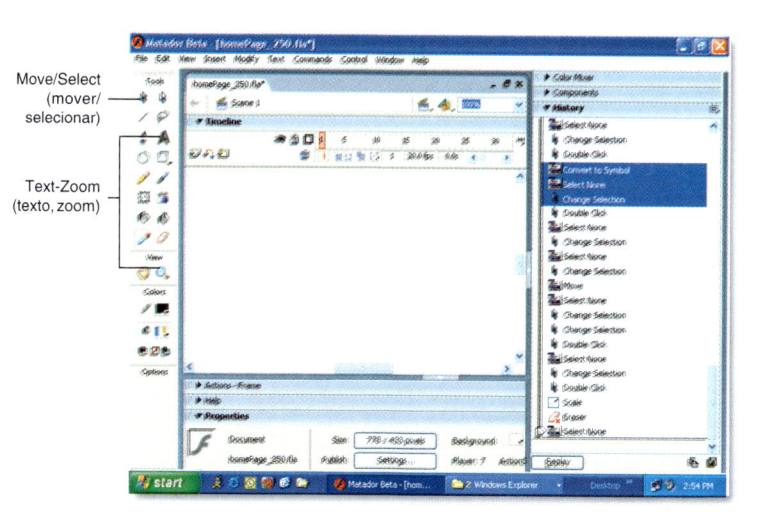

Move/Select (mover/selecionar)

Text-Zoom (texto, zoom)

● ● ● E... CHAVE DE LINHA DE TEMPO

Mencionei várias maneiras de usar o seu teclado para tornar o trabalho em Flash mais fácil e mais rápido. A única coisa é que a maioria desses atalhos tem a ver com a interface ou ferramentas. Mas, e quanto à linha de tempo? Boa pergunta. A mais importante de todas as chaves a lembrar em Flash são aquelas que lhe permitem editar rapidamente a linha de tempo. A única diferença é que, com elas, você precisará usar o seu mouse ocasionalmente, para garantir que está na camada ou na moldura certa. Assim, sem mais delongas .. F5 é Insert Frame(s), SHIFT-F5 é Remover Frame(s), F6 é Insert Kayframe(s), SHIFT-F6 é Clear Keyframe(s) (limpar moldura(s)-chave) e F& é Insert Empty Keygrame(s) (inserir moldura(s)-chave vazia(s)).

Observe que não há SHIFT-F7. Isso porque uma moldura-chave em branco ainda é considerada uma moldura-chave e, portanto, você só usaria SHIFT-F6 para limpá-la. Atenção! Se você não memorizar qualquer outra coisa, memorize isso. Ir para o menu de sistema sempre que usar uma moldura-chave tornará a sua vida mais complicada do que precisa ser.

● ● ● TANTO TEXTO, TÃO POUCO TEMPO

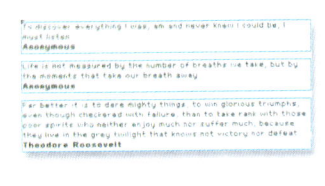

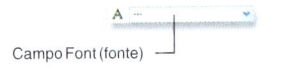

Está certo, então você tem vários campos de texto em sua área de trabalho. Alguns são grandes, alguns de tipo Arial, alguns em negrito e você quer mudar todos rapidamente para Courier 12 pontos. Embora possa perder os próximos 20 minutos selecionando cada campo e ajustando-o de acordo, por que se preocupar com todo esse trabalho? Tudo o que é preciso fazer é selecionar múltiplos campos de texto de uma vez e depois, ir para o inspetor Property. Aqui, você pode mudar qualquer propriedade daqueles campos de texto, de uma só vez, como se tivesse apenas um selecionado.

Campo Font (fonte)

Alguns traços "- -" podem ser vistos em alguns campos de propriedade. Isso indica que os múltiplos campos selecionados têm configurações diferentes para aquela propriedade. Simplesmente ignore e escolha como será.

🔴 🟡 🟢 ZOOM, ZOOM, ZOOM...

Ferramenta Zoom

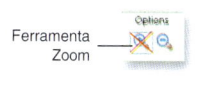

Fazer zoom para aproximar e afastar pode ser uma daquelas coisas que você repetidamente tem de executar sem uma maneira rápida de fazer isso. Trocar para a ferramenta Zoom requer duas etapas, como selecionar o fator de zoom a partir do menu de drop-down na parte superior direita da linha de tempo. Como muitas outras ações comumente usadas em Flash, há um par de bons atalhos de teclado a fim de ajudá-lo a usar o zoom para aproximar e afastar em apenas uma etapa. Usar CTRL-+ e CTRL- - (CMD+ e CMD- em Mac) para aproximar e afastar, tornará a sua vida muito mais fácil. Mas, há um truque para fazer isso – infelizmente, não é possível usar as teclas + e – na seção numérica de seu teclado. A vida é cheia de desafios; creio que esse é um deles.

🔴 🟡 🟢 É HORA DE CIRCULAR PELA FONTE

Escolher a fonte certa geralmente é um sistema complexo de tentativa e erro. Porque o usuário mediano tem mais de 50 fontes no computador, precisamos tornar o processo de experiência mais simples possível. Coloque qualquer campo de texto em sua área de trabalho, encha-o com algum texto e assegure-se de que ele esteja selecionado. Agora, busque pelo bom e velho inspetor Property e , em vez de clicar a seta para baixo, para a lista de fontes, clique na caixa com o seu cursor. Isso ativa a caixa de lista de fontes, de modo que tudo que lhe resta fazer é usar as suas teclas de seta para cima e para baixo, a fim de circular através da lista de fontes. À medida que faz isso, você vai ver a sua caixa de texto selecionado mudar, em tempo real, de modo que fique possível escolher rapidamente a fonte que deseja, e ver como fica, ao mesmo tempo. Estranho como foi fácil, hein?

Pense apenas no tempo poupado, não precisando abrir a lista de fontes e escolher uma de cada vez para visualizar. Iac, tremo só de pensar.

● ● ● EDIÇÃO RÁPIDA

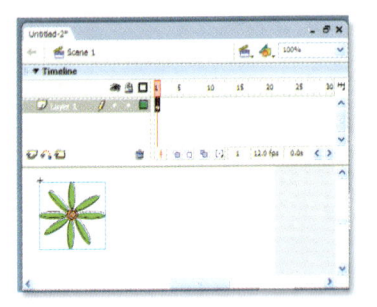

Se você precisar editar um símbolo e tiver uma cópia dele em algum lugar da área de trabalho, espere, porque vai ser um processo complicado. Eis o que fazer ... Clique duas vezes na cópia do símbolo. É, é isso. Se você clicar duas vezes em qualquer cópia do seu estágio, será levado para a linha de tempo do símbolo original, de modo a poder editá-lo. Claro que existem outras maneiras de editar um símbolo, mas, como eu disse, essa é a mais rápida para editar no lugar. Eu me lembro de muito tempo atrás, quando esse recurso não existia. Que horror!

● ● ● LOCALIZADOR DE CAMADA

Na camada selecionada

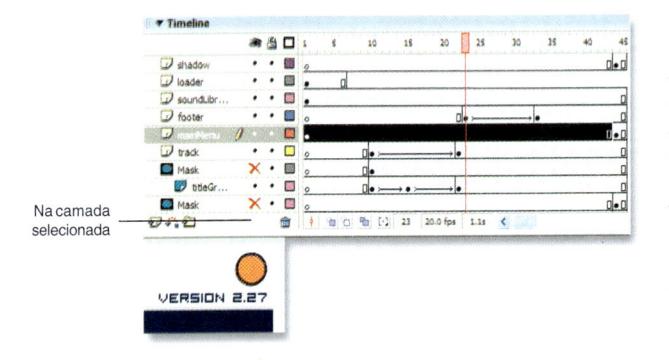

Pode ser muito fácil perder aquela camada onde esteja um objeto especial. Isso é especialmente real quando você está com pressa de terminar alguma coisa e realmente não está prestando atenção. Não que eu já tenha feito isso, mas, se lhe acontecer, eis uma maneira fácil de determinar em qual camada está alguma coisa. Simplesmente selecione o objeto ou a forma em questão e olhe na linha de tempo. A camada que está destacada em preto é a camada que contém o seu objeto. Está bem, então agora você tem a informação – você é quem decide o que fazer.

● ● ● DOIS PÁSSAROS, UM PAINEL

Abra o painel Transform, se ele já não estiver aberto, usando Window > Design Panels > Transform (janela, painéis de design, transformar/transformação) (CTRL-T ou CMD-T em Mac) e depois, selecione qualquer objeto em sua área de trabalho. No painel Transform, entre com uma nova escala, rotação, inclinação ou alguma de suas combinações e, a seguir, pressione o botão Copy and Apply Transform (copiar e aplicar transformação), abaixo do painel (aquele à esquerda). Veja isso – agora você tem uma cópia do que selecionou com as transformações fornecidas aplicadas a ela. Isso realmente ajudará a poupar o tempo de quem adora fornecer quantidades exatas para as suas transformações.

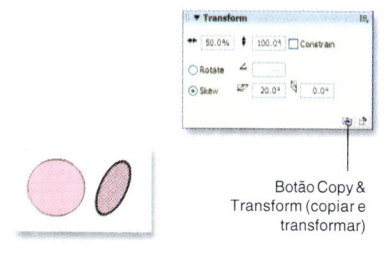

Botão Copy & Transform (copiar e transformar)

Assegure-se de não pressionar Enter enquanto o seu cursor estiver em qualquer dos campos no painel ou as suas mudanças serão aplicadas sem fazer uma cópia (a menos que seja o desejado). Ah, uma última coisa: não desative o painel Transform antes de aplicar as mudanças, ou terá que começar de novo.

● ● ● AS CINCO GRANDES

Há cinco coisas bem básicas, bem comuns, com as quais todos precisam lidar ao criar um conteúdo Flash. Eu as chamo de "As Cinco Grandes". Esperto, não é? Isso é porque sou superesperto.

De qualquer forma, essas cinco atividades básicas devem ser fáceis de realizar, e você não deve perder muito tempo fazendo isso. Eis as cinco grandes, junto com seus atalhos de teclado, para poupar o seu tempo. Eu sugiro memorizá-las. Ou não.

1. Document Properties (propriedades de documento) (CTRL-J) (CMD-J)
2. Flash MX 2004 Preferences (preferências; favoritos) (CTRL-K) (CMD-K)
3. Publish Settings (configurações de editoração) (CTRL-SHIFT-F12) (OPT-SHIFT-F12)
4. Publishing (SHIFT-F12) (OPT-SHIFT-F12)
5. Test Movie (teste de filme) (CTRL-ENTER) (CMD-ENTER)

Claro que há muitos outros atalhos que são igualmente importantes, mas esses são os verdadeiramente básicos.

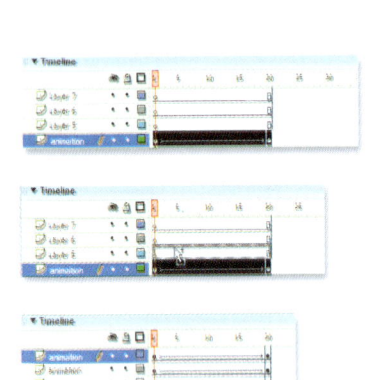

◉ ◉ ◉ SEM CLONAGEM DE CAMADAS

Você adivinhou. Simplesmente não existe uma maneira fácil de duplicar uma camada. Ah, claro, é possível duplicar quase tudo com um par de cliques, mas creio que camadas não são tão importantes. Bem, eu discordo disso, sendo assim, vou ajudá-lo com a saída.

Selecione a camada que deseja duplicar, depois, clique o botão Create Layer, na parte inferior esquerda da linha de tempo. Agora, selecione todas as molduras da camada a duplicar, clicando o ícone daquela camada. Finalmente, arraste as molduras selecionadas para cima, para a nova camada, mantendo pressionada a tecla ALT (tecla OPT em Mac). Libere o botão do mouse e verá que agora você tem uma cópia exata de sua camada.

Eu preciso dizer que, mesmo assim, não foi tão difícil, realmente, creio que precisa haver um botão Duplicate Layer (duplicar camada) em algum lugar. Mas, o que sei?

◉ ◉ ◉ A CÓPIA MAIS RÁPIDA DO OESTE

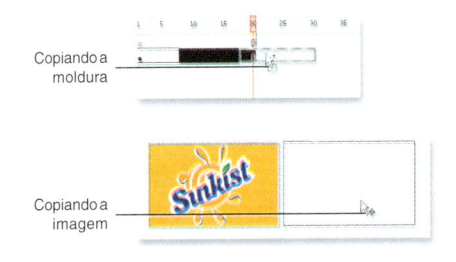

Copiando a moldura

Copiando a imagem

Para começar, copiar objetos ou molduras em Flash não é tão difícil, mas há uma maneira extremamente fácil e rápida de fazer isso. Se você mantiver pressionada a tecla ALT no teclado (mantiver pressionada OPT em Mac) enquanto estiver arrastando qualquer objeto, ou qualquer moldura(s), o Flash copiará qualquer coisa que você estiver arrastando para o novo lugar, em vez de movê-la para lá. É possível dizer que uma cópia está sendo feita quando o seu cursor mudar para exibir um pequeno sinal de adição (+) próximo ao seu cursor.

CAPÍTULO 5 – Dicas para ajudá-lo a trabalhar mais depressa | **85**

●●● SELEÇÃO DE EXPANSÃO RÁPIDA

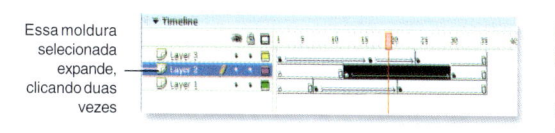

Essa moldura selecionada expande, clicando duas vezes

Mover segmentos inteiros de sua linha de tempo, tal como um conjunto de molduras, é uma tarefa comum. Também pode exigir alguma boa coordenação de mão/olho, se as suas molduras estiverem no tamanho-padrão e você estiver trabalhando depois de ter dormido apenas duas horas, como eu costumo por fazer. Em vez de clicar e arrastar para selecionar um segmento especial de sua linha de tempo, simplesmente clique duas vezes a moldura na linha de tempo e ela selecionará todas as molduras naquela moldura expandida. Agora é possível mover, facilmente, o bloco de molduras selecionadas pela sua linha de tempo. Você deve lembrar-se desse estilo de seleção de moldura (chamado de seleção de expansão) da antiga linha de tempo do Flash 5. A única diferença é que, em Flash 5, você só precisava clicar uma vez.

Tenha cuidado ao usar a seleção de expansão dessa maneira. Se houver uma transformação no lugar, clicar duas vezes não selecionará a última moldura-chave daquela transformação. Então, você pode acabar quebrando uma boa transformação se não prestar atenção. Para incluir também a última moldura-chave, mantenha pressionada a tecla SHIFT ao clicar duas vezes. Veja, sempre há uma solução.

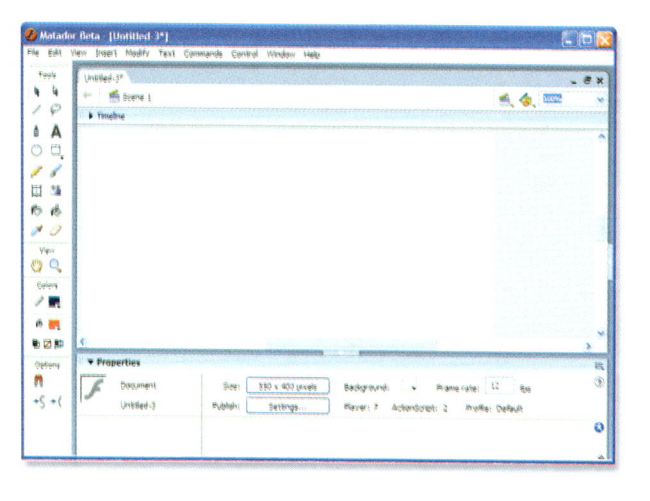

●●● CRIE RÁPIDO

Lembra de antigamente, quando pressionar CTRL-N em Flash significava um novo documento instantaneamente? Em Flash MX 2004 esse mesmo atalho lhe apresenta uma janela que permite selecionar o tipo de documento pelo qual você deseje começar. Sendo, eu mesmo, há muito tempo um desenvolvedor de Visual Studio, usufruo do conforto na familiaridade aqui, mas, detesto ter que clicar o botão OK nessa caixa de diálogo, só para conseguir abrir um documento rapidamente. Se você também quiser gratificação instantânea, experimente isto. Em vez de CTRL-N, pressione CTRL-ALT-N (OPT-CMD-N em Mac). Isso pulará a nova janela New Document (novo documento) e criará imediatamente o que você deseja. Um novo documento em branco.

● ● ● SAIA DEPRESSA

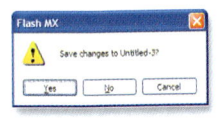

Sempre que você olhar para o meu espaço de trabalho, provavelmente encontrará cinco ou dez arquivos abertos. Quando é a hora de fechar um arquivo, de fato me aborrece ter de ir para File > Close em cada um. Ao invés, faça o seguinte: pressione CTRL-W para fechar rapidamente o documento, depois, ao receber a típica pop-up (mensagem instantânea) perguntando se deseja salvar o documento, pressione a primeira letra da escolha que deseja fazer (y:yes [sim], n:no [não], c:cancel [cancelar]).

Eu sei, eu sei. Este não é um daqueles super truques, dicas super secretas, que o fará desmaiar, mas, com certeza, pode poupar muito do seu tempo.

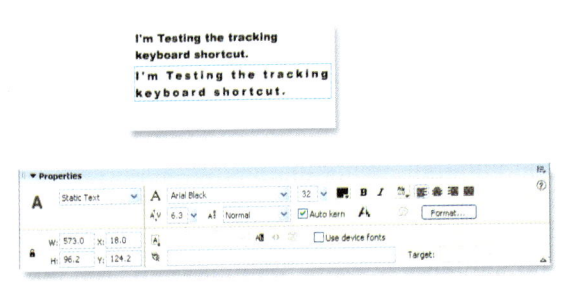

● ● ● ESPAÇAMENTO

Os pára-quedistas podem pensar que estamos falando sobre estender os seus braços para trás e voar. Bem, não estamos. *Tracking* (espaçamento; seqüência; seguir trilha) em termos de texto (como queremos dizer aqui) refere-se ao espaçamento horizontal entre caracteres. Se você já tiver aumentado ou diminuído o espaçamento em um bloco de texto da maneira antiga, então poderá estar acostumado ao conceito "tentativa e erro". Geralmente, você selecionaria o texto e mudaria o valor de espaçamento no inspetor Property.

Há uma maneira mais fácil. Selecione o bloco de texto e pressione CTRL-ALT-RIGHT para aumentar e CTRL-ALT-LEFT para diminuir o espaçamento dos campos selecionados. Agora você pode ficar de olho no campo em vez de pular para a frente e para trás um milhão de vezes. Ah, e para reajustar rapidamente o espaçamento para 0, pressione CTRL-ALT-UP (CMD-OPT-RIGHT/LEFT/UP em Mac). Se não voar, pelo menos apressa as coisas.

⊖ ⊖ ⊕ INSERÇÕES MÚLTIPLAS

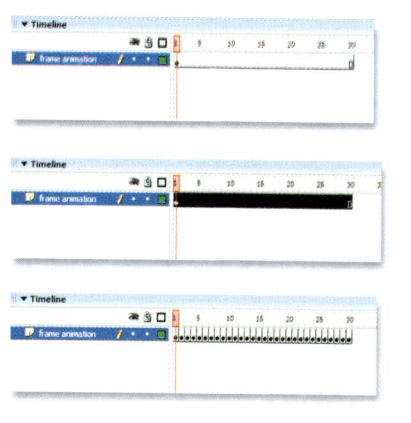

Existem diversas opções quando você está inserindo molduras em uma linha de tempo. É possível inserir uma moldura-chave, moldura ou moldura-chave em branco. Embora normalmente isso seja feito em uma moldura de cada vez, também ocorrem aquelas situações em que você deseja inserir múltiplas molduras de uma vez.

Tente selecionar uma expansão de molduras na linha de tempo e pressionar F6. Verá que cada moldura selecionada é convertida em uma moldura-chave. Isso pode ser especialmente útil ao trabalhar em animações de intrincadas moldura-por-moldura, da maneira que os animadores tradicionais fazem. A mesma coisa funciona para F5 (Insert Frame) e F7 (Insert Blank Keyframe), assim, assegure-se de experimentá-las também.

⊖ ⊖ ⊕ COLE NO LUGAR

Copiar e colar objetos em lugares diferentes em seu documento pode ser frustrante. Estou tão acostumado a usar CTRL-C (Copy – copiar) e CTRL-V (Paste – colar) em Word ou outros programas, que sempre pensei que as coisas podiam ser assim tão fáceis em Flash. Não que copiar e colar seja difícil, mas há um pequeno truque para tornar as coisas mais previsíveis. Parece que o Flash cola o seu objeto em uma posição arbitrária na área de trabalho, mas, na verdade, por padrão, as coisas são coladas no centro morto da área de trabalho. A parte boa é que esse não é o único meio de colar. Uma outra opção é pressionar CTRL-SHIFT-V (ou CMD-SHIFT-V em Mac) – Paste In Place (colar no lugar) – ao colar o objeto nas coordenadas certas de onde você o copiou.

Esse método só funciona usando o Flash sozinho, portanto, não tente agarrar alguma coisa de Illustrator para colar no lugar. Como o Flash saberia em que lugar começou?

● ● ● RÁPIDO, DESFAÇA TUDO

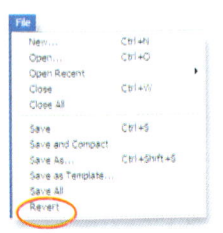

Você já fez centenas de mudanças em seu documento, só para descobrir que não quer manter qualquer uma delas? Se isso acontecer, você tem várias opções. Pode manter pressionado CTRL-Z e esperar não ter feito mais mudanças do que a sua habilidade de desfazer. Pode fechar o arquivo sem salvar e reabri-lo. Ou, há uma nova. Vá para File > Revert (arquivo, inverter) e o seu documento reverterá para a posição em que estava quando você o salvou pela última vez.

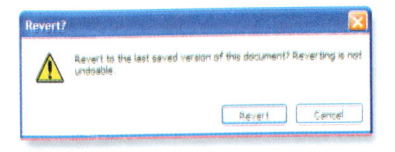

É como um escritor embolando uma página que odeia e atirando-a na lixeira. A única diferença é que não temos uma página, assim, usamos um menu de comando. Não é tão romântico, mas funciona do mesmo jeito.

● ● ● ENTRA E SAI, UM POR UM

Selecionado, mantendo SHIFT pressionada

Nem sempre é tão fácil selecionar múltiplos objetos em sua área de trabalho de uma vez. A ferramenta típica para isso é a ferramenta Arrow, que lhe permite criar seleções retangulares, mas isso nem sempre vai cortá-los. Uma coisa clara a lembrar quando você quiser fazer múltiplas seleções é manter pressionada a tecla SHIFT enquanto a ferramenta Arrow estiver ativa e apenas selecionar cada item, clicando um de cada vez. Isso manterá na seleção todos os objetos incluídos. Também é possível desfazer a seleção de itens individualmente, clicando nos itens já selecionados, mantendo pressionada a tecla SHIFT. Tão simples e, ainda assim, tão útil.

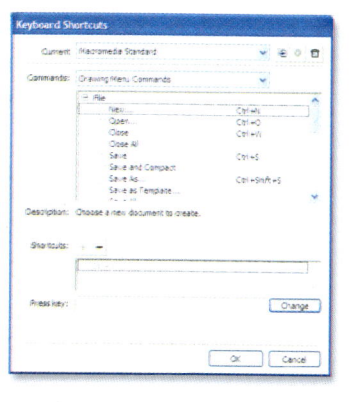

CAPÍTULO 5 – Dicas para ajudá-lo a trabalhar mais depressa | **89**

☻☻☻ TOME A INICIATIVA

Muitas vezes, uma animação complexa ou programas de edição vêm com uma simpática folha de referência, que lista todos os atalhos de teclado importantes, para ajudá-lo a aprender. Quando você tiver praticado o suficiente com o programa e se familiarizado com as teclas, poderá afastar a folha de referência e cuidar dos seus negócios. Eu sou um grande admirador dessas folhas, que você pode pegá-las direto pelo seu computador até sentir-se confortável. Infelizmente, a Macromedia não oferece essa folha.

Eu recomendo que você faça a sua própria, se estiver apenas começando. Vá para Edit > Keyboard Shortcuts (Flash MX > Preferences em Mac) e procure pelos padrões, anotando todas as combinações que usa com mais freqüência. Agora você tem a sua própria folha personalizada, sem todas aquelas teclas que nunca usa. Hei, você deveria ser um autor!

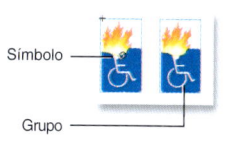

☻☻☻ É UM SÍMBOLO?

Símbolo

Grupo

Quando está trabalhando rápido em Flash, você quer fazer o trabalho de adivinhação de qualquer situação. Uma das maiores coisas sobre as quais os designers pensam é se, de fato, um objeto na área de trabalho é um símbolo, grupo, forma ou apenas um campo de texto. Porque qualquer coisa pode ser aninhada em um símbolo, pode ser difícil de dizer. Com certeza, sempre é possível ver o inspetor Property quanto às informações, mas se você o mantiver oculto, essa poderá não ser a maneira mais fácil. Assim, eis o acordo. Se você selecionar alguma coisa, e ela estiver destacada em um retângulo azul claro, então sabe que é um grupo, símbolo ou campo de texto. As formas são destacadas em cinza quando selecionadas.

Se for um símbolo, você verá um pequeno círculo aparecer no meio do objeto. É, é fácil assim. Mas, há uma coisa a lembrar – você precisa ter a ferramenta Arrow ativa quando selecionar o objeto em questão. Esta pode não parecer uma dica estrondosa, mas resolvi incluí-la pois muitas pessoas não estão cientes desse fato, e ela pode poupar muito do seu tempo e movimento do olho. E, quem deseja mover os olhos? Sério!

Ilha das dicas mal-ajustadas

Dicas ótimas

Ilha das dicas mal-ajustadas

Dicas variadas

Literalmente, existem centenas de dicas definitivas ao longo deste livro. Daí o nome "Killer Tips" (Dicas Definitivas). Enquanto a maioria delas têm um lar maravilhoso chamado de "Um Capítulo", há algumas dicas que estão mal ajustadas. Essas estão em uma ilha, onde todas podem ficar amuadas em sua solidão, exatamente como os brinquedos naquele aclamado filme de Rudolph. Venha, vamos cantar a música ... "Por que sou tão desajustada Eu não sou apenas um bobo. Você não pode me demitir; eu desisto, pois não me ajusto. Por que sou tão mal ajustado? Eu não sou apenas um bobo. Só porque o meu nariz brilha, por que não me ajusto?" Traz lembranças de volta, não é? De qualquer maneira, ainda que essas dicas sejam mal ajustadas, elas encontraram um lar aqui e não são menos importantes ou espetaculares do que qualquer uma das outras dicas, portanto, ame-as exatamente da mesma maneira. Basicamente, estou pedindo para dar a essas dicas um novo lar em seu coração.

● ● ● FALHOU EM SALVAR O ERRO!

É, estive trabalhando por horas nesse arquivo e, quando fui salvar as minhas belas mudanças, recebo um erro dizendo que Flash Failed to Save (falhou em salvar) o documento. E agora? Lamento, não há nada que você possa fazer. Apenas começar de novo. Estou brincando. Primeiro, acalme-se, não entre em pânico e, o que quer que faça, não feche o Flash ou o documento. Normalmente, esse aspecto é encontrado quando você está trabalhando em um arquivo que foi aberto a partir de uma rede compartilhada que foi momentaneamente desconectada. Independente do que aconteceu, eis como salvar o seu trabalho.

Primeiro, tente usar a opção File > Save As (arquivar, salvar como) e salve o arquivo em seu disco rígido local. Se ainda obtiver uma mensagem de erro ao salvar localmente, crie um novo documento e comece a arrastar todos os itens da sua biblioteca do antigo arquivo para o novo. Depois, vá para a sua linha de tempo principal, clique em qualquer lugar em sua área de trabalho e use CTRL-ALT-A para selecionar todas as molduras e trabalho de arte. Copie e cole as molduras (usando CTRL-ALT-C, CTRL-ALT-V, respectivamente) na linha de tempo principal do novo arquivo. Desastre evitado!

● ● ● TRAÇOS POR TRAÇOS

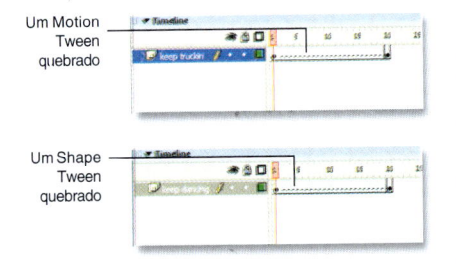

Um Motion Tween quebrado

Um Shape Tween quebrado

Digamos que você tenha criado uma bela transformação em sua linha de tempo, mas algo não está bem. Ela não está funcionando como deveria e você vê traços através das molduras transformadas. E agora? Ir para o inspetor Property revela um ponto de exclamação que, quando clicado, informa: "Movimento de transformação não ocorrerá em camadas com formas não agrupadas ou em camadas com um ou mais de um grupo ou símbolo" ou, "Transformação de forma não ocorrerá em camadas contendo símbolos ou objetos agrupados." As soluções são tão simples quanto as mensagens de erro. Uma transformação de movimento só pode ter um único símbolo nas molduras-chave envolvidas na transformação. Uma transformação de forma só pode funcionar quando houver formas brutas em todas as molduras-chave envolvidas com ela. Isso significa, sem grupos, campos de texto, símbolos ou qualquer coisa que não seja trabalho de arte bruto.

Eu tenho certeza que, se você verificar duas vezes a sua transformação, descobrirá que violou uma dessas regras. Meu conselho: "Não o faça". Localize a(s) moldura(s) que está(ão) causando o problema e remova os itens indesejáveis. Quando conseguir tudo acertado, a sua linha pontilhada se transformará em uma linha de seta sólida.

☻ ☻ ☻ COMO AVISAR WILL ROBINSON

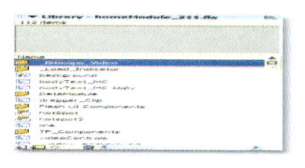

Há várias ocasiões em que você realizará alguma ação e receberá um aviso, informando a respeito dos perigos envolvidos. Uma ótima coisa é que muitos desses avisos vêm com uma caixa de verificação, permitindo-lhe especificar se deseja ser avisado sobre esse tipo de coisa novamente.

Às vezes, eu fico um pouco chateado e desmarco a caixa "avisar de novo" sem ler nada do aviso. Eu apenas quero ficar sozinho. Mais tarde, descubro que, se tivesse prestado atenção, não teria ficado acordado até as 5 horas da manhã corrigindo algo. Se você tiver feito isso e quiser de volta um aviso, vá à tab Warnings (avisos) em Preferences (CTRL-U) e escolha os que estão faltando. Esse também é um bom lugar para desativá-los todos de uma vez. Apenas, tenha cuidado, pois alguns deles são bem úteis. Pelo menos, ouvi dizer .

☻ ☻ ☻ COMECE DAQUI

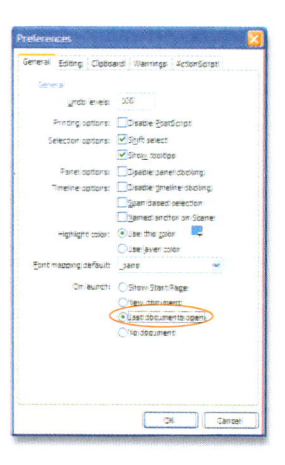

Não seria ótimo se você pudesse abrir o Flash e ele carregasse automaticamente todos os arquivos que você abriu da última vez em que o fechou? Eu também acho que sim.

Abra a janela Preferences (CTRL-U) e, bem abaixo da tab General, você encontrará algumas opções permitindo escolher o que acontece quando o Flash tem início. A opção-padrão é Start Page (iniciar página), mas a que é mais útil para mim é "Last Document Open" (último documento aberto). Agora você sabe, e saber é metade da batalha. Touché!

◉ ◉ ◉ LEVE AO LIMITE

Muitas pessoas sentem como se elas realmente levassem o Flash ao limite do que ele pode administrar. O que leva à pergunta: "Quais são os limites do Flash?" Boa pergunta, fico contente que a tenha feito. Há duas limitações fixas quando se trata do que um único documento Flash possa administrar. Antes de mais nada, você não pode ter mais do que 16.000 molduras em qualquer documento Flash. Esse número refere-se ao número total de molduras em todo o filme, não apenas uma linha de tempo. A outra restrição é que não é possível ter mais do que 16.000 cópias de símbolos em qualquer documento.

Embora seja muito raro que um desenvolvedor venha a precisar exceder esses limites, acontece, de tempos em tempos. Se for esse o caso, você precisará vincular múltiplos filmes, juntos, com um comando ActionScript, tal como loadMovie. Oh, e fique à vontade para contar se teve que exceder esses limites. Eu adoraria saber o motivo.

◉ ◉ ◉ CLIQUES DE BOTÃO E ALL THAT JAZZ

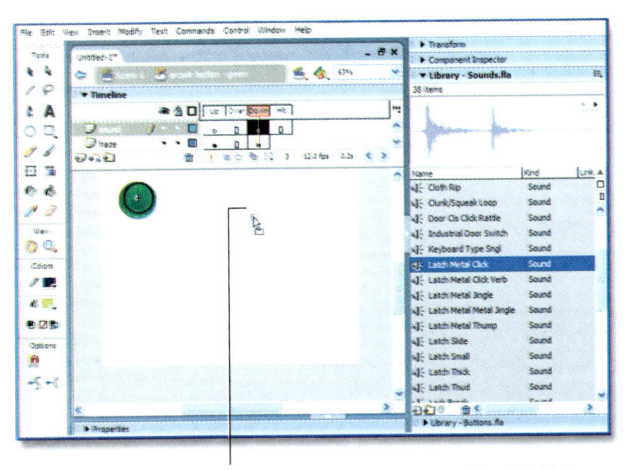

Botões são coisas especialmente divertidas de criar. Eles servem a muitos objetivos, e você pode fazer muito com eles para acrescentar brilho. Uma maneira de acrescentar brilho a um botão é fazê-lo responder com som quando o usuário interagir com ele.

O cursor do mouse está arrastando o som Latch Metal Click (clique do trinco de metal) da biblioteca para a área de trabalho (palco)

Vá para a linha de tempo de qualquer símbolo de botão e crie uma nova camada, chamada "Sound" (som). Crie uma moldura-chave na camada de som, na moldura "Down". Com aquela moldura-chave selecionada, arraste um som da sua biblioteca para a área de trabalho. Teste o seu filme e verá que, sempre que clicar o botão, o som será executado. Também é possível mover o som da moldura Down para a moldura Over (acima) a fim de executar o som quando você rolar sobre o botão.

Não há muito quanto a isso, e os efeitos certos de som em um site podem fazer toda a diferença.

CAPÍTULO 6 – Dicas variadas | **95**

◉ ◉ ◉ PENÚLTIMO RECURSO

O Flash não é perfeito e, de tempos em tempos, você poderá ter problemas que pareçam incorrigíveis. Talvez os painéis insistam em desaparecer, ou você receba estranhas mensagens de erro de tempos em tempos. Antes de resolver desistir e reinstalar o Flash, de tanta frustração, tente mais uma coisa. Apague as suas preferências de usuário. A pasta pode ser encontrada no lugar que corresponde ao seu sistema operacional e apague-a.

Windows 2000/XP:

C:\Documents and Settings\<username>\Local Settings\Application Data\Macromedia\Flash MX 2004\en\Configuration

Windows 98/ME:

C:\WINDOWS\Application Data\Macromedia\Flash MX 2004\en\Configuration

Mac OS X:

<Macintosh HD>:<username>:Library:Application Support:Macromedia:Flash MX 2004:en:Configuration

...onde *username* é o curto nome de registro de entrada do usuário.

Na próxima vez que você iniciar o Flash, ele remontará as suas preferências e poderá corrigir qualquer problema que você tiver. Se isso não funcionar, você adivinhou... Hora de reinstalar!

◉ ◉ ◉ VISUALIZE UM CLIP DE FILME SEM TESTAR

Digamos que você tenha um clip de filme aninhado no seu documento Flash e ele está em um lugar que demore alguns clips para ser atingido, enquanto você está testando o seu filme como um arquivo SWF. Digamos agora que você está fazendo mudanças freqüentes naquele clip de filme e precisa continuar vendo os resultados daquelas mudanças. É uma grande dor testar continuamente o seu filme e depois, clicar o tempo todo ou esperar para chegar ao lugar onde aquele clip é executado. Eis um belo truque para ajudá-lo em uma situação como essa.

Selecione a cópia do clip do filme que precisa visualizar. Olhe para o inspetor Property e no menu de drop-down, onde diz Movie Clip (clip de filme), selecione Graphic (gráfico). Agora, à direita, mude Single Frame (moldura única) para Play Once (executar uma vez). Isso muda o comportamento da cópia para a de um gráfico e, portanto, você pode visualizar a animação se a cópia tiver molduras suficientes na linha de tempo para animar. Tudo o que tem que ser feito agora é visualizar a animação do clip de filme, rolando através da linha de tempo como se a transformação estivesse realmente na sua frente, ao invés de aninhada no clip de filme. Esse truque não funcionará se o clip do filme original tiver ações ou outros filmes aninhados nele; ele só funciona em situações simples, mas ainda assim pode ser muito útil. Quando tiver terminado, mude o comportamento de volta para Movie Clip.

● ● ● CSS EM FLASH?

Está bem, então não é exatamente CSS (Cascading Style Sheets – folhas em estilo de cascata) em Flash, mas fica perto. Vá para a sua biblioteca e use o menu do painel para acrescentar uma "New Font". Escolha Arial como o tipo de fonte "Heading 1" (cabeçalho 1) no campo Name e pressione OK. Agora, acrescente algum texto a sua área de trabalho, selecione aquele campo e ajuste a fonte para ele, para "Heading 1", que agora está listada em sua lista de fontes com o caractere "*" próximo. Finalmente, volte para a sua biblioteca e clique duas vezes o símbolo de fonte recém criado. Mude a sua fonte para alguma outra coisa e clique OK. Você perceberá que quaisquer campos de texto com o tipo "Heading 1" mudaram para a nova fonte.

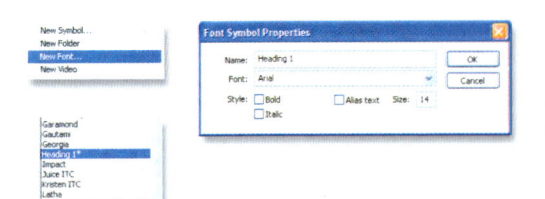

Essencialmente, criamos um tipo de estilo que podemos mudar globalmente em qualquer ocasião. Agora, se tivermos texto Heading 1 em qualquer lugar em nosso documento Flash, poderemos mudar aquele texto com uma simples etapa, ao invés de caçar cada um e mudá-los individualmente. É como um estilo em HTML.

● ● ● BOTÕES INVISÍVEIS

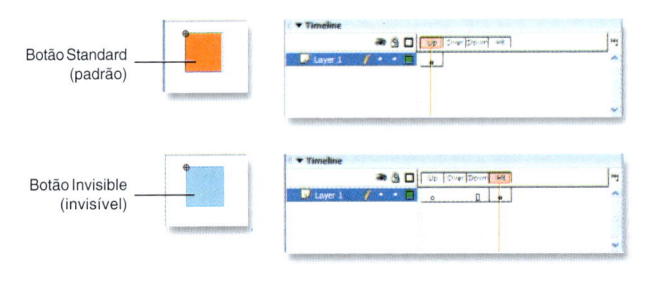

Se você administrou o botão simples e gostaria de ir para algo mais avançado, veja isso. Desenhe um quadrado em sua área de trabalho e converta-o em um símbolo de botão (F8). Depois, clique duas vezes a cópia, para editar o símbolo. Mova a primeira e única moldura chave de Up para a moldura Hit. Volte para a linha de tempo onde estava a cópia do botão e observe que agora o seu botão está azul claro. Você criou o que é conhecido como um "botão invisível." Basicamente, o próprio botão é invisível quando editado, mas ele ainda pode ser interagido. Quando rolar sobre ele, você verá o seu cursor mudar e poderá acrescentar ações a ele, exatamente como a um botão normal. É útil colocar esses botões sobre um outro símbolo, para dar a ele o aspecto de um botão, mas sem, de fato, ser convertido. Pense nele como uma área de tensão que pode ser reutilizada em qualquer lugar.

☻ ☻ ☻ COMO APARAR SOM

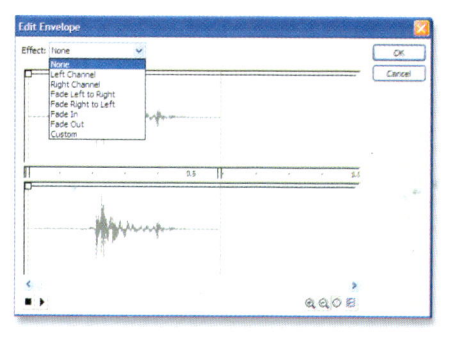

Talvez um amigo tenha lhe dado uma ótima música para usar em seu filme, mas você só precisa da primeira parte, ou quer fazê-la ficar mais baixa e mais alta. A menos que trabalhe com som e música em computadores o tempo todo, você pode não ter o software de edição de som necessário para alterar o seu som. Eis o que fazer...

Selecione a moldura-chave onde colocou o som e busque pelo inspetor Property. Clique o botão Edit, para trazer para a frente o editor de som básico de Flash. Aqui, é possível aparar o som, arrastando as pequenas barras cinza em qualquer extremidade da seção do meio. Use os botões de parar e executar para testar e os botões Zoom In/Out na parte inferior direita, para mudar o que for possível. Há vários efeitos internos que podem ser aplicados ao seu som. Não é SoundEdit Pro ou Rebirth, mas pode conseguir o bastante para você.

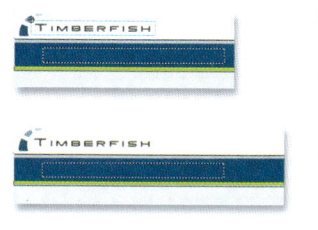

☻ ☻ ☻ ADEUS, CAIXA DE LIMITAÇÃO

Talvez eu esteja sozinho aqui, mas quando estou movendo um objeto (Grupo, Texto ou Símbolo) pela área de trabalho, a pequena caixa de limite azul em torno dele dá nos meus nervos. Ela me aborrece mais quando estou tentando cutucar algo à volta para ver como fica na posição. Preciso desfazer a seleção dela sempre que desejo uma visualização desobstruída e depois, selecioná-la de novo ou movê-la.

Em vez disso, experimente o seguinte: quando selecionar qualquer objeto, pressione CTRL-H (Hide Edges (ocultar bordas) ou SHIFT-CMD-E em Mac, para tornar a caixa de limitação invisível. O objeto ainda está selecionado, portanto, você pode movê-lo à volta, mas o retângulo azul está oculto. Infelizmente, esse truque só funciona para o objeto selecionado e é temporário. Se você selecionar alguma outra coisa, a caixa de limitação volta, mas, espere aí, continue a mantê-la desativada quando precisar. Eu creio que essa opção devia ser uma configuração que ficasse, mas ela ainda é útil como é.

⬤ ⬤ ⬤ O ANTIGO TROCA-TROCA

Por definição, uma cópia de símbolo é apenas um item fictício que indica de volta para o seu símbolo original. Assim, quando você arrasta várias cópias de um símbolo para a área de trabalho e depois muda o símbolo original, todas as cópias refletem a mesma mudança.

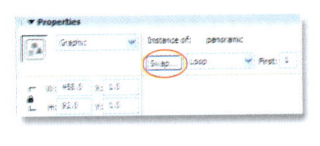

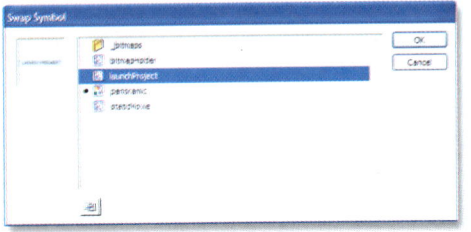

Selecione uma cópia de qualquer símbolo que esteja em sua área de trabalho. No inspetor Property, pressione o botão Swat (troca). Você recebe uma lista de todos os símbolos em sua biblioteca, para escolher entre eles. Selecione qualquer outro símbolo e depois, pressione OK, para fazer a troca. Agora, o Flash trocou os símbolos que aparecem em sua área de trabalho. Essencialmente, a sua cópia (cursor) agora indica de volta para um símbolo original diferente.

O simpático é que quaisquer propriedades que você tiver aplicado àquela cópia, ainda estarão aplicadas. É sobre isso que estou falando!

⬤ ⬤ ⬤ INSPIRAÇÃO

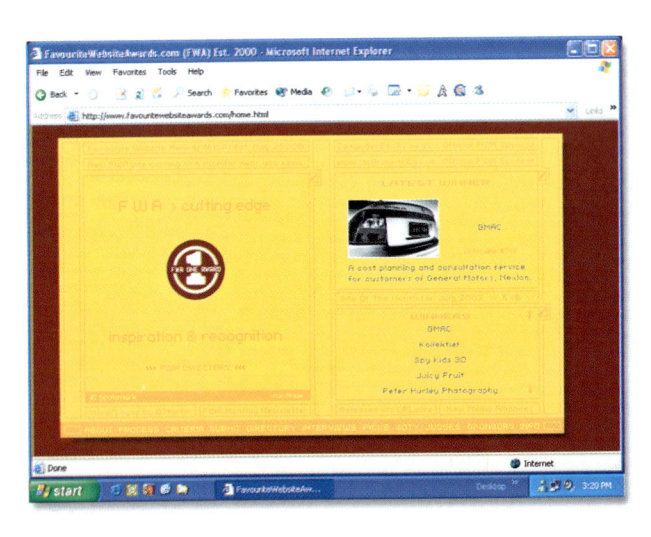

Se quiser ver o que Flash pode realmente fazer, eis um ótimo lugar para ir. Favourite Website Awards tem estado por aí faz um bom tempo e, de alguma maneira, eles conseguem sempre encontrar alguns dos sites de Flash mais atraentes e animações existentes. Não deixe o conteúdo intimidá-lo. Deixe-o inspirá-lo.

http://www.favouritewebsiteawards.com

ATIVAÇÃO DE FLASH

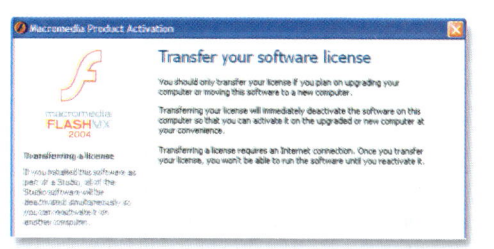

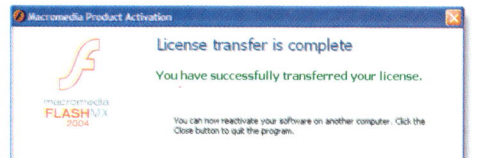

Está certo, a Macromedia implementou a ativação de produto, exatamente como a Microsoft fez com Office e Windows XP. Oba ... Não! A licença-padrão para Flash MX 2004 permite que você instale o programa em dois computadores. Se tentar instalá-lo em mais do que dois computadores, você terá problemas.

Se quiser mover uma instalação de Flash MX 2004 de um computador para outro (se comprou um novo ou o que for), então é preciso transferir o seu software. Vá para Help > Transfer Your Software License (ajuda, transferir a licença de seu software). Isso desativará aquela instalação de Flash, de modo que você possa instalá-lo e ativá-lo no novo computador.

Eu não acredito que esse novo método fará muito contra a pirataria, mas tenho certeza de que servirá para aborrecer a todos vocês em certo ponto. Aproveite a ativação do produto!

ACTION.SCRIPT.ORG

Se estiver querendo fazer algum ActionScript pesado, definitivamente deseja fazer a marcação do livro dele. Você encontrará tutoriais, fóruns, mailing lists e material de exemplo de fonte, tudo na ponta dos seus dedos. Se precisar resolver um problema em especial, é possível que alguém o tenha tido antes e esteja disposto a oferecer alguma ajuda. Esse é um ótimo lugar para ir buscar aquela ajuda. Tenha em mente que o foco aqui está em script.

http://www.actionscript.org

⊙ ⊙ ⊙ A BÍBLIA

O melhor livro de referência para Flash é *Macromedia Flash MX Bible*, de Robert Reinhardt (© John Wiley and Sons). O foco do livro não tem nada a ver com o nosso enfoque, claro! Ao invés de mostrar todos os simpáticos atalhos e truques, na verdade, a Bíblia o leva através de uma explicação em profundidade de todo e qualquer recurso em todo o aplicativo. Você pode sentar e ler através dos tutoriais ou simplesmente mantê-lo em sua mesa, como uma referência. Apenas assegure-se de ter *Macromedia Flash MX 2004 Dicas Definitivas* ao lado dele. Eles formam um par completo.

http://www.flashsupport.com

⊙ ⊙ ⊙ EIS O SEU KIT

Literalmente, existem centenas de web sites dedicados a Flash, e a maioria deles tem tutoriais e tudo aquilo, mas nenhum é mais robusto do que esse. Flashkit tem milhares de tutoriais, artigos e lições, tanto escritos profissionalmente, quanto contribuições de usuários. Eles têm até muita coisa dos antigos dias de Flash 4, se você ainda estiver nele. Às vezes, o site é lento, mas seja paciente e pense que, de fato, achará que esse é um recurso valioso.

http://www.flashkit.com

⦿ ⦿ ⦿ VÁ DIRETO À FONTE

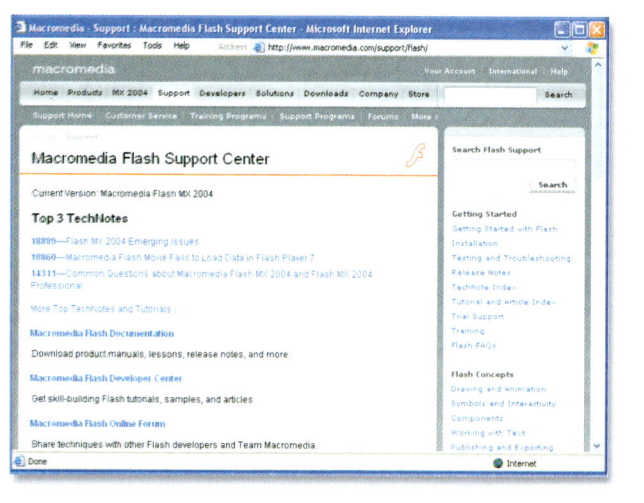

Obviamente, ninguém pode competir com a experiência da Macromedia quando se trata de solucionar problemas de Flash. Tendo dito isso, pensei em oferecer um link direto para o centro de suporte de Flash, em Macromedia.com. Você encontrará toda a documentação atualizada, downloads, componentes e notas técnicas sobre problemas conhecidos.

http://www.macromedia.com/support/flash/

Ah, e você pode ir lá para discussões de usuário com usuário sobre quaisquer problemas que defrontar.

http://webforums.macromedia.com/flash/

⦿ ⦿ ⦿ ESTAMOS AQUI

A princípio, parece uma outra seqüela de *Polergeist*, mas na verdade, é uma comunidade da Web muito boa para designers como você, poderem se aprofundar e aprender. Eis como eles se descrevem ..."were-here.com é uma comunidade líder on-line de recurso profissional para designers e desenvolvedores, com ênfase em tecnologias Macromedia Flash." Eu mesmo não poderia ter dito melhor. Eu estou "aqui" por um tempo, assim, talvez você corra para mim. Ou talvez, esse seja motivo suficiente para não parar.

http://www.were-here.com

● ● ● RECUPERAÇÃO DE ERRO

Se seguir o conselho oferecido por este livro, você nunca terá que se preocupar em perder o seu trabalho. Entretanto, se algo maior sair errado, deixando-o apenas com o arquivo SWF do seu trabalho, então isso pode ajudá-lo. Geralmente é impossível converter um SWF em um arquivo FLA, no caso em que o FLA esteja perdido e você precise recuperar o seu trabalho. Eis uma solução que pode extrair os dados e o código-fonte de um arquivo SWF que você pode usar para recriar o seu FLA, salvando a maior parte do seu trabalho. A solução é referenciada como a *reverse engineering* (engenharia inversa). Vários programas lá abrirão um SWF e exibirão os dados encontrados nele, de modo que você possa ver e entender todo o código e, portanto, recuperar qualquer trabalho perdido. O melhor é Sothink SWF Decompiler (`http://www.sothink.com`).

Eu tenho que ser honesto – estava relutante em incluir esta dica. Parece que mais e mais pessoas estão usando programas como esse para roubar o trabalho de outras pessoas. Por favor, não seja uma delas.

● ● ● JOGUE A CHAVE FORA

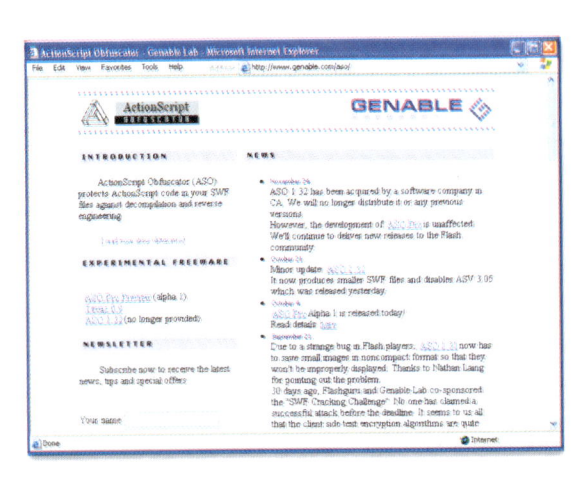

Há um outro lado na dica anterior Error Recovery (recuperação de erro). Você pode processar os seus SWFs de modo que eles fiquem muito bem protegidos. Um produto chamado Genable ActionScript Obfuscator foi criado com o único objetivo de proteger arquivos SWF contra a decompilação e a engenharia inversa. Se tiver certeza de que nunca precisará inverter a engenharia de seus arquivos SWF, então vá para o web site deles e obtenha esse produto, de modo a poder proteger o seu trabalho agora e para sempre.

`http://www.genable.com/aso/`

ANIMAÇÃO EM FLASH

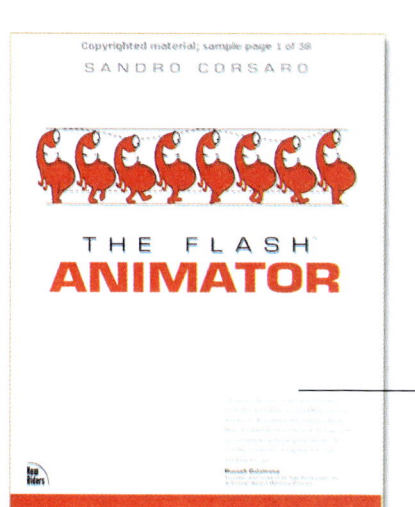

Creio que agora, você já percebeu que o Flash não é apenas usado como uma ferramenta de animação. Entretanto, se só aprendeu Flash para poder fazer os seus próprios desenhos animados e filmes in-house, pode querer dar uma olhada nesse livro. Sandro Corsaro tem feito um excelente trabalho de descrever como a animação de caractere de qualidade pode ser conseguida em Flash. Isso seria a antítese de ActionScript, mas, atualmente, você não pode ter um sem o outro.

O Flash Animator, de
Sandro Corsaro - © 2002
New Riders Publishing

Negócio de importação/exportação

Importando e exportando

Quando menciono importação, exportação e gabaritos, acredito que está claro que estou me referindo ao contrabando ilegal de drogas e à impressão de dinheiro

Negócio de importação/exportação

Dicas sobre importação, exportação e gabaritos

falso. Este capítulo está cheio de dicas sobre como encontrar o melhor distribuidor de drogas e conseguir o equipamento mais sofisticado para você imprimir o seu próprio dinheiro falso. Verdade que ele não se ajusta com o resto do livro, mas, hoje em dia, você precisa adicionar um pouco de incentivo extra se quiser vender um livro. Ah, eu também jogo nele umas duas dúzias de dicas sobre gabaritos Flash e sobre a importação e exportação de mídia e conteúdo Flash, mas você pode pular isso, direto para a saborosa coisa ilegal. A única coisa que lhe peço é que me dê 10% de todas as suas receitas e, se for pego, você não me conhece e nunca leu este livro. Fechado? Está certo, então leia.

● ● ● EDITE VÍDEO! O QUE VOCÊ DIZ?

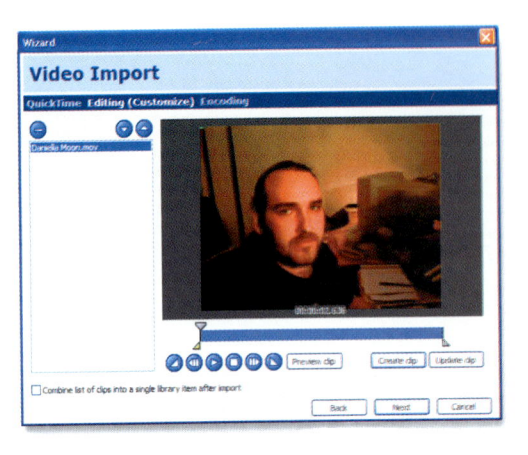

O Flash MX 2004 dá muita atenção a tornar determinadas capacidades mais amistosas e robustas para o usuário. Um dos principais aperfeiçoamentos para vocês, pessoas que importam vídeo em Flash, é o assistente Video Import (importar vídeo). Esse assistente oferece diversas opções poderosas, inclusive a habilidade de editar o vídeo que você está importando. Importe um vídeo usando CTRL-R e localizando um arquivo de vídeo. Quando você clicar OK, o assistente inicia, perguntando se você deseja editar o arquivo de vídeo ou apenas importá-lo. Escolha Edit e clique Next. Na edição, é possível criar clips com base no vídeo original, arrastando as alças triangulares em qualquer lado da linha de tempo de vídeo e clicando Create clip. O Flash importa vários clips baseados no original, sem de fato alterá-lo.

Esses novos clips são importados para o seu documento Flash e você pode fazer o que quiser com eles. Certamente a edição não é muito poderosa, mas para o básico do vídeo, essa é uma nova ferramenta útil.

● ● ● PUBLIQUE-ME, SCOTTY

Eu gosto de organizar tudo. Mantenho o meu desktop limpo, a minha biblioteca organizada e a minha gaveta de meias em ordem cronológica, pela data de última utilização. Está certo, isso não é verdade: o meu desktop é uma bagunça. De qualquer modo, se você for como eu, então pode querer manter os seus documentos Flash (.flas) em um diretório diferente, em um subdiretório chamado "_source" e os SWFs um nível acima. Porém, quando publico os SWFs vão para o mesmo diretório. Assim, eis uma maneira de ter o melhor dos dois mundos. Abra as suas configurações Publish (CTRL-SHIFT-F12 ou OPT-SHIFT-F12 em Mac) e ative a tab Formats. Lá você verá uma lista de nomes de arquivo que podem ser publicados. Você pode escolher a localização da pasta, clicando em qualquer ícone da pasta à direita, mas ele nem sempre pula direto para a pasta onde está o seu FLA. Coloque um "../" diante do nome de arquivo e a cada publicação o seu SWF será colocado um nível acima, a partir do seu FLA. Isso também funciona com ..\ e ..´. em PC e Macs.

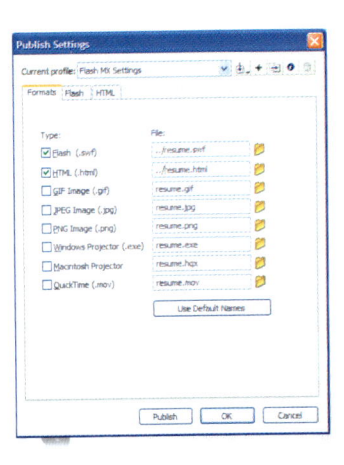

CAPÍTULO 7 – Dicas sobre importação, exportação e gabaritos | **107**

● ● ● IMPORTAÇÃO DE COISAS

Você já reparou que, quando importa apenas itens como vídeos e bitmaps, o Flash resolve colocá-los em sua linha de tempo ativa sem ao menos perguntar? Mas, por algum motivo, quando você importa sons, eles vão direto para a biblioteca. Antes de descobrir essa pequena pérola (não que tenha sido difícil de encontrar), eu passava por todo o trabalho de importar e depois apagar a cópia da minha linha de tempo. Experimente escolher Import do menu File e, depois, Import to Library (importar para biblioteca). Isso irá garantir que qualquer arquivo importado será enviado diretamente para a biblioteca e de forma alguma, para a sua área de trabalho. E para tornar essa opção mais acessível, refira-se à dica anterior, que discute como configurar um atalho personalizado a fim de importar para a biblioteca. Você pode até usar CTRL-R (atualmente, ajustado para Import), pois Import to Library deve ser mais adequado e usado com mais freqüência. Mas, você é quem decide.

● ● ● ABRIR COMO BIBLIOTECA ERA UM MINUTO ATRÁS

Abrir a biblioteca de um documento Flash, sem de fato abrir o próprio documento é uma opção útil. Para a maioria, o objetivo de fazer isso é extrair seu conteúdo para usar no documento atual. Em Flash MX isso deve ser feito selecionando Open As Library (abrir como biblioteca) sob o menu File. Mas em Flash MX 2004, simplesmente não há como fazer isso. Está certo, há, só que está um pouco escondido. Para encontrar o mesmo recurso em MX 2004, você precisará ir a File e escolher Import, depois Open External Library (abrir biblioteca externa). Parece completamente diferente, não é? No entanto, esse é o mesmo comando que Open as Library, e se você lembrou do atalho de teclado (CTRL-SHIFT-O ou CMD-SHIFT-O em Mac) de antigamente, então nem ao menos tem que se preocupar com essa nova terminologia. Agora você sabe, e saber é metade da batalha.

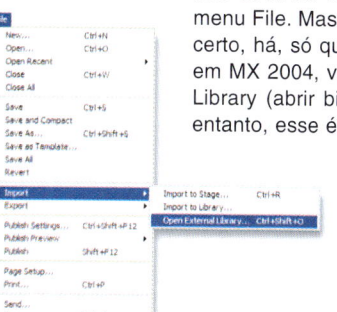

● ● ● NÃO POSSO IMPORTAR UM FILME QUICKTIME

Você já tentou importar um filme QuickTime e recebeu a seguinte mensagem de erro?
"Um ou mais filmes não foram importados porque há problemas para lê-los."
Se isso aconteceu, você não está sozinho. Em meu anos de experiência e aulas, esse é um dos erros mais comuns que tenho visto desde que Flash permitiu importar arquivos de vídeo. Mas, não se preocupe, a solução é simples ... Instale QuickTime! Está certo, se você está recebendo esse erro, então é possível que não tenha QuickTime instalado. Para o Flash importar conteúdo QuickTime de qualquer tipo, o aplicativo precisa estar instalado em seu computador. Quando instalá-lo, você não deve receber mais essa mensagem de erro, mas conseguirá o vídeo desejado. Lembre-se de que esse erro pode também ocorrer quando estiver importando outros arquivos, nesse caso você deve verificar com o suporte da Macromedia quanto a informações específicas referentes à sua situação.

● ● ● MANTENHA-OS FRESCOS

A capacidade de importar bitmaps, vídeo e sons em seu documento Flash é uma coisa maravilhosa. Entretanto, a mídia importada pode complicar as coisas quando você está experimentando seus filmes Flash. Você pode ter alguns bitmaps colocados através do seu filme e querer transformá-los todos em imagens preto e branco. Infelizmente, não há como fazer isso usando Flash, e seria doloroso precisar reimportar e reposicionar aqueles bitmaps depois de alterá-los fora do Flash.

Assim, eis o que você precisa fazer. Localize o conteúdo em bitmap em sua biblioteca e clique-o com o botão direito. Escolha Update (atualizar) da lista de opções. Verá uma caixa de diálogo final, permitindo-lhe verificar a atualização. Escolher OK dirá ao Flash para atualiza o seu conteúdo com a versão mais recente do arquivo-fonte Isso só funcionará se o arquivo original ainda estiver no mesmo lugar. Você receberá mensagens de erro "file not found (arquivo não encontrado) se mover o arquivo .fla à volta mesmo se o conteúdo do arquivo estiver no mesmo diretório relativo. Ei, ninguém é perfeito. Exceto eu, claro.

MEU ARQUIVO ESTÁ TODO INCHADO

Talvez você tenha percebido que, depois de trabalhar em um único arquivo por várias horas, salvando constantemente as suas mudanças pelo CTRL-S (Save), o seu arquivo FLA está crescendo em tamanho. Esse crescimento prossegue, mesmo se você simplesmente limpar toneladas de itens para fora da biblioteca. A razão disso é que, em Flash, cada vez que você salva um arquivo sobre si mesmo, quaisquer mudanças são anexadas a ele, mas, tecnicamente, o arquivo não é sobregravado. Isso significa que o arquivo continua a crescer. No passado, você teria que usar Save As e salvar uma cópia do arquivo como um novo arquivo para conseguir reduzir novamente o tamanho dele. Pode-se dizer aborrecido? O Flash MX 2004 resolve esse problema, permitindo que você escolha "Save and Compact" (salvar e compactar) no menu File. Isso compacta o arquivo FLA e o salva sobre si próprio, ao mesmo tempo, oferecendo um tamanho de arquivo menor, enquanto armazena quaisquer mudanças que você possa ter feito. Eu ainda não tenho certeza porque isso não é o comportamento padrão, mas, está bem.

ESCLAREÇA-ME

A maioria das pessoas que fazem design para a Web, trabalha com muitos aplicativos-vetor diferentes. Um dos mais populares é Adobe Illustrator, assim, faz todo o sentido que eu dê uma dica de como melhor importar a sua arte do Illustrator para o Flash.

Há diversas maneiras de conseguir isso, mas a melhor é exportar a sua arte diretamente do Illustrator como um arquivo SWF (Illustrator 9 ou posterior) e, depois, importar aquele arquivo SWF para Flash. Esse método oferece a tradução mais consistente e exata do trabalho de arte entre os dois programas.

Se você estiver usando Illustrator 8, também poderá exportar diretamente para um SWF, mas precisará fazer o download do plug-in Flash Writer (escritor de Flash) para Illustrator, que está disponível em: www.macromedia.com/software/flash/download/flashwriter/.

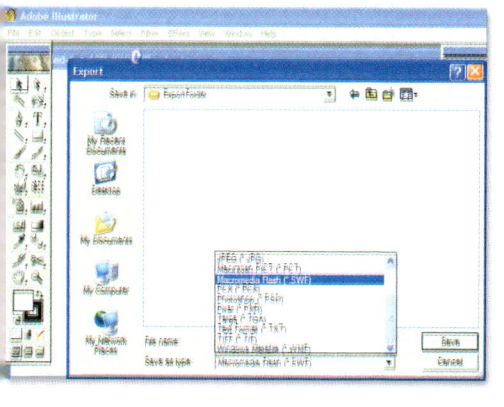

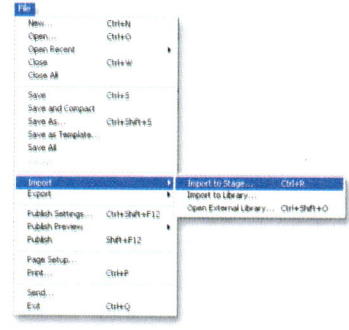

◉ ◉ ◉ SÉRIE MUNDIAL DE IMAGENS

Quando comecei a usar Flash, a única maneira de incluir vídeo digitalizado no documento era importar uma série de imagens. Quando colocadas consecutivamente na linha de tempo e exibidas, as imagens simulavam um filme. O problema com tal método era sempre os tamanhos imensos de arquivo e a constante dor de reimportar aqueles bitmaps. Com a nova capacidade de, realmente, embutir um clip de vídeo diretamente no documento Flash, esse método antigo não é muito necessário. Entretanto, ainda podem surgir ocasiões em que importar uma série de imagens é preferido, senão necessário.

Independente dos motivos para fazer isso, o processo atual é muito direto. Simplesmente, selecione a primeira moldura-chave vazia na linha de tempo, onde você deseja que a sua seqüência apareça, e pressione CTRL-R. Agora, selecione a primeira imagem da série e pressione OK.

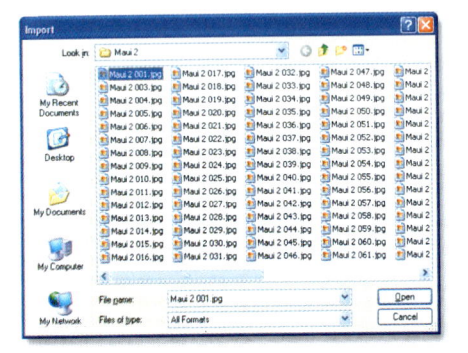

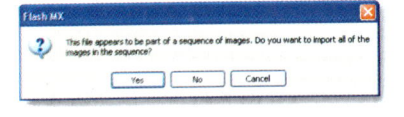

NOTA: Os nomes de arquivos da sua série precisam terminar com um número e estar em ordem numérica.

Quando o processo de importação começar, o Flash vai detectar se existe uma seqüência de imagens e lhe perguntar se gostaria de importar toda a seqüência ou apenas uma imagem. Escolha Import Sequence (importar seqüência) e o Flash importará todas as imagens, colocando cada uma delas em sua própria moldura na linha de tempo. Todo o trabalho é feito para você, que terá a sua seqüência colocada perfeitamente em sua linha de tempo. Ao testar o seu filme, você verá que a seqüência anima como estivesse em um longo filme.

CAPÍTULO 7 – Dicas sobre importação, exportação e gabaritos | **111**

◉ ◉ ◉ TROCA DE ARQUIVO

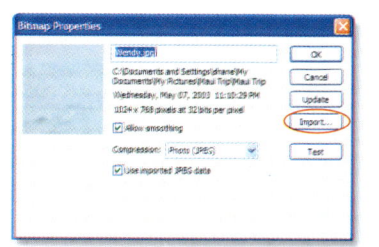

Alguns de vocês ficam simplesmente excitados ao ver um título como este. Sinto muito, mas por padrão, o Flash não suporta MP3 e compartilhamento de arquivo. Quando eu digo *troca de arquivo* estou me referindo à biblioteca. Se você tiver qualquer conteúdo importado (vídeo, som, bitmap) e colocá-lo em sua área de trabalho, poderá substituí-lo facilmente por um outro arquivo, quase sem trabalho.

Clique duas vezes o conteúdo na biblioteca e clique Import. Isso o levará através do mesmo processo de importação, como quando você trouxe pela primeira vez o conteúdo, mas ao invés de criar um novo, simplesmente substitua o conteúdo pelo novo arquivo escolhido. É uma ferramenta muito útil quando você tem várias cópias da mesma foto e, de repente, resolve atualizar a foto junto com uma nova imagem. A parte boa é que você não precisa encontrar cada uso do bitmap, porque o Flash faz isso para você.

◉ ◉ ◉ VISUALIZE O SEU TRABALHO

Ainda que o Flash tenha diversos recursos internos que lhe permitam visualizar o seu trabalho enquanto está operando nele, de fato, não há substituto para a coisa real. Felizmente, há uma maneira fácil de testar o que foi feito, sem deixar o ambiente de autoria.

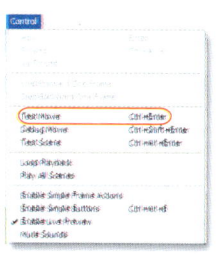

Usando CTRL-ENTER ou CMD-ENTER (Test Movie) em qualquer ocasião ao criar, exportará rapidamente o seu filme para um arquivo SWF e o carregará em Flash, para exibição. Você pode testar o que fez e fechar a janela quando tiver terminado, sendo jogado de volta ao seu documento. Isso nem sempre funciona quando você está obtendo dados de um banco de dados em Flash, mas, para os objetivos diários, é simplesmente do que você precisa.

● ● ● NOVO A PARTIR DO GABARITO, ESTOU COM SAUDADES!

Está bem, é um pouco estranho que você sinta saudade de uma opção File sem significado em um programa de computador, mas vá lá. Se você usou muitos gabaritos em Flash MX, provavelmente percebeu que a opção File > New From Template (arquivo, novo a partir do gabarito) não está mais lá. Em Flash MX 2004, isso foi substituído por uma caixa de diálogo de novo arquivo muito mais poderosa.

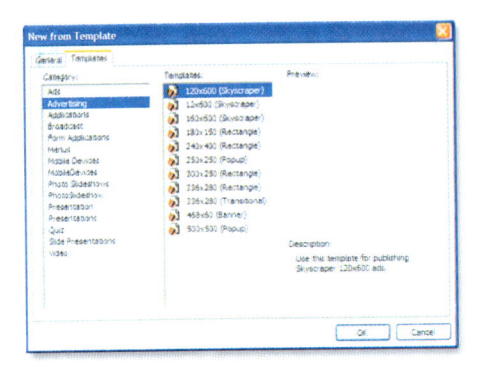

Vá para File, depois New (CTRL-N ou CMD-N em Mac) para abrir a janela New Document. Aqui você encontrará o seu documento-padrão Flash sob a tab General (que a maioria de vocês usa) e, depois, uma nova tab Templates, que relaciona todos os seus preciosos gabaritos de Flash MX, mais alguns novos e aperfeiçoados.

Escolhendo um dos gabaritos listados e clicando OK, você criará um novo arquivo, baseado naquele gabarito, exatamente como seria esperado do antigo comando New From Template em Flash MX. Eu sei que você sentirá falta dele, mas pense – agora ele está em um lugar melhor.

● ● ● PROJETOR DE FILME

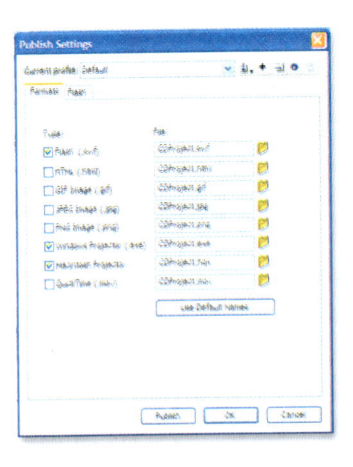

Vá para as configurações Publish (CTRL-SHIFT-F12 ou OPT-SHIFT-F12 em Mac) de qualquer documento Flash, vá para a tab General e coloque uma caixa de verificação do projetos Windows ou Macintosh, dependendo de qual tipo de computador estiver usando. Agora, pressione Publish (SHIFT-F12). Clique duas vezes no arquivo de projetor que foi criado (arquivo .exe ou .hqx) e verá o seu filme exibir sem estar em um browser.

Os projetores são, essencialmente, o seu filme Flash agrupado com uma cópia do player Flash, de modo que não exigem que uma pessoa os execute para que Flash ou o plug-in execute. Eles são muito úteis quando você está enviando o seu filme a alguém, como a minha avó, que pensa que Flash é uma parte de uma câmera, ou quando você está colocando o seu filme em um CD para distribuição.

CAPÍTULO 7 – Dicas sobre importação, exportação e gabaritos | 113

😊 😊 😊 ESTOU PARADO COM FLASH MX 2004 – E AGORA?

Não quero fazer isso parecer uma coisa ruim, mas para alguns de vocês, pode parecer. Vamos supor que Flash MX 2004 tenha acabado de chegar às prateleiras e você seja o primeiro da fila a pegá-lo.

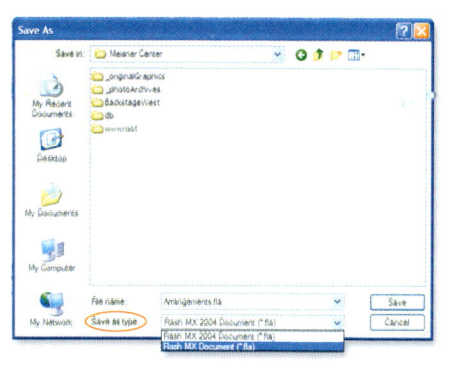

No dia seguinte, um cliente pede para você criar um filme Flash e dar a ele os arquivos FLA quando tiver terminado, mas ele só tem Flash MX. O que você faz?

Não se preocupe. Quando salvar os seus documentos Flash (File > Save ou File > Save As), escolha salvar o FLA como um documento Flash MX em vez de um documento 2004. Você tem o melhor dos dois mundos e ainda pode desenvolver um trabalho de ponta no novo formato. Digamos que agora, o cliente quer que você salve como um documento Flash 5. Você diz: "Sinto muito, eu sou bom demais para Flash 5." Perde o serviço, mas terá uma ótima história para os seus amigos. O verdadeiro motivo é que você só é capaz de salvar um arquivo FLA em formato Flash MX ou Flash MX 2004.

😊 😊 😊 FAÇA O MEU GABARITO

Os gabaritos são ótimos poupadores de tempo. Eles nos dão um lugar para começar, pois muito do trabalho já está feito para nós. Provavelmente, você sabe como criar um novo documento a partir de um gabarito, mas você sabe como criar os seus próprios gabaritos? Os gabaritos Flash são apenas filmes salvos em uma pasta especial. Não há nada de especial sobre eles. Se você quiser transformar um de seus documentos em um gabarito para uso futuro, abra aquele documento e vá para File, depois, Save As Template (salvar como gabarito). Dê um nome ao seu gabarito. Escolha ou forneça uma nova categoria, escreva uma rápida descrição e clique Save. Na próxima vez que abrir a caixa de diálogo New Document, dê uma olhada na tab Template para ver o seu gabarito incluído bem junto com todos os outros.

Se quiser alguns indicadores de como melhor formatar o conteúdo em um arquivo de gabarito, abra alguns dos existentes e veja o que a Macromedia fez.

http://www.actionscript.org

● ● ● COLAR NÃO É PERMITIDO?

Copiar os dados de imagem da sua área de trabalho em um documento não é, realmente, a melhor maneira de fazer isso. Tendo dito isso, eu também sei que, às vezes, é simplesmente necessário, por qualquer motivo. Mas, problemas podem surgir e, se você quiser copiar grandes imagens de outros programas usando apenas copiar/colar, então, sem dúvida, você incorrerá nessa questão. Você recebe uma mensagem de erro, informando que o Flash simplesmente não pode gerenciar o que você tem. Creio que essa é uma limitação-padrão para poupar memória. No entanto, na tab Clipboard, sob Preferences, você verá toda uma seção de bitmap só para essa questão.

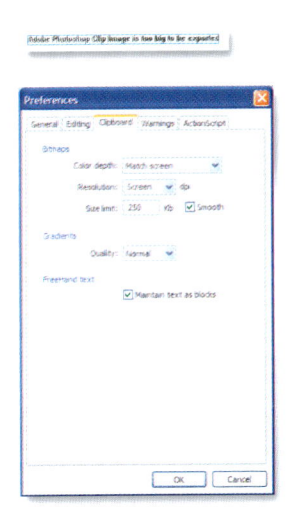

O tamanho-padrão limite é 250K (muito pequeno, na minha opinião), mas você pode ajustar o valor até 5.000KB (5MB) para capacitar operações de copiar/colar muito maiores. Aqui são vistas algumas outras opções que realmente não precisam de muita explicação. Se você tiver bitmaps maiores do que 5MB, terá que importar a imagem usando File > Import. É uma boa idéia brincar com a configuração, para descobrir o que funciona melhor em seu computador. A quantidade de memória que você tem instalada pode ter um grande impacto em quanto de dados pode ser armazenado na área de trabalho.

● ● ● MANTER ALFA

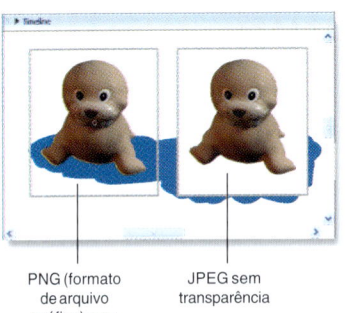

Com freqüência, você tem imagens criadas em Photoshop ou Fireworks que têm canais alfa (transparência) e gostaria de manter aquilo ao trazê-los para o Flash. Sem problema. Simplesmente, assegure-se de trazê-los usando File > Import e que eles estejam em um tipo que o Flash importe. Alguns dos mais comuns são PNG-24, GIF, PICT e TIFF. Usar qualquer um destes formatos permitirá manter aquele fundo transparente enquanto estiver incorporando ao seu trabalho de arte em Flash.

PNG (formato de arquivo gráfico) com transparência

JPEG sem transparência

CAPÍTULO 7 – Dicas sobre importação, exportação e gabaritos | **115**

● ● ● COMO EXPORTAR "FILMES DE CINEMA"

Nos temos o incrível poder de importar todos os tipos de conteúdo de vídeo diretamente em nossos documentos e trabalhar com eles como julgarmos melhor. A outra possibilidade é que essa capacidade de exportar conteúdo Flash como vídeo não seja explorada com freqüência. Na verdade, há uma tendência crescente entre os animadores que estão usando Flash para criar animações e depois exportá-las como filmes QuickTime. para colocar em CDs ou DVDs. Não é uma má idéia.

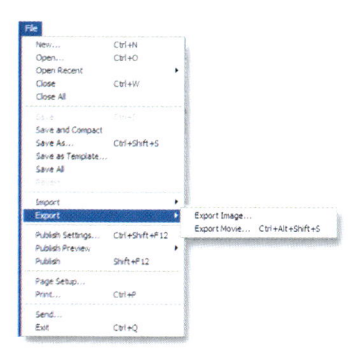

Se você vai fazer isso, lembre-se de que existem algumas regras básicas que precisam ser seguidas. Antes de mais nada, a sua animação precisa estar em uma linha de tempo principal. Isso significa, sem clips aninhados, botões ou outras coisas avançadas. Uma ótima maneira de ver se o seu filme vai converter bem é selecionar a primeira moldura de sua linha de tempo principal e pressionar ENTER. Ela exibirá no modo de autoria. Se você vir tudo sendo animado como deve, então está em boa forma para exportar para um formato de vídeo (QuickTime, AVI e assim por diante). Senão, você terá muito trabalho a fazer. Espero que você tenha lido isso antes de começar, pois vai contra todas as regras típicas de design Flash.

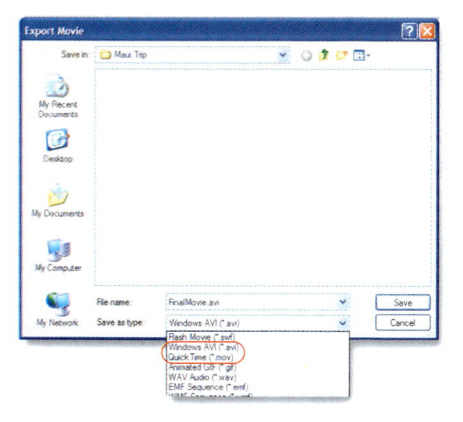

◉ ◉ ◉ DIRETAMENTE DE PHOTOSHOP PARA WINDOWS

Esta dica só se aplica a usuários de Windows, assim, vocês, pessoas de Mac, podem pulá-la. Digamos que você tem trabalhado em Photoshop durante anos. Cerca de 95% do seu trabalho de arte, gráficos e imagens estão salvos em formato PSD. Você sai e compra o Flash MX 2004 e espera importar algumas das suas coisas de Photoshop direto em seus documentos Flash. Lamento, não vai acontecer. Pelo menos não sem alguma ajuda. Para importar arquivos PSD diretamente, o Flash requer QuickTime. Porque o Flash MX 2004 funciona em OS X, e porque OS X tem QuickTime interno, não há nada com que os usuários Mac se preocuparem. Mas, se você estiver usando Windows, vai precisar pegar o mais recente QuickTime (a versão de demonstração é gratuita) e instalá-lo. Quando isso estiver pronto, tente importar novamente aquele arquivo PSD e será solicitado a deixar QuickTime gerenciar o processo. Responda com um educado "sim" e está no caminho. Sem precisar executar qualquer utilitário de conversão de lote.

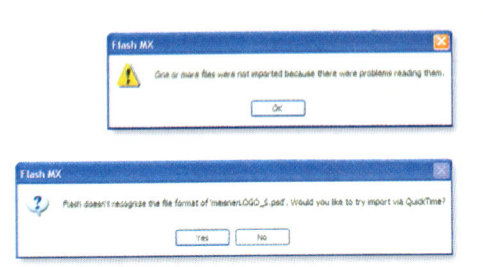

◉ ◉ ◉ CLIPS DE FILME COMO SEUS PRÓPRIOS SWFS

Em geral, se estiver criando SWFs por qualquer motivo, você deve ter um documento-fonte (arquivo FLA) para cada SWF final. Mas, não é necessário fazer as coisas desse jeito. Se você tiver um clip de filme em sua biblioteca, que daria um SWF realmente bom por si só, você pode exportar facilmente tal clip de filme em especial como o próprio SWF.

Clique com o botão direito (CTRL-clique no Mac) qualquer clip de filme em sua biblioteca e escolha Export Flash Movie (exportar filme Flash) para publicá-lo como o próprio filme autocontido SWF. Para tornar a minha vida mais fácil, com freqüência coloco vários clips de filme como arquivos em um arquivo e os exporto como arquivos, conforme necessário. É mais fácil controlar as coisas dessa maneira.

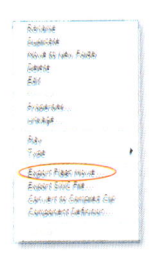

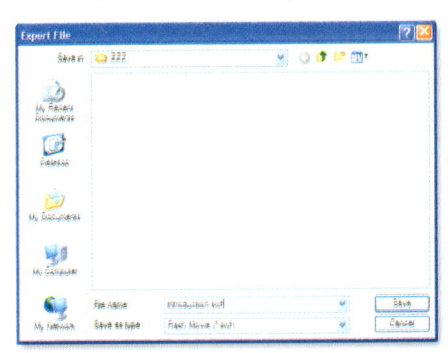

CAPÍTULO 7 – Dicas sobre importação, exportação e gabaritos

❶ ❷ ❸ EMPERTIGADO E EXCELENTE

Existem duas maneiras de conseguir um trabalho de arte em Flash. Uma é copiar e colar do aplicativo de criação através de Clipboard. A outra é ir para File > Import > Import to Stage (CTRL-R ou CMD-R), ou Import to Library e localizar o arquivo que você deseja trazer. Qual maneira soa melhor para você? Com certeza, copiar e colar é muito mais rápido, mas com freqüência os resultados podem ser imprevisíveis.

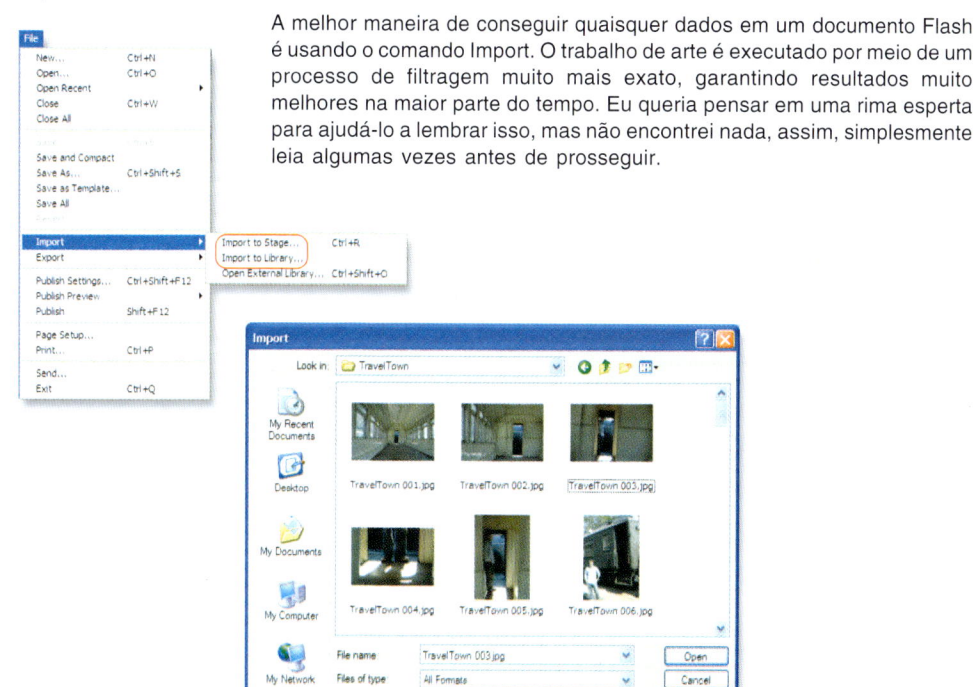

A melhor maneira de conseguir quaisquer dados em um documento Flash é usando o comando Import. O trabalho de arte é executado por meio de um processo de filtragem muito mais exato, garantindo resultados muito melhores na maior parte do tempo. Eu queria pensar em uma rima esperta para ajudá-lo a lembrar isso, mas não encontrei nada, assim, simplesmente leia algumas vezes antes de prosseguir.

◉ ◉ ◉ SOBREGRAVE O SEU SOM

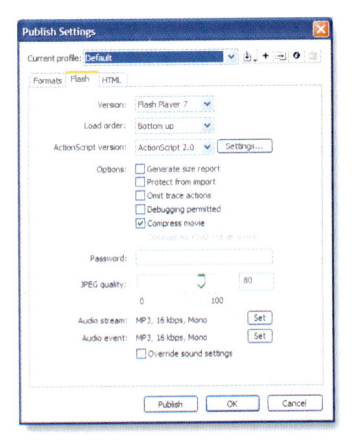

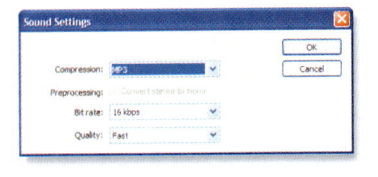

Se você importou som ou música para o seu documento, cada um será compactado individualmente. Clicar duas vezes em qualquer som em sua biblioteca lhe dará a opção de mudar a configuração de compactação individual dela. Certamente esse é um recurso muito necessário, mas se você tiver centenas de sons que gostaria de ajustar a uma determinada compactação? Vai clicar duas vezes cada e mudar individualmente? É possível, mas não é necessário.

Em Publish Settings (CTRL-SHIFT-F12 ou OPT-SHIFT-F12), sob a tab Flash, você encontrará uma opção abaixo chamada "Override Sound Settings" (sobregravar configurações de som), e ela faz exatamente isso. Se qualquer som na biblioteca estiver ajustado para a compactação Default (padrão), ele terá as suas configurações de compactação de lá na exportação. Depois, é possível ajustar as qualidades de som Stream (em seqüência) e Event (evento; ocorrência) e poupar a si mesmo muito tempo.

Se estiver usando clips de áudio MP3, automaticamente eles serão ajustados para usar a compactação existente, portanto, irão ignorar essas configurações globais, a menos que você informe o contrário. Você também pode compactar determinados sons individualmente para resultados melhores.

CAPÍTULO 7 – Dicas sobre importação, exportação e gabaritos | **119**

● ● ● EDITE BITMAPS

Depois de ter uma imagem em bitmap importada para o seu documento, você pode perceber que ela precisa de algum retoque. Como se sabe, o próprio Flash não pode editar imagens digitalizadas. A parte boa é que ele pode chamar um outro programa, como Photoshop ou Firewords para fazer por ele a edição.

Localize qualquer bitmap em sua biblioteca, ou na área de trabalho, clique-o com o botão direito e escolha Edit with ... (editar com). Você será solicitado a localizar o programa com o qual deseja fazer a edição e, automaticamente, o programa especificado será aberto com o bitmap pronto para as mudanças. Quando tiver terminado, salve as mudanças e volte para o Flash. Você descobrirá que as mudanças feitas são automaticamente atualizadas em seu documento.

Se tiver o Fireworks instalado, então você pode até poupar mais tempo, clicando Edit with Fireworks, em vez de Edit with, e Fireworks será aberto, tornando o processo muito mais rápido. Humm..., o Fireworks lida com Flash muito melhor do que outros aplicativos. Imagino se é porque a Macromedia faz ambos os aplicativos. Nãão, não pode ser isso.

● ● ● BLOQUEIE

Eu gosto de compartilhar as minhas idéias, meu trabalho e até o meu código personalizado, de tempos em tempos. Isso é especialmente verdade quando se trata de Flash. Porém, há algumas coisas que são muito especializadas e que eu gostaria de manter privadas. Se você se sentir da mesma forma, assegure-se de fazer isso.

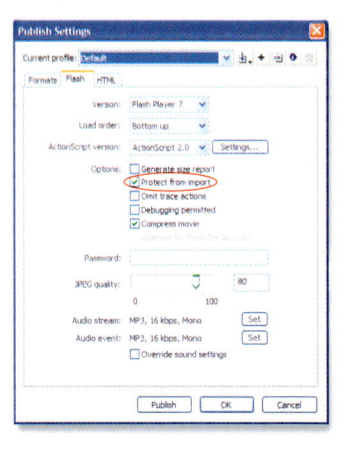

Em sua Publish Settings (CTRL-SHIFT-F12 ou OPT-SHIFT-F12) vá para a tab Flash e assegure-se de marcar Protect From Import (proteger de importação) antes de publicar o seu filme. Isso evitará que outros desenvolvedores carreguem o seu SWF em seus projetos e reivindiquem autoria. Não é uma solução perfeita, pois há muitas pessoas por aí que compram programas de decodificação de SWF para roubar o seu trabalho, mas não há motivo de facilitar para eles. É como um carro. Se um ladrão o quer, ele o terá, mas você pode dificultar um pouco. Eu sempre recomendo ter essa opção marcada. Afinal, você sempre pode compartilhar os seus FLAs com o público, se realmente quiser.

◉ ◉ ◉ PUBLIQUE PERFIS

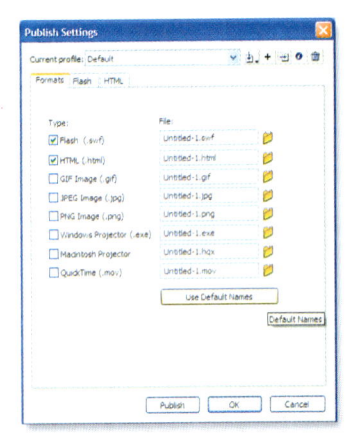

Com todas as opções que temos ao publicar nossos filmes, realmente pode ser aborrecido mudar as configurações-padrão cada vez que você fizer um novo arquivo. Por exemplo, eu nunca uso o recurso HTML de publicação. Publico o meu filme Flash sozinho e deixo o Dreamweaver fazer o trabalho HTML. No entanto, o HTML está sempre marcado, por padrão, o que significa que preciso desmarcá-lo sempre que crio um novo arquivo. Não preciso mais!

Vá para Publish Settings (CTRL-SHIFT-F12 ou OPT-SHIFT-F12) e clique o botão Create New Profile (criar novo perfil), que tem um sinal de adição nele, nomeie o seu perfil e clique OK. Agora, escolha alguns formatos, da tab Formats, ajuste várias opções, clique o botão Import/Export e escolha Export. Agora, salve o seu perfil (ele é um arquivo XML [Extensible Markup Language – linguagem de marcação expansível]) apenas pressionando Save. Agora é possível usar tal perfil repetidamente, para poupar-lhe o estresse e tempo de lembrar todas as configurações que deseja e, de fato, configurá-las.

A única desvantagem é que os seus perfis personalizados não serão listados quando você começar a usar um novo arquivo. Será preciso usar o botão Import/Export para importar um que tenha sido salvo anteriormente. Estranho, eu sei.

● ● ● INDO PARA HOLLYWOOD

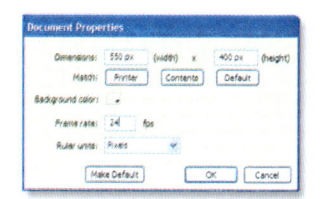

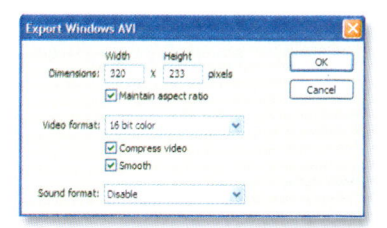

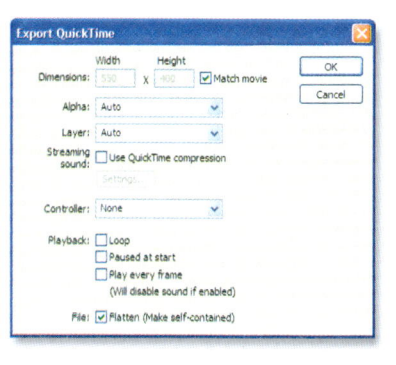

Com o passar dos anos, o Flash tem sido usado para diversos tipos de projetos. Ultimamente, os desenvolvedores têm acrescentado um tipo bem excitante a essa lista. O Flash tem sido usado para criar animações de recurso de comprimento total para vídeo e filme. Quem sabia?

A parte boa disso é que não é tão difícil de fazer. Basicamente, você só cria o seu filme e depois o exporta como um filme QuickTime ou AVI, que depois, pode ser editado ou integrado em qualquer suíte de edição de vídeo, tal como Premiere ou Final Cut Pro. O único gancho é que você precisa seguir algumas regras para isso funcionar adequadamente.

Primeiro, assegure-se de que todas as suas animações estejam em sua linha de tempo principal e que possam ser vistas simplesmente exibindo-as em um modo de criação (sem usar o Test Movie ou exportar o SWF). Da mesma forma, não use símbolos de clip de filme ou aninhe as suas animações. E não use ações de qualquer tipo. Nem botões. Por fim, ajuste o seu FPS para 20 ou 30, dependendo do seu projeto.

Eu também recomendo usar o gabarito Broadcast (transmissão) que está incluído em Flash MX 2004. Ele inclui várias guias para garantir que o seu conteúdo esteja dentro de margens seguras.

Outras configurações, como tamanho de filme, podem ser determinadas, vendo com qual tipo de formato de saída você terminará (DV, HiDef e assim por diante...). Há possibilidades demais para abordar aqui. Apenas siga as principais regras anteriores e ficará bem.

● ● ● ATENÇÃO COM A OTIMIZAÇÃO

Eu sei que isso parece um pouco atrasado, mas, em alguns casos, as otimizações podem causar problemas que você pode não prever. Por exemplo, vá para Publish Settings (CTRL-SHIFT-F12 ou OPT-SHIFT-F12) e olhe sob a tab Flash, onde diz: "Optimize for Flash Player 6r65" (otimizar para player 6r65 de Flash). Essa opção só está disponível quando publicado para a versão 6 do player, mas isso pode ser freqüente para muitos de vocês, até que Flash Player 7 esteja amplamente adotado.

Marcar essa caixa otimizará o seu SWF para a versão 6 do player, tornando-o tanto menor quanto mais rápido, mas fique atento. Se uma pessoa vir o seu SWF depois de você ter capacitado essa otimização, pensará que precisa ter a versão 6r65 ou superior do player de Flash. Se ela tiver um lançamento anterior, não será capaz de ver adequadamente. Para ser honesto, eu não vejo o ponto dessa otimização, porque ela é muito limitada. Como Shane, eu também não. Eu diria que é melhor deixar isso desmarcado, a menos que esteja disposto a ser específico quanto ao lançamento em suas exigências de site.

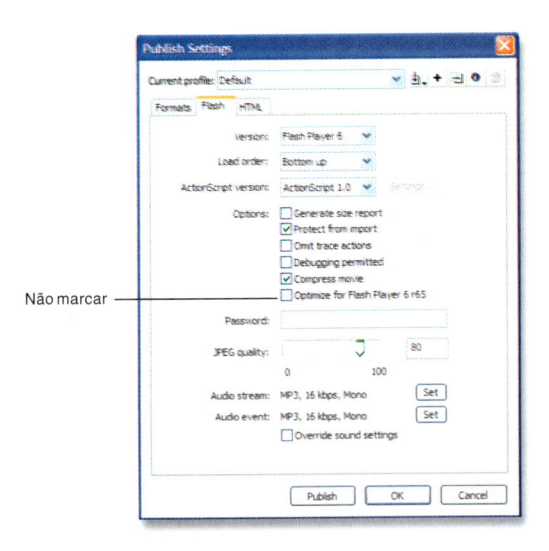

Não marcar

● ● ● SALVAR COMO ABORRECIDO?

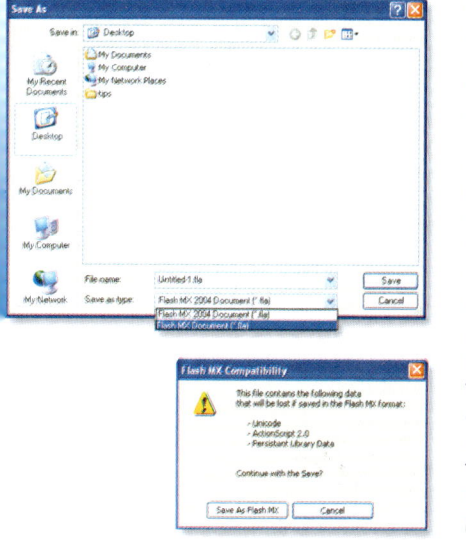

Eventualmente, todos estaremos usando o Flash MX 2004, e assim, o Flash MX será história. Por enquanto, você pode precisar salvar o seu trabalho em formato Flash MX para ser compatível com aqueles que estão atrasados no tempo. A boa notícia é que isso pode ser feito com facilidade, escolhendo Save As e, depois, escolhendo Flash MX como o seu formato. A má notícia é que sempre que você quiser salvar mudanças feitas em seu arquivo, o Flash tentará salvar no novo formato 2004. Você pensa que a Macromedia está tentando nos dizer alguma coisa?

Está bem, não há solução para isso, mas há algo que pode reduzir o aborrecimento. Salve o arquivo como Flash MX 2004 enquanto você trabalha. Quando tiver terminado e precisar compartilhar o arquivo com alguém ainda trabalhando na idade da pedra do mês passado, é possível escolher Save As e converter no formato Flash MX. Assegure-se de não usar os recursos mais novos encontrados em 2004 ou você perderá o seu trabalho ao converter. Sim, você receberá um aviso quanto a Library Data (dados de biblioteca) e Unicode, mas pode ignorá-lo desde que, de fato, não tenha aplicado qualquer dos recursos apenas de Flash MX 2004. O aviso aparecerá, por padrão, se você de fato usou os novos recursos ou não.

Use o que tiver

Dicas de componentes internos

Enquanto eu estava crescendo, a minha mãe sempre me dizias duas coisas. Número um: "Nunca aceite bala de estranhos, a não ser que haja dinheiro no meio." Número dois: "

Use o que tiver

Dicas para componentes internos e elementos existentes

Use o que o bom Deus lhe deu e, se isso não funcionar, encontre alguém que tenha mais e tire deles." Isso é importante para entender as coisas que a Macromedia tem oferecido na ferramenta de criação Flash. Existem truques para usar painéis mais eficientemente e comandos secretos (parecendo ocultos ou raramente usados) pelo programa. Nas próximas páginas, a minha intenção é ajudá-lo a usar o que lhe é oferecido, tendo certeza de que você tem ciência disso, e como melhor usar. Além disso, também deixarei a minha mamãe orgulhosa, ensinando a tomar o que não lhe é dado, para que você nunca fique sem. Hei, espere, você estará tirando de mim. Está certo, eu te pego lá no final. Eu sempre faço isso. Obrigado, mãe.

OS COMPONENTES ESTÃO ME COMENDO VIVO

Você deve ter percebido que quando tem vários componentes (principalmente aqueles agrupados com Flash ou encontrados em MM Exchange) em qualquer linha de tempo, o Flash pode começar a se tornar lento. Isso é devido à configuração de "Enable Live Preview" (capacitar visualização ao vivo), que por padrão é capacitada. Quando capacitada, você pode ver como um componente ficará ao ser publicado no ambiente de criação. Embora às vezes isso possa ser útil, nem sempre é necessário e, porque tê-la capacitada requer apresentar potência a cada componente visível em sua área de trabalho, pode tornar as coisas lentas ou aborrecidas até nas máquinas mais poderosas. Claro que para remediar a situação, simplesmente desmarque a opção, olhando sob Control (controle), na barra de menu. Agora os seus componentes exibirão rapidamente em uma forma de rascunho. Ainda que essa possa não ser a vista mais atraente, visualmente, sempre é possível trocar a opção de volta, quando precisar.

O LINK QUE FALTA

A pergunta que os novos usuários de Flash fazem com mais freqüência é: "Como acrescento um link em Flash que me deixará simplesmente pular para uma página específica da Web ?". A resposta envolve sempre explicar a ação getURL (obter Uniform Resource Locator – localizador uniforme de recurso) e como esse parâmetro funciona. Isso pode ser bem dantesco para alguém que se preocupe menos com o motivo e só está focalizado na realização.

Selecione qualquer botão ou cópia de clip de filme em sua área de trabalho e vá para o Behaviors Panel (painel de comportamentos) SHIFT-F3. Do menu de drop-down vá à Web e escolha "Go to web page" (vá para página da Web). Agora, escolha a sua moldura- alvo e URL e, automaticamente, o Flash acrescentará o código necessário à sua cópia. Isso é apenas para os recém-chegados, porque também pode ser um ótimo poupador de tempo para vocês, profissionais ocasionais.

FONTES PARA TODOS E PARA TODOS UMA BOA FONTE

Um ponto importante de preocupação para qualquer desenvolvedor é garantir que todos vejam a criação exatamente da mesma maneira. As fontes têm sido sempre um ponto dolorido quando se trata disso. O problema é que nem todo mundo tem o mesmo conjunto de fontes instalado no computador.

Para garantir que o texto em seus projetos seja visto por todos, selecione qualquer campo de texto. Se ele for um campo Static (estático) então simplesmente assegure-se de que "Use Device Fonts" (usar fontes de dispositivo) esteja desmarcada no inspetor Property. Se for Dynamic (dinâmico) ou Input (de entrada), pressione o botão Character, escolha Specify Ranges (especificar faixas) e depois, selecione os primeiros quatro itens da lista. Isso embutirá os esboços de fonte para essa fonte, para que todos possam ver o texto que você faz, tendo eles, ou não, a fonte.

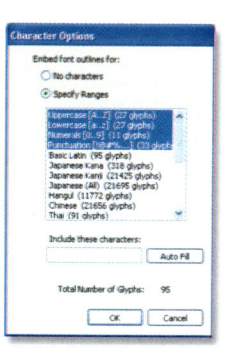

COMPONENTES VELHOS NÃO TÊM LUGAR

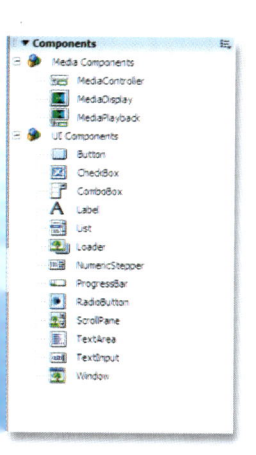

Para a maioria, componentes do velho Flash MX devem coexistir com os novos componentes de 2004, sem muita confusão. No entanto, é altamente recomendado que você atualize os seus antigos componentes para o novo formato. Isso é especialmente verdade se estiver publicando o seu filme em Flash Player 7. O ActionScript 2.0 parece ter problemas de vez em quando com os antigos camaradas.

Em meu trabalho, eu usava muito os componentes mais antigos e sempre tentava deixá-los em meus novos documentos, que publicava para a versão 7, mas tive muitos problemas. Espero que as coisas funcionem melhor para você, mas se não funcionarem, eu diria para você comer o leão, ou seja, perder tempo atualizando seus componentes. Por sorte, a versão seguinte de Flash não inclui uma outra importante revisão de componentes como fizeram as duas últimas. Só o tempo dirá.

◉ ◉ ◉ ◉ COMPONENTES COMEM TAMANHO DE ARQUIVO

Crie um novo documento Flash e, sem acrescentar nada a ele, publique-o e verifique o tamanho de arquivo do SWF exportado. Ele deve ter cerca de 4K. Volte para o documento e arraste um componente de botão do painel Components para a sua área de trabalho. Refaça a publicação de seu documento e verifique novamente o tamanho de arquivo do SWF. Ele deve ter cerca de 42K. Eu sei o que você está pensando: "Pra que serve isso? É só um pequeno botão!"

Volte para o seu documento e acrescente uma Checkbox (caixa de verificação) e um componente Label (etiqueta; rótulo) à sua área de trabalho. Verifique novamente o tamanho do arquivo e verá que dessa vez ele só subiu alguns kilobytes. Eis a coisa: componentes são criaturas complexas e podem acrescentar algum tamanho considerável ao seu arquivo, mas a boa notícia é que eles compartilham muito do mesmo conteúdo quando você os acrescenta. Isso significa que o primeiro acrescentado aumenta um pouco o seu tamanho, mas cada um, em seguida àquele, compartilhará tais conteúdos e devem acrescentar muito pouco ao tamanho do arquivo.

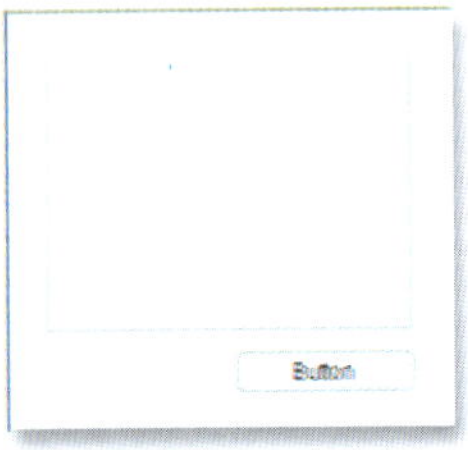

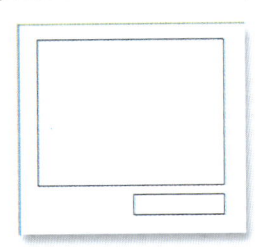

Lembre-se de que isso só se aplica a componentes Macromedia ou componentes adequadamente montados, mas não necessariamente a todos os componentes com os quais você se depare, de fabricantes terceirizados.

◉ ◉ ◉ ◉ TRANSFORMADOR – MAIS DO QUE VÊ O OLHAR

Há várias maneiras de pelar um gato. Também existem diversas maneiras de esticar um objeto. Normalmente, você o seleciona e usa a ferramenta Free Transform se quiser escalonar livremente e ver sozinho. Porém, há aqueles que querem ser precisos e exatos.

Para escalonar qualquer objeto por uma certa porcentagem que você possa digitar, abra o seu painel Transform (CTRL-T), se ele já não estiver aberto. Agora, selecione o objeto em questão. A partir disso, você poderá entrar com as porcentagens exatas no painel Transform de modo a escalonar o objeto para mais ou para menos, à vontade. Verifique a caixa Constrain (restrição) para ter certeza de que as porcentagens de escalonamento horizontal e vertical permanecem proporcionais. Esse método pode ser útil se você quiser garantir uma cópia que tenha exatamente a metade do tamanho da outra. Usando Free Transform seria muito difícil fazer isso.

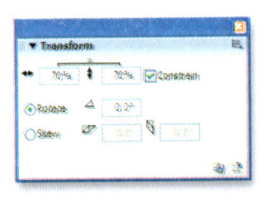

CAPÍTULO 8 – Dicas para componentes internos e elementos existentes | **129**

◉ ◉ ◉ FLASH MEDIA PLAYER

Logo você descobrirá que os novos componentes em Flash MX 2004 são extremamente poderosos. Os internos, sozinhos, são super úteis. Por exemplo, pegue o componente MediaDisplay. Abra o seu painel Component (CTRL-F7 ou CMD-F7) e verá aquele sobre o qual estou falando. Arraste-o sobre a sua área de trabalho. Selecione a cópia criada, veja o inspetor Property e deparará com um botão Launch Component Inspector (iniciar inspetor de componente). Clique-o e, no Component Inspetor, escolha um tipo de mídia para a exibição (FLV ou MP3), depois, entre com um URL (o caminho e o nome de arquivo) para carregar. Agora, tudo o que é preciso fazer é publicar o seu filme e garantir que o arquivo de mídia fornecido ao URL esteja no lugar certo.

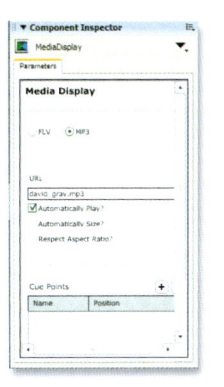

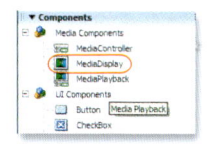

Ao executar o SWF, você terá um belo mídia player baseado em Flash. Você terá que rolar sobre a barra básica de mídia, no SWF, para ver todos os controles. Nada mau, hein? Fique à vontade para brincar com os outros ajustes, para ver o que mais você pode fazer com esse simpático componente.

◉ ◉ ◉ MANTENHA DISTÂNCIA

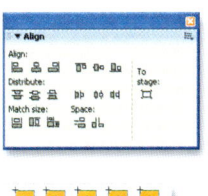

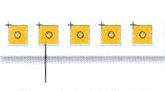

Para espaçar igualmente vários objetos entre si, você pode sentar com papel e lápis, descobrir a largura e altura de cada objeto, depois criar uma fórmula rápida para determinar a distância mais comum a fim de espaçar cada objeto do próximo. É, isso.

Em Flash, isso é conhecido como distribuição e você pode encontrar abrindo o painel Align (CTRL-K ou CMD-K em Mac). Selecione qualquer número de objetos em sua área de trabalho e a seguir, escolha a partir dos seis botões relacionados em Distribute (distribuir). Cada opção produz resultados diferentes, mas eu diria que aquele que uso com mais freqüência é um dos dois botões centrais, que distribuirão igualmente, pelo ponto central, vertical ou horizontalmente. Todos os seus botões, efetivamente, espaçarão bem e com exatidão os seus objetos, assim, faça do jeito que quiser, mas com certeza, superará uma calculadora e um pedaço de papel de rascunho. U-uh, reprises!

Depois da istribuição

● ● ● INSPETOR COMPONENT VERSUS INSPETOR PROPERTY

Como você tem visto, o inspetor Property é um painel poderoso que lhe permite ajustar opções para quase qualquer item selecionado em seu documento. O mesmo se aplica quando você seleciona uma cópia de componente. O inspetor Property relaciona uma série de opções e parâmetros que você pode ajustar para aquele componente.

O que pode parecer estranho é que também existe um inspetor Component (ALT-F7) que relaciona os mesmos parâmetros. Ou o quê? De fato, você pode usar o inspetor Property para ajustar os parâmetros básicos especificados pelo componente-autor. Usar o inspetor Componente relaciona os parâmetros básicos, assim como diversos "loquazes" ou avançados daquele componente. Também, dependendo do componente, o inspetor Component pode ser o único lugar em que seja possível editar propriedades (isto é, MediaDisplay).

Meu conselho é: use sempre o inspetor Property, a menos que você seja um usuário mais avançado e sinta-se confortável com os parâmetros mais avançados. Afinal, realmente não há necessidade de ter um painel extra aberto quando apenas um é suficiente.

● ● ● É UMA CIÊNCIA EXATA

Designers cuidadosos trabalham vigorosamente para garantir que cada tamanho de objeto seja exato e que cada campo de texto esteja alinhado, nunca ficando satisfeitos com o posicionamento ou dimensionamento das coisas com o mouse. Eu não posso culpá-los. Às vezes, simplesmente não há substituto para a perfeição.

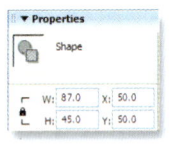

Selecione qualquer objeto ou forma em sua área de trabalho e veja o inspetor Property. Você sempre encontrará quatro propriedades que controlam o tamanho e a posição do objeto na área de trabalho (largura, altura, posição X, posição Y). É possível ajustar as coordenadas exatas de um bloco de texto ou garantir que o seu logo tenha exatamente 50x50 pixels, entrando com valores nesses quatro campos.

Existe até um pequeno ícone de cadeado que, quando clicado, garantirá que o aspecto de raio de Width (largura) e Height (altura) permaneça constante. Oops, o inspetor Property é mesmo muito poderoso, você não acha?

● ● ● DÊ UM COMANDO E FLASH OBEDECERÁ

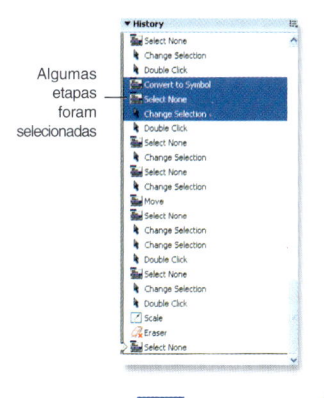

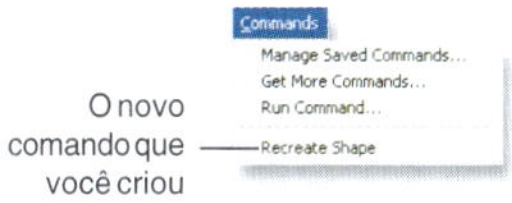

Algumas etapas foram selecionadas

Um novo recurso apresentado em Flash MX 2004 é a capacidade de salvar um conjunto de ações que você realizou em seu documento com um comando, que pode ser executado em qualquer ocasião, posteriormente. Para transformar as coisas que você faz em um comando, abra o novo painel History [história] (ALT-F10 ou OPT-F10 no Mac) e selecione as etapas que deseje transformar em um comando, clicando e arrastando na janela History. Quando tiver as etapas desejadas selecionadas, clique o pequeno ícone de disco, na parte de baixo à direita do painel e dê um nome ao seu comando. Para executar um comando salvo, procure sob os comandos e escolha o seu a partir da lista. Se vier a precisar remover um comando salvo, clique Manage Saved Commands (gerenciar comandos salvos) no mesmo menu. Selecione o comando a remover e clique Delete. Muitos de vocês estão acostumados com recursos semelhantes em outros aplicativos, como Photoshop, assim, creio que essa será uma opção popular, que tornará tarefas redundantes automatizadas e menos dolorosas.

O novo comando que você criou

● ● ● EXPLORAÇÃO DE FILME

Com a capacidade de criar texto, clips de filme, gráficos, sons, botões, ações e mais, os documentos Flash podem ser muito complexos . Quando parecer que você está perdendo o controle das coisas, ou quando apenas quiser um esboço ou visão geral da sua estrutura, é possível usar o Movie Explorer (ALT-F3 ou Window > Other Panels > Movie Explorer [janela, outros painéis, Movie Explorer] na barra de menu, ou OPT-F3 em Mac). Quando aberto, o Movie Explorer exibirá cada elemento do seu documento em uma árvore de elementos, flexível e fácil de entender. Você terá a opção de pular para qualquer símbolo, ação ou quaisquer outros elementos, com um simples clique duplo. Da mesma forma, se tiver interesses específicos, tal como encontrar um campo de texto vazio perdido, pode filtrar o que é exibido, ativando os filtros apropriados no alto do painel Movie Explorer. Você também verá uma caixa Find, que lhe permitirá buscar todo o seu documento Flash por palavras-chave em especial.

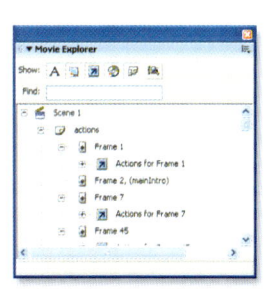

⚫ ⚫ ⚫ BIBLIOTECAS COMUNS

Sabe aquelas Common Libraries (bibliotecas comuns) que vêm com Flash, encontradas em Window > Other Panels > Common Libraries? Já pensou se poderia ter a sua própria naquela lista? É, eu também, então, vamos lá. Essas Common Libraries são apenas documentos Flash colocados em um diretório específico que o Flash lê. Assim, tudo o que você precisa fazer é criar um documento Flash com todo o conteúdo de biblioteca que você quer acessar com freqüência e, depois, colocá-lo no diretório apropriado. Está bem, eu lhe direi qual é o diretório. Coloque o seu documento na pasta Libraries, localizado dentro da pasta Configuration da sua pasta de aplicativo Flash, em seu disco rígido. Para ajudar, refira-se à dica "Caminho para a excelência", no Capítulo 1, "Eu o posicionarei".

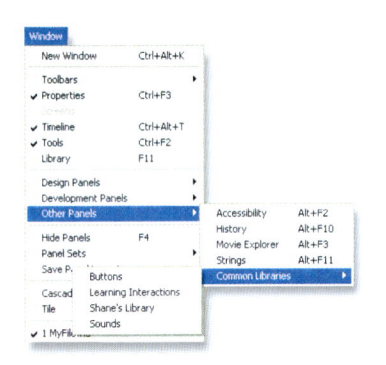

É simples assim. Nem há necessidade de reiniciar o Flash – a sua nova Library está disponível bem na próxima vez em que buscar por ela. Voilà! Agora você tem a habilidade de acrescentar bibliotecas permanentes, que parecem fazer parte do próprio Flash.

⚫ ⚫ ⚫ BUSCA É A MINHA SALVAÇÃO

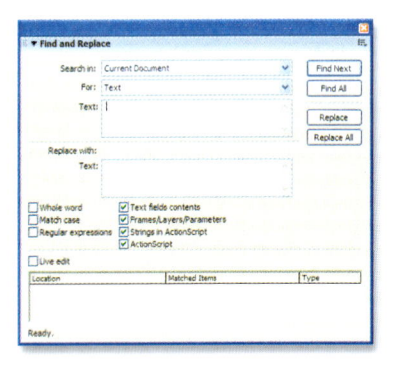

No passado recente (Flash MX), a única maneira de encontrar coisas em seu documento Flash era abrir o painel Movie Explorer e tentar localizá-las na árvore. Aqueles de vocês que tentaram isso, aprenderam rapidamente que era tudo, exceto desejável. Afinal a Macromedia atendeu aos nossos apelos de desespero. Pressionar CTRL-F (ou CMD-F no Mac) em Flash MX 2004 reproduzirá uma nova e poderosa janela, Find and Replace (localizar e substituir). Nessa janela, você pode buscar um documento inteiro de qualquer coisa, de Text a Colors. A busca será feita através da sua área de trabalho em todas as molduras-chave, assim como em seus scripts, com os termos especificados. Quando encontrar o item, você pode pular para ele e editá-lo, você mesmo, ou pode deixar que o Flash faça um Replace All (substituir tudo/todos) para corrigir um erro global. Creio que esse pode se tornar, logo, o meu novo recurso preferido.

CAPÍTULO 8 – Dicas para componentes internos e elementos existentes | **133**

◉ ◉ ◉ CENTRO MORTO

Com freqüência você pode querer que um objeto apareça no centro horizontal e vertical perfeito da área de trabalho ou de um símbolo. Há motivos ilimitados pelos quais alguém pode querer isso, mas praticamente há apenas uma maneira de fazer isso acontecer.

Abra o painel Align, buscando Window > Design Panels ou pressionando CTRL-K, se ele ainda não estiver disponível. Depois, selecione o objeto ou objetos em sua área de trabalho que deseja centralizar. No painel Align, assegure-se de ter a opção "To stage:" (para palco; área de trabalho) selecionada e, depois, pressione os botões Align Horizontal Center (alinhar centro horizontal) e Align Vertical Center (alinhar centro vertical) sob a área Align do painel. Você verá que o Flash coloca o ponto de registro do objeto selecionado morto no centro da área de trabalho. Isso pode ser muito útil quando está tentando garantir que cada arte de trabalho de símbolo esteja exatamente no centro daquele símbolo.

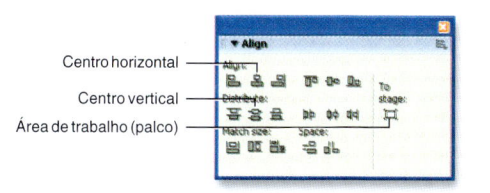

Centro horizontal
Centro vertical
Área de trabalho (palco)

◉ ◉ ◉ SIMPLESMENTE INTERATIVO

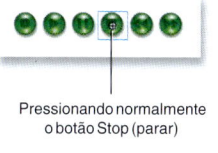

Pressionando normalmente o botão Stop (parar)

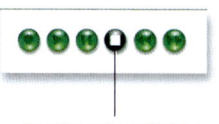

Pressionando o botão Stop com Enable Simple Buttons (capacitar botões simples) ativado

Você criou algum conteúdo maravilhosamente complexo em Flash e tudo o que precisa fazer é trabalhar alguns detalhes. Você pode ver o que um botão básico fará quando interagir com ele. O problema é que publicar ou testar o seu filme pode demorar um pouco.

Não sofra mais. Vá para Control > Enable Simple Buttons (CTRL-SHIFT-B). Isso lhe permitirá interagir, de fato, com botões simples em sua área de trabalho, como se eles tivessem sido publicados. É possível testar os efeitos de rolar, assim como quaisquer sons que você possa ter no botão. Tudo isso sem ao menos deixar o conforto do Flash. Lembre-se de que você não será capaz de mover os botões à volta com o mouse, pois eles estarão respondendo a ele. Para mover um botão, é possível ou selecioná-lo e movê-lo com as suas teclas de seta ou desativar esse recurso e proceder como de hábito.

http://www.actionscript.org

● ● ● O SEU ALINHAMENTO BÁSICO

Cada boa ferramenta de design deve ter a capacidade de alinhar objetos e formas à vontade, e com o Flash não é exceção. Para alinhar rapidamente uma série de objetos entre si, abra o painel Align, indo para Window > Design Panels > Align (CTRL-K). Selecione todos os objetos que você deseja alinhar e escolha um método de alinhar na área Align do painel. Selecione Align Left (alinhar à esquerda), Align Horizontal Center (alinhar no centro horizontal), Align Right (alinhar à direita), Align Vertical Center (alinhar centro vertical) ou Align Bottom (alinhar embaixo). Cada um dos botões tem a sua própria maneira de alinhar as coisas e, geralmente, eles são bem auto-explicativos.

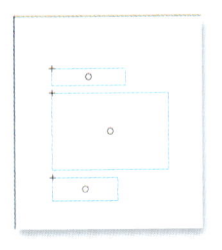

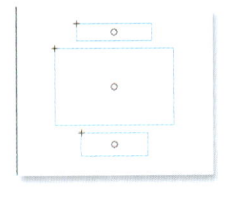

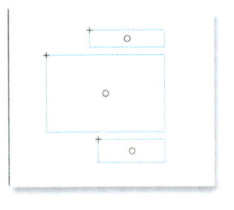

● ● ● GERENCIAMENTO DE CENA

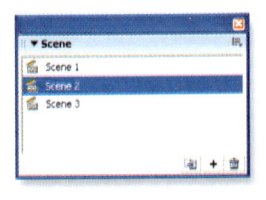

Provavelmente, por agora você já está familiarizado com a idéia das cenas. Elas podem ajudá-lo a dividir os seus filmes em seções, como uma exibição de slides. É possível, quando quiser criar uma nova cena, que você vá inserir e depois encenar, certo? Boa idéia. Porém, há um painel que pode ajudá-lo a acrescentar e gerenciar quaisquer cenas em seu documento. Ele é adequadamente chamado de painel Scene. Esse painel não está incluído no layout padrão, portanto, você mesmo precisa capacitá-lo.

Vá para Window > Design Panels > Scene (SHIFT-F2) para abrir o painel Scene. Aqui é possível duplicar, acrescentar ou remover cenas usando os três botões abaixo do painel. Você também pode pular para uma cena, clicando duas vezes uma das cenas relacionadas. Se você for grande em cenas, esse painel será o seu novo amigo. Pelo menos até roubar o seu dinheiro.

CAPÍTULO 8 – Dicas para componentes internos e elementos existentes | **135**

🔴 🟡 🟢 BUGS RÁPIDOS OU DEPURAÇÕES?

De qualquer jeito que você olhar, todos passamos por ocasiões em que o nosso código simplesmente não está fazendo o que deveria, certo? Está bem, talvez eu seja o único, mas se eu não for, veja isso: o Flash vem com uma janela Debugger (depurador) bastante robusta, para ajudar os desenvolvedores a solucionarem seus problemas com filme (principalmente de ActionScript).

Uma maneira rápida de fazer o Debugger aparecer quando for a hora, é ir para o menu Control e escolher Debug Movie (depurar filme) (CTRL-SHIFT-ENTER ou SHIFT-CMD-RETURN em Mac). Isso se assemelha como o normalmente usado Test Movie, mas com uma exceção – a depuração é capacitada automaticamente, e a janela Debugger aparece enquanto o seu filme está sendo testado como um SWF publicado.

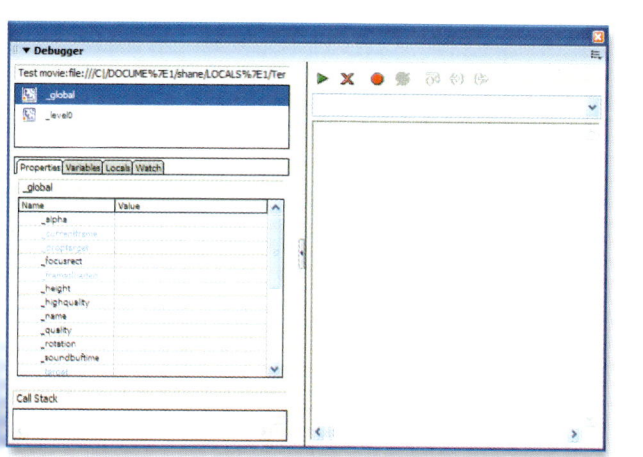

A depuração pode ser um processo bem complexo, e como este livro é apenas de dicas, eu não vou entrar nas milhões de maneiras nas quais se deve usar o Debugger. Talvez se você me disser o quanto ama este livro, eu escreva um outro que vá mais além.

🔴 🟡 🟢 ESTOU CURVANDO

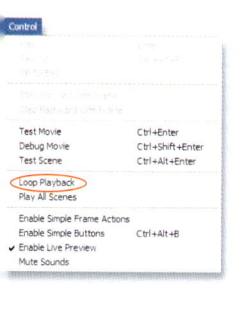

Estamos todos bem cientes do fato de que as linhas de tempo do filme Flash, por padrão, farão loop, certo? Isso é bem real se você tiver publicado o seu filme como um SWF e estiver olhando a sua animação no player. Mas, se estiver apenas olhando através da linha de tempo enquanto trabalha no ambiente de criação, verá que não há loop. Ao invés, o cabeçote de exibição chegará ao fim da linha de tempo e vai parar.

Se quiser a exibição de loop, há uma solução simples. Em vez de testar o seu filme para ver a loop, você pode ir para o menu Control e clicar Loop Playback (exibição de loop). Depois, pressione Enter ou exiba em qualquer linha de tempo e ele fará um loop como se você o tivesse publicado. É possível alternar essa opção para se adequar às suas necessidades, mas é bom da mesma forma, saber que esteja lá.

● ● ● DESAGRUPAR OU DIVIDIR?

Muitos de nós usamos agrupamento para mover ou categorizar múltiplos objetos na área de trabalho como um objeto maior ou grupo. Isso acrescenta menos tamanho a um filme do que criar um símbolo e é melhor para usar quando você não tem objetos que sejam usados repetidamente.

Ao agrupar vários objetos usando CTRL-G ou CMD-G no Mac, você pode selecionar o que agrupar no futuro. Em Modify > Ungroup (CTRL-SHIFT-G ou SHIFT-CMD-G no Mac) remove-se o agrupamento e pode-se retornar todos os itens à sua posição normal individual. O que nunca entendi é que se possa selecionar um grupo e pressionar CTRL-B ou CMD-B para dividir o grupo e ter o mesmo efeito. Assim, a questão é: "Por que usar um ao invés do outro?" Bem, não há motivo, portanto, eu sempre digo para usar CTRL-B. Você não precisa se lembrar de outra caixa de lista de teclas e se poupa de precisar manter pressionada uma terceira tecla. Uau, acabei de perceber como sou preguiçoso!

Depois de desagrupar os dois objetos

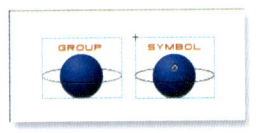

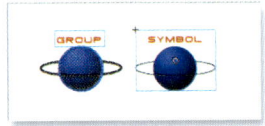

Depois de dividir ambos os objetos

● ● ● MAPEAMENTO DE FONTE

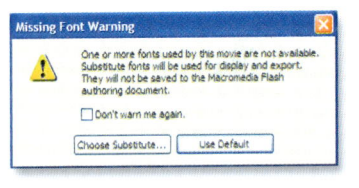

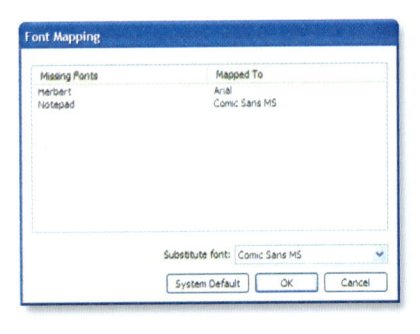

Cada vez que trabalho com uma equipe de desenvolvedores em um projeto Flash, sempre me vejo com um problema em especial. Quando abro os arquivos FLA de alguém, recebo uma mensagem dizendo que não tenho alguma fonte esquisita que eles resolveram usar no design deles. A parte boa é que o Flash pega isso e me dá a opção de escolher uma fonte que tenho para usar até que eu consiga instalar a fonte estranha.

Idealmente, você deseja pegar uma substituta que seja próxima à fonte que está faltando, mas pode não conseguir isso na primeira tentativa. Se vier a decidir trocar para uma outra substituta, vá para Edit > Font Mappings (editar, mapeamentos de fontes) (Flash MX > Font Mappings em Mac) e selecione uma nova fonte para a que está faltando. Pode haver alguma tentativa e erro se você não souber como se parece a fonte que está faltando, mas eventualmente você acabará encontrando algo que pareça servir.

CAPÍTULO 8 – Dicas para componentes internos e elementos existentes | **137**

◉ ◉ ◉ VERIFICADOR DE ORTOGRAFIA?

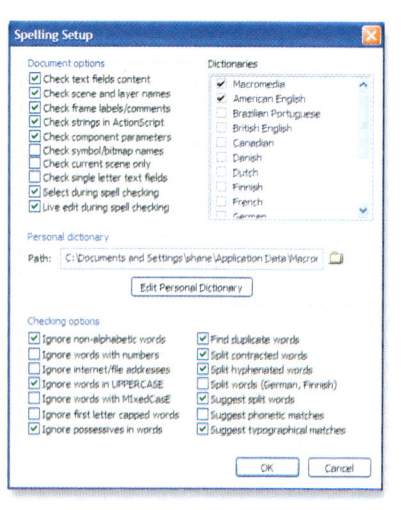

Eu não estou falando sobre alguém que garanta que você separa as sílabas adequadamente. Sei que é a primeira coisa que vem à sua cabeça, mas não. O Flash MX 2004 vem com uma função bastante poderosa e de verificação de ortografia de coisa muito ultrapassada. Antes de correr para fazer a verificação de ortografia de cada velho documento que tenha, você precisará ajustar primeiro a função. Vá para Text > Spelling Setup (texto, configuração de ortografia). Aqui é possível escolher a partir de várias opções, que dirão ao Flash o que e como verificar a ortografia em seus documentos. Clique OK para dizer ao Flash que você está satisfeito com as configurações, volte ao menu Text e escolha Check Spelling (verificar ortografia) para executar a nova ferramenta. Você pode até editar erros sem sair da janela de verificação de ortografia. Oh, e pode voltar ao Spelling Setup em qualquer ocasião para alterar as suas configurações, mas provavelmente, você já sabia disso.

◉ ◉ ◉ "HELP, I NEED SOMEBODY... HELP"

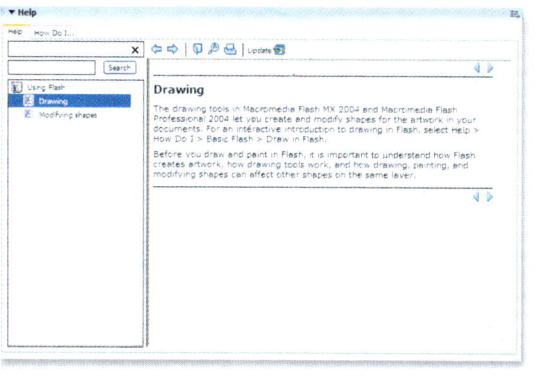

Se for um usuário de Flash há muito tempo, então você pode se lembrar de como era quando precisava atualizar os seus arquivos de ajuda. No passado, o sistema de ajuda do Flash consistia em uma série de páginas em HTML, e todo um conjunto de páginas atualizado era lançado, em certo ponto, para corrigir erros e acrescentar novas informações. Com o Flash MX 2004, o sistema de ajuda é integrado na interface de Flash e há até um limpo recurso de auto-atualização.

No painel Help (ajuda) clique o botão Update para fazer, automaticamente, o download de quaisquer mudanças ou acréscimos que a Macromedia possa ter feito ao sistema de ajuda.

◉ ◉ ◉ ÍCONES PARA TODOS

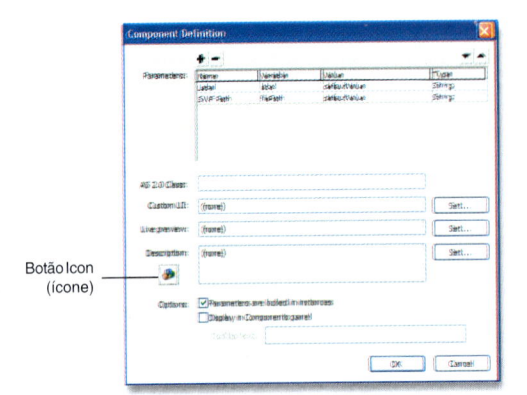

Botão Icon (ícone)

Alguns de vocês se aventuraram no corajoso mundo de criar os seus próprios componentes. A partir do Flash MX, os componentes nos deram uma poderosa maneira de fazer código reutilizável e que poderia ser personalizado. Você deve ter percebido que sempre que fazia um desses componentes, a única coisa que distinguia um do outro, na Library, era o nome. Eles sempre pareciam ter o mesmo aborrecido ícone (cubos de três cores).

Para acrescentar um pouco de sabor ao seu componente, clique-o com o botão direito na Library e escolha Component Definition (definição de componente). Na janela que aparece, clique o típico ícone de três cubos, que na verdade, é um botão. Isso lhe dará uma lista de drop-down de ícones disponíveis ao seu componente. Você ainda é um pouco limitado, mas pelo menos, eles não parecem mais os mesmos.

CAPÍTULO 8 – Dicas para componentes internos e elementos existentes | **139**

◉ ◉ ◉ COMPARTILHE E COMPARTILHE DO MESMO JEITO

Componente personalizado

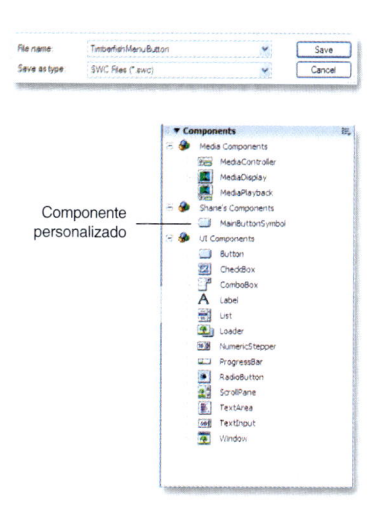

Se você for uma daquelas pessoas que adora criar seus próprios componentes e depois distribuí-los a amigos e colegas de trabalho, o Flash MX 2004 torna esse um processo realmente fácil.

Clique com o botão direito em seu componente, em sua Library, e escolha Export SWF File. Dê um nome ao seu arquivo e, depois, coloque o arquivo em sua pasta Configuration\Components. Para a localização exata dessa pasta em seu sistema operacional, veja a dica anterior "Bibliotecas comuns" neste capítulo. Agora, em frente ... Olhe para o menu de painéis no alto à direita e escolha Reload (recarregar). Você verá o seu próprio componente relacionado no painel Components (CTRL-F7), junto com todos aqueles simpáticos componentes internos que você tem visto todo esse tempo.

◉ ◉ ◉ SÓ OS QUE VOCÊ DESEJA

Conforme mencionado na dica "Compartilhe e compartilhe do mesmo jeito", é possível acrescentar facilmente os seus próprios componentes ao painel Components (CTRL-F7) e acessá-los à vontade, sem precisar carregá-los depois, manualmente. A parte boa sobre o painel Components é que ele relaciona todo e qualquer componente que esteja colocado em um diretório especial e até os organiza, com base em quaisquer pastas que você coloque naquele diretório. Vá para a pasta Configuration\Components. Para a localização exata dessa pasta em seu sistema operacional, olhe a dica "Bibliotecas comuns." Quando tiver encontrado a pasta Components, você verá três subpastas. Cada uma contém uma lista de arquivos SWF (componentes compilados). Se você souber que nunca usará alguns deles, poderá movê-los para uma outra pasta, para salvaguardar, de modo que eles não amontoem o seu painel.

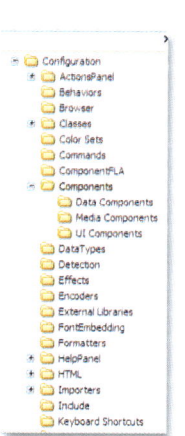

Claro que isso significa que é possível acrescentar quaisquer componentes que você tenha escolhido e até organizá-los em suas próprias pastas, o que será refletido no painel. Quando tiver terminado de fazer as mudanças, simplesmente vá para o menu de painéis do painel Components e escolha Reload. Isso atualizará o painel com as mudanças feitas. Adoro isso!

Não é sânscrito

Dicas para ActionScript

Quer ouvir uma história engraçada? Eu também não, assim, contarei esta. Quando encontrei ActionScript pela primeira vez, pensei que o sujeito tinha dito "Sanskrit" (sânscrito).

Não é sânscrito

Dicas para ActionScript

Sendo o profissional dedicado que sou (isso foi engraçado), eu me inscrevi em um curso intensivo de dois anos de egípcio, para aprender a antiga linguagem escrita de imagens. Voltei da minha longa viagem com a habilidade de decifrar hieróglifos da terceira dinastia egípcia. Senti-me preparado para assumir todo o mundo Flash. Descobri mais tarde, que o sujeito tinha dito "ActionScript". Algumas pessoas dizem que sou um idiota pelo meu erro, mas gosto de pensar sobre isso como uma má interpretação do idioma inglês. Além do mais, agora posso ler em um idioma de três mil anos atrás, o que é um ótimo tópico de conversação em grupos. Do pouco que sei atualmente sobre ActionScript, diria que este capítulo aborda muito das tarefas populares que podem ser usadas com ele. Se você for como eu e não souber muito sobre essa linguagem louca, creio que gostará deste capítulo e o que ele pode fazer para completar o seu conjunto de ferramentas. Lembre-se apenas de que ... não é sânscrito. Isso poupará uns dois anos a você.

⬤ ⬤ ⬤ CÓDIGO DE ARRASTAR-E-SOLTAR?

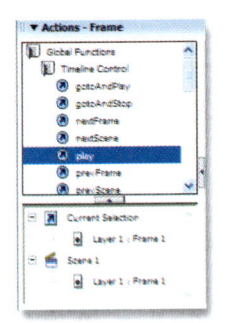

Quando o Flash 5 foi lançado, ActionScript recebeu a sua primeira principal transformação: a capacidade de aplicar scripts usando métodos de drop-down (deixar cair) e drag-and-drop (arrastar e soltar). Isso fez algumas pessoas muito felizes, enquanto outras ficaram apenas alucinadas. Por sorte, o painel Actions sempre teve o modo de configuração Normal para aqueles que não sabiam ou não queriam lidar com a digitação de seus códigos à mão. Para vocês, camaradas, há boas e más notícias. A má notícia é que não há mais o modo Normal em Flash MX 2004. A boa notícia é que você ainda pode arrastar e soltar código.

Abra o painel Actions e assegure-se de que a moldura esquerda do painel esteja expandida, para revelar uma lista de ações predefinidas. Agora, arraste a ação desejada sobre o painel de script. Também é possível clicar duas vezes a ação para conseguir o mesmo resultado. Se precisar de uma solução mais rápida, sempre é possível ir para o botão +, no alto à esquerda do painel Script do painel Actions, onde terá a mesma lista de ações em um menu de estilo. Assegure-se de ter o seu cursor no lugar em que deseja que o script apareça, ao acrescentar qualquer ação dessa maneira.

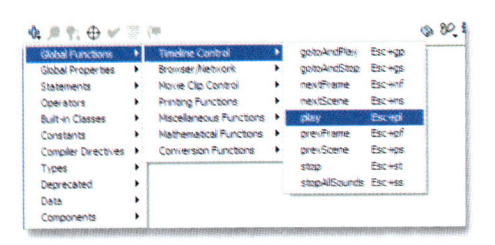

⬤ ⬤ ⬤ EXTERIORIZE ACTIONSCRIPT

Digamos que você tenha vários scripts longos que use em múltiplos documentos Flash. Atualizá-los pode ser confuso, pois é preciso abrir cada arquivo, localizar o script e fazer as alterações. Eis uma maneira de manter todos os seus scripts limpos em seus próprios documentos e, na verdade, nunca os colocar em Flash. Fazer isso permitirá que você crie a sua própria biblioteca de scripts, compartilhe-os como quiser e mude de lugar, quando necessário. Para fazer isso, copie e cole um script existente ou escreva um novo em um arquivo de texto e salve-o com uma extensão .as. Agora, você pode colocar a seguinte linha de código em uma moldura-chave em seu documento.

```
#include "yourfilenamehere.as"
```

Automaticamente, o Flash carregará o script do seu arquivo sempre que ele for publicado, testado ou exportado. E adivinhe? você também pode editar arquivos .as com o seu editor de texto preferido ou Dreamweaver MX 2004, o qual oferecerá destaque de sintaxe AS e dicas de código.

CAPÍTULO 9 – Dicas para ActionScript | **143**

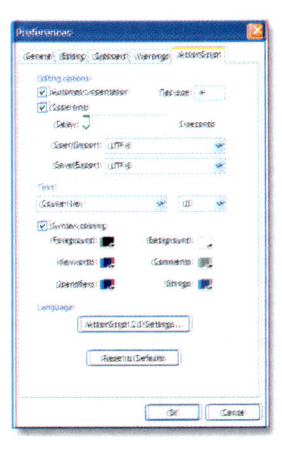

● ● ● ESTOU RECEBENDO NOVOS DESTAQUES

Se já tiver feito qualquer programação em outros ambientes, como Visual Studio.NET, você pode estar acostumado a um tipo específico de cor de destaque em seu código. ActionScript 2.0 vem com o seu destaque próprio, usando cores únicas do Flash, claro. Entretanto, é possível mudar facilmente essas cores de destaque, para combinar mais com outros ambientes aos quais você pode estar acostumado. Abra a sua janela Preferences, usando CTRL-U (ou Flash > Preferences, no Mac) e troque para a tab ActionScript. Em Syntax coloring (coloração de sintaxe) você será capaz de ajustar cores de destaque para seis partes diferentes do painel Actions. Por mim, eu não gosto de tais Identifiers (identificadores) e Keywords (palavras-chave) são da mesma cor por padrão, assim, normalmente mudo um ou dois para destaque. Ah, delicioso, apenas mais uma forma de personalizar totalmente o seu ambiente Flash.

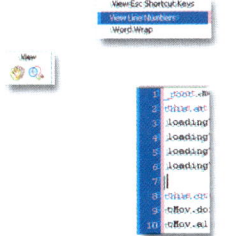

● ● ● QUE LINHA É ESSA?

Está certo, esta é mais uma para aquelas pessoas que escrevem com freqüência o seu próprio ActionScript ou têm longos scripts em seus documentos. Digamos que você publique o seu documento, só para receber alguma mensagem de erro vaga na janela Output (saída) referindo-se a um número de linha em seu script. Bom, ótimo, agora você tem que rolar para baixo usando a tecla de seta e olhar o pequeno texto, na parte de baixo do painel Actions, indicando qual é a linha. Não, é verdade! Vá para o menu View Options (ver opções), que se parece com uma pequena seta azul, na parte superior direita do painel Actions, e selecione View Line Numbers (ver linhas de números) a partir do drop-down. Ei, isso é muito melhor! Agora, tudo o que você tem a fazer é usar a barra de rolagem para descer até a linha que está dando problemas. Esse recurso pode se tornar útil se você estiver alardeando a seus amigos quantas linhas de código você escreveu. Espere, isto é mais do que bom, certo?

DICA, DICA ...

Ao usar a janela ActionScript, o Flash tem a complementação de suporte automático, o que significa que, à medida que você digite, uma lista de métodos e propriedades para códigos conhecidos aparecerá. Você já deve ter percebido que, ao digitar _root, automaticamente o Flash dá uma lista de ações que se aplicam a um clip de filme. A parte boa é que o Flash também fará isso para as suas próprias variáveis, que podem ser personalizadas. No entanto, porque o Flash não controla qual é o tipo de sua variável, você terá que nomeá-las de acordo, para um formato específico, de modo a usufruir da vantagem desta dica de sistema interno. O truque é colocar um sufixo no nome de sua variável, com um par de letras que indiquem ao Flash, a qual tipo de variável você está se referindo. Depois, o Flash apresentará uma lista de ações e métodos para aquele tipo de objeto, ainda que seja a sua própria variável e uma que seja interna no Flash. Alguns dos sufixos usados com mais freqüência estão relacionados abaixo. Nomeie as suas variáveis com estes sufixos e o Flash tornará a sua digitação de código mais fácil do que nunca, e tornará o seu código mais fácil para outros acompanharem e entenderem. Para uma lista completa de sufixos suportados, procure no sistema de ajuda do Flash por: "dicas de disparadores de código" e verá todos eles.

Tipo	Sufixo	Exemplo
Array (arranjo)	_array	myList_array
Button (botão)	_btn	myButton_btn
Color (cor)	_color	myColor_color
Date (data)	_date	myDate_date
Movie Clip (clip de filme)	_mc	myMovie_mc
Sound (som)	_sound	myMusic_sound
String (seqüência)	_str	myVar_str
Text Field (campo de texto)	_txt	myField_txt
XML	_xml	myData_xml

☻ ☻ ☻ SEM MAIS CLICAR O BOTÃO DIREITO (DO MOUSE)

Por padrão, clicar com o botão direito em qualquer filme Flash trará para a frente uma lista de opções para a pessoa que assiste . Ela pode dar um Zoom, imprimir e até controlar a exibição do seu filme. Em Flash MX, a única maneira de executar isso era ajustar um parâmetro especial em HTML, que continha o seu filme Flash, para incapacitar o menu de clicar com o botão direito.

Com o lançamento do Flash MX 2004, há um novo objeto AS, chamado ContextMenu, que lhe permite ter controle sobre aquele mesmo menu de clicar com o botão direito. Acrescente o seguinte código à sua primeira moldura-chave, em sua principal linha de tempo, publique o seu filme e clique-o com o botão direito para ver o que acontece.

```
var newMenu = new ContextMenu();
newMenu.hideBuiltInItens();
_root.menu = newMenu;
```

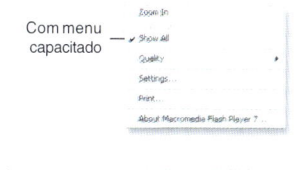

Com menu capacitado

Com menus capacitados

Você verá que todas as opções de clicar com o botão direito foram incapacitadas e que o usuário só receberá as opções Settings e About quando o menu aparecer. Essas duas opções restantes não podem ser ocultas, pois elas controlam as configurações de plug-in do usuário e dão informações sobre a versão.

☻ ☻ ☻ AGORA IGNORO VOCÊ

Lidar com XML em Flash nem sempre é a coisa mais fácil de fazer. Existem simplesmente muitas regras incríveis. Por um lado, se você estiver importando um arquivo XML em um objeto XML e o seu arquivo foi criado com tabs, espaços e caracteres de retorno nele (como a maioria), então, você poderá ter problema. O Flash tratará esses caracteres como espaços brancos . Você poderia simplesmente remover todos os espaços brancos e tornar o arquivo uma longa string, mas isso é difícil de ler. Ao invés, use apenas este código:

```
myData = new XML();
myData.ignoreWhite = true;
myData.load("myfile.xml");
```

Com o atributo ignoreWhite ajustado para true, o Flash simplesmente irá ignorar aqueles caracteres pestilentos e tratará todo o arquivo como se ele fosse uma longa string de texto. Acho que ignoreWhite deve se ajustar, por padrão, a true, mas isso é para mim.

● ● ● CHAMAR TODO JAVASCRIPT!

Inicialmente, você pode pensar que chamar uma função JavaScript a partir do Flash é difícil, mas realmente não é. O próprio JavaScript vai ser a parte mais difícil desta dica. Se você tiver uma função JavaScript definida na mesma página de HTML, onde o seu filme Flash está embutido, então tudo o que precisará fazer é colocar o seguinte código em seu documento.

Em um botão ou cópia de clip de filme:

```
on(release) {
    getURL("javascript:myFunction();");
}
```

Em uma moldura-chave (moldura de ação):

```
getURL("javascript:myFunction();");
```

Na realidade, é o mesmo conceito que direcionar uma página HTML, exceto que você coloca "javascript:" seguido pela função que está chamando, onde o URL deveria estar.

● ● ● CRIE E-MAIL

Uma dúvida muito comum que muitas pessoas têm com relação ao Flash é: "Como posso criar um e-mail usando Flash?". A verdade é que você não pode. Mas, o Flash pode fazer uma chamada HTML que abrirá uma nova mensagem de e-mail. Isso, supondo que o usuário tenha um cliente instalado em sua máquina.

Em um botão ou cópia de clip de filme:

```
on(release) {
    getURL("mailto:email@domainname.com");
}
```

Em uma moldura-chave (moldura de ação):

```
getURL("mailto:email@domainname.com");
```

Acrescentar a diretiva mailto:, automaticamente abrirá uma nova mensagem de e-mail na máquina do usuário. Se a pessoa não tiver um cliente de e-mail ou o cliente dela não estiver configurado corretamente, esse método pode falhar. Entretanto, esse é um método muito comum em HTML e, tipicamente, muito confiável.

LOOP PARA VOCÊ

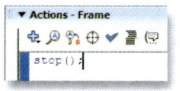

Tenho certeza de que você percebeu que, por padrão, a principal linha de tempo de seu filme Flash fará loop repetidamente, até que você faça algo para interrompê-la. A mesma coisa se aplica a qualquer linha de tempo do símbolo de clip de filme. Eu não sei quanto a você, mas eu quero que os meus clips sejam exibidos uma vez e parem. Se for como eu, e todas estes loops o deixarem tonto, então experimente isto. Vá para a linha de tempo que não quer que repita a loop. Crie uma nova camada e nomeie-a **actions**, se de fato ainda não tiver uma lá. Vá para a última moldura daquela linha de tempo e crie uma moldura-chave em sua camada de ações. Abra o painel Actions (F9) e selecione aquela última moldura-chave. Digite stop(); no painel Actions. Agora, quando essa linha de tempo for exibida novamente, ao chegar ao fim, encontrará a sua simples ação de parar e fará exatamente isso.

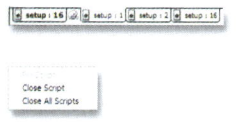

VOCÊ FOI ALFINETADO

Com freqüência, a grande maioria dos desenvolvedores acha o painel Actions do Flash um pouco limitado quando se trata de trabalhar com scripts completos. Muito mudou em MX 2004, a fim de facilitar as coisas para o desenvolvedor e, uma delas, é a capacidade de ver múltiplos scripts de uma vez.

Inicie vendo qualquer script no painel Actions. Abaixo do painel, clique o ícone de alfinete para fazer aquele script se ligar ao painel Actions. Agora você pode ir para qualquer outro lugar em seu documento, ver outros scripts e alfinetá-los também. Isso lhe dará rápido acesso a uma série de scripts através do seu documento, todos os quais estarão acessíveis com um clique de um tab. Para fechar um script alfinetado, ative-o e clique novamente o ícone de alfinete.

Se precisar fechar todos os scripts alfinetados de uma vez, você pode clicar com o botão direito em qualquer tab de script e escolher Close All Scripts (fechar todos os scripts). Não sei quanto a você, mas, quando encontrei isso, fiquei arrepiado pensando em quanto tempo perdi pulando de script em script para caçar cada um.

● ● ● IGNORE ESSE CÓDIGO

Existem determinados motivos pelos quais você deseja que o código (ActionScript) seja ignorado. Isso é referenciado nos círculos de programação como "comentar o código." Há duas maneiras de comentar o seu código em ActionScript. A primeira permite comentar uma única linha de código; é feita assim:

```
// Anything I type on this line will be ignored by Flash
(qualquer coisa que eu digitar nesta linha será ignorada por Flash)
```

A segunda maneira permite definir um ponto de partida (/*) e um ponto de término (*/) em seu código comentado e pode cobrir muitas linhas:

```
/* Nothing on any of these
lines will be compiled by
Flash's ActionScript engine so I can write
whatever I want. */
(nada nestas linhas será compilado pela máquina ActionScript de
Flash, portanto, posso escrever o que quiser)
```

Você pode usar qualquer método para incapacitar o código para teste, para acrescentar uma nota sobre o código ou apenas para salvar a sua lista de compras, e ele será ignorado. Por padrão, todo código comentado é sombreado em cinza.

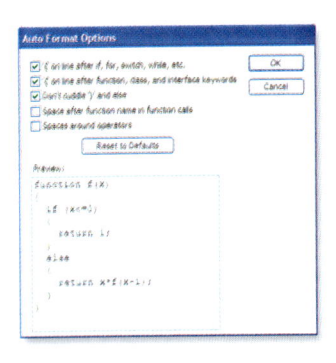

● ● ● AUTOFORMATAÇÃO

Menu Panel Options (painel de opções)

Atenção programador, esta é para você! Se estiver acostumado a trabalhar com Visual Studio, produtos Borland ou até software IBM, pode estar acostumado a formatar você mesmo o seu código, da maneira certa em que o digita. Trabalhar com o Flash pode ser um pouco diferente, e o código que você escreve pode parecer engraçado, pois ele simplesmente não é o mesmo. Não desista ainda. Abra o menu Actions Panel Options e escolha Auto Format Options (opções de autoformatação) da lista. Aqui, você será capaz de se ajustar com a maneira pela qual ActionScript é formatado, de modo que o código que você escreverá se pareça mais com o que está acostumado. Tipicamente eu mantenho as três primeiras opções marcadas porque estou acostumado a trabalhar em Visual Studio.NET. Você pode até ter uma pequena visualização de como o seu código se parecerá quando aceitar as opções de formatação.

● ● ● APRESENTE-O CERTO

Ainda que esta dica tenha muito a ver com JavaScript, é uma das perguntas mais freqüentes que recebo. "Como apresento uma nova janela em Flash sem borda, botões, menu, etc.?" Está certo, chamar funções JavaScript a partir do Flash foi discutido anteriormente, na dica: "Chamar todo JavaScript!", de modo que agora você montará um pouco sobre ela. Primeiro, acrescente o código para chamar JavaScript em algum lugar, usando este comando:

```
getURL("javascript:myPopup('http://www.mydomain.com');");
```

Depois, acrescente este código JavaScript entre as tags <head> </head> na página HTML que o filme Flash colocará.

```
<script language="JavaScript" type="text/JavaScript">
<!- -
function myPopup(url)
{
   window.open(url,"newWin","width500, height500");
}
//- ->
</script>
```

Você pode mudar os valores de largura e altura no JavaScript para qualquer valor de pixel que desejar para a nova janela. Se precisar de opções mais personalizadas para a nova janela, você poderá olhar no comando window.open em JavaScript, mas para o básico pop-up (janela instantânea) isto é simples e limpo. Também é possível colocar JavaScript na página e apenas chamar a função window.open no getURL em vez de chamar myPopup.

● ● ● BLOQUEIE A ROOT

Digamos que você tenha um filme chamado Main.fla, que carregue diversos filmes Flash (arquivos SWF), enquanto ele executa usando o comando loadMovie. Um desses arquivos é Footer.swf, e em Footer.swf você tem muito código que se refere a _root. Se executar Footer.swf sozinho, o código executará bem, pois _root refere-se à linha de tempo principal de Footer.swf. Entretanto, quando tiver carregado Footer.swf em Main.swf, _root indicará a linha de tempo de Main.swf.

Há muitos de vocês que tiveram de lidar com essa pequena peculiaridade de tempos em tempos. Com o Flash MX 2004 há uma nova variante booleana, chamada _lockroot, que corrige essa questão. Coloque o seguinte código na linha de tempo principal de Footer.fla

```
this._lockroot = true;
```

Agora, referenciar _root em Footer.swf, de fato, indicará a principal linha de tempo de Footer.swf, mesmo quando ele tiver sido carregado em um outro filme. Eu não sei quanto a você, mas esta é uma das minhas preferidas!

● ● ● SIMPLESMENTE NÃO ESTOU PRONTO

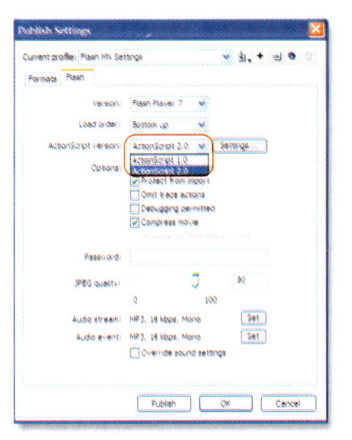

Muitas pessoas (especialmente não programadores) ainda estão tentando pegar, quando se trata de aprender ActionScript. Assim, tenho a certeza de que a maioria delas ficaram muito contentes em saber que ActionScript conseguiu uma importante atualização, para a versão 2.0.

Mas, não se preocupe. Se quiser passar para a nova versão lentamente no tempo, é uma decisão que você deve tomar. Abra o seu Publish Settings em qualquer documento Flash (CTRL-SHIFT-F12), vá para a tab Flash e verá a opção para publicar o seu filme usando o bom e velho AS 1.0.

Se decidir fazer isso por algum tempo, eu ainda recomendaria aprender como usar AS 2.0 com eficiência. Eventualmente, a versão 1 será abandonada e é apenas uma questão de tempo antes de todos estarem usando a versão 2, e você não quer ser diferente, quer? Você quer?!

● ● ● TEXTO QUE PODE SER ROLADO

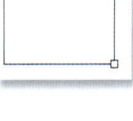

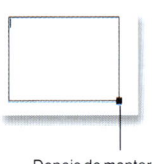

Vamos fazer um campo de texto que possa ser rolado dentro de um minuto, o que você diz? Primeiro, crie um campo de texto dinâmico, usando a ferramenta Text para clicar e arrastar um campo retangular. Agora, mantenha SHIFT pressionada, enquanto clica duas vezes a alça branca quadrada no campo de texto (isso ajusta rapidamente o campo para ser rolado – fazer isso novamente desativa a rolagem). Dê um nome à cópia do seu texto (estou usando scrollText). Agora, coloque quaisquer dois botões para representar as setas de rolagem para cima e para baixo. Selecione o botão para cima, vá para o painel Actions e coloque lá o seguinte código :

Depois de manter SHIFT pressionada e clicar duas vezes a alça para fazer com que possa ser rolado

```
on(release)
{
        scrollText.scroll -= 1;
}
```

Faça o mesmo com o botão para baixo, mas mude -= para +=. Verdade, parecia que ia ser o contrário, mas += moverá o texto para cima, o que faz o texto parecer que está rolando para baixo. Agora, entre apenas com muito texto no campo, e está terminado. Você também pode ajustar dinamicamente o texto, usando ActionScript, se quiser. Uma pequena ferramenta, rápida, suja e adorável de acrescentar ao seu cinto de utilidades.

EIS UMA SUGESTÃO

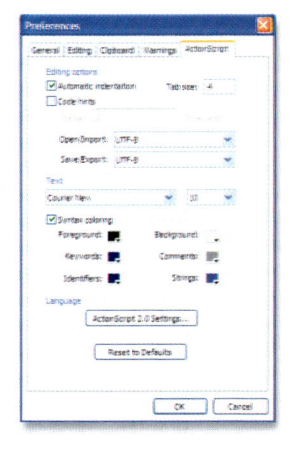

Code Hints (sugestões de código) é uma ferramenta útil quando você está escrevendo ActionScript. É muito difícil lembrar os nomes certos de todas as propriedades e métodos de cada código de objeto na linguagem. No entanto, se sugestões automáticas o aborrecem às vezes, ou se preferir simplesmente chamá-las quando precisar, então, desative-as.

No painel Preferences (CTRL-U) sob a tab ActionScript, desfaça a seleção da opção Code Hints. Você ainda pode chamar essas sugestões quando precisar delas, pressionando o botão Show Code Hint (exibir sugestão de código) [CTRL -barra de espaço] no painel Actions, para exibi-las manualmente. Elas não vão insultá-lo, antecipando que você precisa de ajuda sempre que colocar um "." em seu Actions.

LOADMOVIE NÃO CARREGA UM JPEG

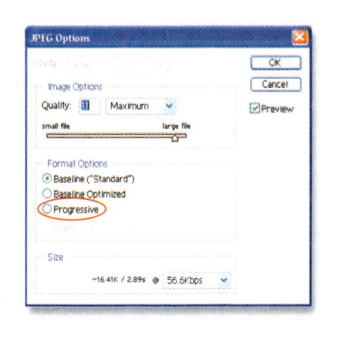

Se você migrou para o mundo mais avançado do desenvolvimento Flash, então sem dúvida, está tentado a carregar uma imagem JPEG em seu SWF usando o comando loadMovie. Quando eles introduziram essa capacidade, eu fiquei emocionado. Nada mais de converter SWFs! Mas, você pode ter algum problema com determinadas JPEGs que não carregam . Quer saber por quê? É possível que a imagem em questão esteja ajustada para ser progressiva. Uma JPEG progressiva é uma que pode ser vista em um browser enquanto carrega. O problema é que o player do Flash não tem um compactador para JPEGs progressivas, como faz o programa de criação do Flash. É uma boa idéia testar constantemente os seus filmes, para ter certeza de que as suas imagens estejam carregando conforme o esperado. Se encontrar uma que não estiver carregando, é bem possível que esse seja o motivo. Converta a imagem para uma JPEG não progressiva e estará tudo certo.

● ● ● SUBITAMENTE SENSÍVEL

Você deve ter notado que muito do seu código ActionScript começou a quebrar quando colocado em Flash MX 2004. Há muitas mudanças que foram feitas e, se você quiser converter o seu código para o novo formato AS 2.0, dará algum trabalho. Uma grande mudança é o fato de que os identificadores de AS 2.0 (cópias de nomes, variáveis) agora têm estilo de letra. Isso significa que, antes você podia usar myVar e MyVar intercambialmente em versões anteriores do Flash, agora eles são tratados s como identificadores totalmente diferentes.

Isso requer que você se acostume, mas acredite-me, dessa maneira é muito melhor. Eu recomendaria sempre prestar atenção ao estilo do texto ao fazer qualquer script ou programação, seja por exigências de linguagem ou não. Eu sempre disse que, um dia, eles tornariam ActionScript com estilo de letra, mas as pessoas ouviram? Bem, na verdade, sim, muitas delas, então, não se preocupe.

● ● ● TENHO UM COMENTÁRIO

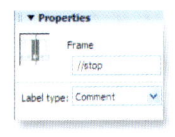

É uma prática comum colocar comentários através do seu ActionScript para controlar as mudanças, ou fazer anotações sobre o código, mas quem já ouviu falar de colocar um comentário em uma moldura na linha de tempo? Acredite em mim, é útil. Por exemplo, digamos que você tenha uma simples ação de parar em sua linha de tempo, mas está sempre esquecendo quais ações estão naquela moldura, pois tudo o que vê é um pequeno "a" acima da moldura-chave. Em vez de selecionar continuamente a moldura para ver o que está lá, você pode acrescentar um comentário para lembrar.

Selecione qualquer moldura-chave, busque pelo inspetor Property e digite um comentário ("stop" [parar], nesse caso), no campo Frame Label (etiqueta de moldura). Agra, mude o tipo de etiqueta para Comment (comentar; comentário). O Flash irá ignorar o comentário, mas você será facilmente lembrado de qual tipo de código colocou lá. Esses comentários podem ser usados por uma série de motivos, desde que você use-os. Eles ajudam aos outros entender o que está acontecendo em sua linha de tempo e, fazer isso, os força a convidá-lo para jantar depois do trabalho. Eu juro.

O mesmo efeito pode ser conseguido um pouco mais depressa, simplesmente criando uma etiqueta de moldura e colocando "//" na frente do nome que você deu .

● ● ● NÃO IMPRIMIR

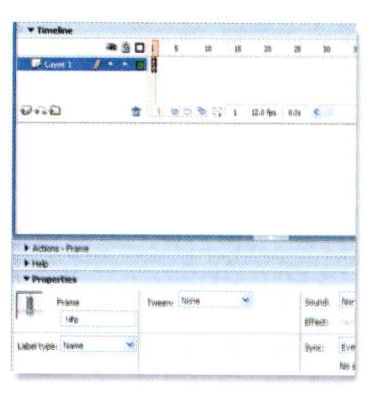

Sempre que alguém assiste ao seu filme em um browser, pode apenas clicar com o botão direito em qualquer parte do filme e conseguir algumas opções. Uma dessas opções permite que imprimam todas as molduras de sua linha de tempo principal com um único clique. Com freqüência, isso não é algo que você deseje que façam, especialmente se estiver tentando proteger qualquer conteúdo visual.

Para evitar isso, crie uma etiqueta na primeira moldura de sua principal linha de tempo com o nome !#p, conforme mostrado. Isso evitará que qualquer pessoa imprima a sua linha de tempo sem ter todo o trabalho de incapacitar os itens do menu. Aqueles de vocês que são grandes em copiar proteção devem, realmente, apreciar esta dica.

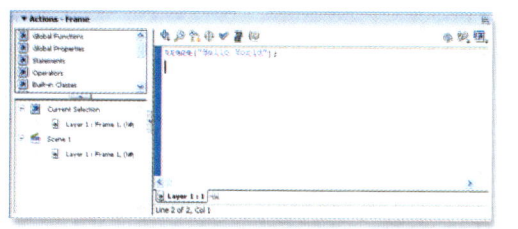

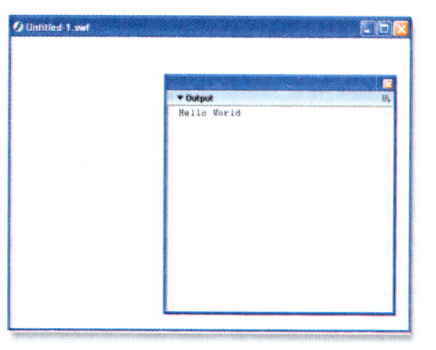

● ● ● RASTREIE UMA AÇÃO

Muitas vezes me vejo em uma situação na qual o meu script não funciona. Eu o examino, só para não encontrar qualquer problema. Pelo menos é o que parece. O problema é que quando você é o único a olhar para o seu trabalho por horas a fio, pode ser difícil identificar problemas. Geralmente, descubro que fiz algo realmente idiota, como errar na ortografia de um nome de variável.

Uma das coisas que pode ajudá-lo rapidamente a identificar onde está o problema é a ação trace (rastrear). Acrescente-a em qualquer lugar do seu script, assim:

```
trace("Hello World");
```

Agora, teste o seu filme usando CTRL-ENTER (ou CMD-ENTER) e verá uma nova janela Output aparecer com as palavras Hello World. Basicamente, qualquer coisa que você colocar entre os parênteses de uma ação trace será impresso na janela Output, seja uma variável ou um valor de string, como usamos anteriormente. Isso pode ser muito útil para dar-lhe algum retorno imediato, ou saída, a fim de testar os seus scripts.

A MELHOR MANEIRA DE OCULTAR O MENU DE USUÁRIO

Uma coisa muito popular que os desenvolvedores fazem é incapacitar o menu mostrado aos usuários, quando eles clicam com o botão direito em qualquer conteúdo Flash que apareça no browser deles. Já discutimos a nova maneira de conseguir isso no Flash MX 2004, mas a maneira clássica ainda é a melhor.

No código da página HTML na qual o seu filme Flash é embutido, você verá uma tag <object> e uma tag <embed>. Essas duas tags trabalham juntas, de modo que o Flash exibirá adequadamente em browsers IE (Internet Explorer) e não IE, da mesma forma. Para ocultar as opções do menu ao clicar com o botão direito em um filme, acrescente a seguinte tag de parâmetro à tag object da página HTML:

```
<param name="menu" value="false">
```

Agora, acrescente o parâmetro menu à tag embutida, em qualquer lugar na lista de parâmetros que já estão lá.

```
menu="false"
```

Com certeza, o novo player Flash lhe permite fazer isso usando ActionScript, mas o método acima funcionará também em muitas versões de player Flash mais antigas. Portanto, se você ainda estiver publicando um conteúdo do Flash 6, ainda é possível dançar um pouco feliz. Bem, você pode fazer isso, de qualquer maneira.

COMO SER LOCAL

Eu observei que muitas pessoas têm o desejo de carregar um SWF ou outro arquivo em seus filmes Flash a partir de um drive local. Talvez eles queiram vincular um arquivo que eles sabem que estará no disco rígido do usuário, ou ainda carregar uma imagem com loadMovie que sabem, estará em um drive local. Há uma maneira certa e uma errada de ver isso. Eu não vejo sentido em lhe contar a maneira errada, portanto, dê apenas uma olhada na maneira certa, a seguir.

Em qualquer ocasião que se referir a um arquivo em uma máquina local e souber o seu caminho absoluto (localização), assegure-se de colocar isso na frente do caminho para o arquivo. Pense nele como http://, mas destinado ao computador local.

```
file://
```

Este código refere-se ao computador que está executando o filme Flash. Assim, abrir uma imagem chamada alwaysthere.jpg no drive C deve se parecer com isto:

```
_root.loadMovie("file://c/alwaysthere.jpg");
```

● ● ● BOTÃO DE ACTIONS FUNCIONAVA ANTIGAMENTE, E AGORA?

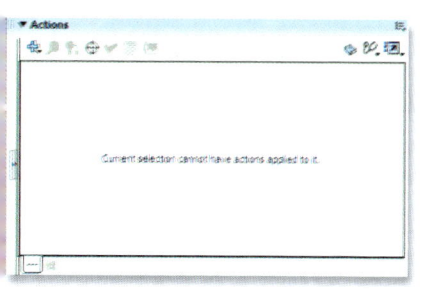

No passado, com freqüência os designers colocavam moldura de ações em uma linha de tempo de botões. Ainda que esse método funcionasse, certamente ele não era recomendado. Não se sinta mal se fazia (ou faz) isso, pois eu mesmo já fiz, há muito tempo . Se estiver fazendo isso agora, pare, porque o Flash MX 2004 não permite mais isso. Na verdade, se você selecionar uma moldura em uma linha de tempo de botão e depois for para o painel Actions, encontrará uma mensagem ao invés de um lugar para colocar uma ação. O lugar adequado para colocar um botão de ação é na própria cópia. Selecione uma cópia de botão e coloque lá as suas ações. Você não detesta quando eles começam a forçar regras que nunca forçaram antes?

Vamos ficar por dentro

Como mover o filme Flash

Olha, até agora eu os levei através de tudo. Todas as outras introduções e a maioria das minhas dicas foram envolvidas em piadas inteligentes e anedotas de muito humor.

Vamos ficar por dentro

Dicas para colocar o filme Flash em seu site

Eu não tenho a intenção de fazê-lo passar novamente por isso. Ao contrário, deixe-me dar uma rápida visão geral do pós-guerra no Iraque. Oops, lá vou eu de novo. Está bem, o capítulo ... Este capítulo final é cheio de dicas, que acredito, serem as mais valiosas de todas. Podem ser as que realmente diferenciam os homens dos meninos na comunidade do design Flash. Todos podem ser capazes de fazer filmes Flash, mas só alguns de nós podemos fazer isso certo e tornar as animações o mais eficientes possível. Depois de ler este capítulo e gravar cada palavra na memória, você estará no caminho para se elevar ao mais alto escalão de designer. Parabéns por sua nova promoção, e principalmente, dê um tapinha nas próprias costas por encontrar este livro. Oh, obrigado por sua contribuição para a minha constante, e bem cara, psicoterapia.

● ● ● DESEMPENHO PREVISTO

Você pode desenvolver a maioria dos seus filmes Flash para usuários com 56K, mesmo estando em uma conexão DSL (Digital Subscriber Line – assinante de linha digital) ou outra de alta velocidade. Isso dificulta testar os seus filmes para conexões mais lentas. Para testar o desempenho do seu filme em várias situações, teste-o usando CTRL-ENTER e depois selecione Bandwidth Profiler (perfilador de largura de banda) a partir do menu View. Você verá um gráfico exibindo a quantidade de dados que é enviada a cada moldura do seu filme, de acordo com as diversas velocidades de modem que você especificar. Se ajustar a velocidade de modem em Download Settings (configurações de download) no menu View para 56K, você será capaz de obter informações simulando um usuário em um modem de 56K.

Cada barra do gráfico representa uma moldura do seu filme. Se qualquer moldura ultrapassar a linha vermelha, você sabe que o usuário terá de esperar aquela moldura carregar. É possível mudar a velocidade de Download Setting para testar diferentes conexões e ver se o seu filme precisa de otimização. Essa é uma ferramenta muito útil quando você está otimizando o seu filme para conexões de velocidade lenta.

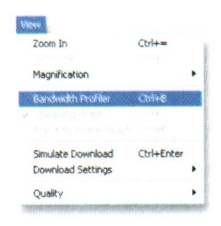

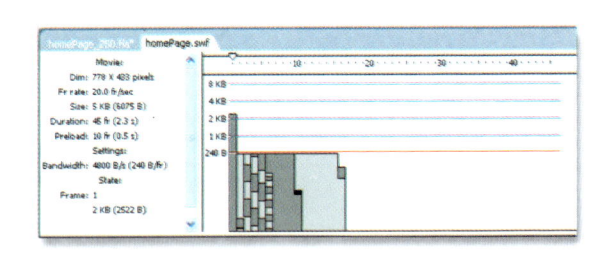

● ● ● CONTORNOS BANIDOS

Na maioria dos casos quando você embute as suas fontes, conforme mencionado anteriormente, terá que embutir todos os caracteres possíveis para aquela fonte, só para o caso de vir a precisar usá-las todas. No entanto, se tiver certeza de que só vai precisar de determinados caracteres, então é possível reduzir significativamente o tamanho do seu arquivo, incluindo apenas o que necessite. Digamos que você tenha um campo dinâmico que só exibirá números. Não há necessidade de embutir contornos de cada letra no alfabeto, assim, não o faça. Selecione o campo de texto, traga novamente para a frente Character Options e, dessa vez, selecione apenas o conjunto Numerals (numerais) da lista. Fazer isso através do seu filme pode ser uma ótima forma de reduzir o tamanho do arquivo. Lembre-se de que você tem dois campos de texto (Dynamic ou Input) da mesma fonte e só um tem Numeric incluído, enquanto que o outro tem todos os contornos, e você não poupa qualquer espaço. Se eles estiverem incluídos em um campo, então, estão em seu arquivo SWF final, dessa forma, só faça isso quando de fato, puder fazer diferença.

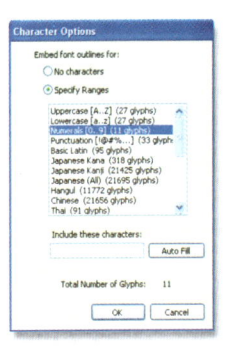

CAPÍTULO 10 – Dicas para colocar o filme Flash em seu site | **159**

◉ ◉ ◉ SWFS TRANSPARENTES?

Em geral, o mundo dos fundos transparentes só é reservado a imagens GIF em páginas HTML. Entretanto, o Flash tem um recurso, raramente usado, que também permitirá aos seus filmes ter um fundo transparente.

Vá para Publish Settings (CTRL-SHIFT-F12) e na tab HTML, mude o Window Mode para Transparent Windowless (sem janela transparente). Publique o seu documento e faça algumas mudanças na página HTML publicada, para que a sua imagem tenha um fundo ou alguma outra coisa que será diferente do fundo padronizado.

Se tiver Flash em uma página HTML existente, acrescente o seguinte parâmetro à tag OBJECT:

```
<param name=" wmode" value=" transparent">
```
Acrescente o seguinte parâmetro à tag EMBED:
```
     wmode=" transparent"
```

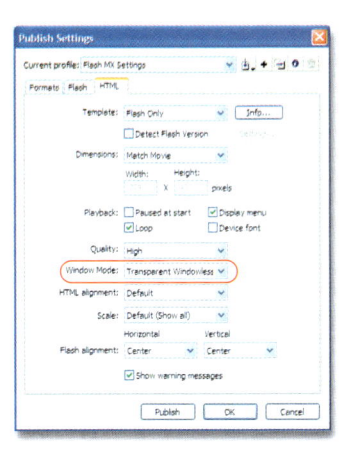

A Macromedia Flash Player versão 6.0, 65.0 (Windows) ou 6.0,67.0 (Macintosh) ou superior e um browser compatível são necessários para esse recurso funcionar. Você deve verificar em www.macromedia.com para uma lista atualizada de browsers compatíveis, pois a lista mudará no futuro. Apesar de restrições menores, esta dica pode fazer alguma sobreposição bem interessante de conteúdo HTML e Flash.

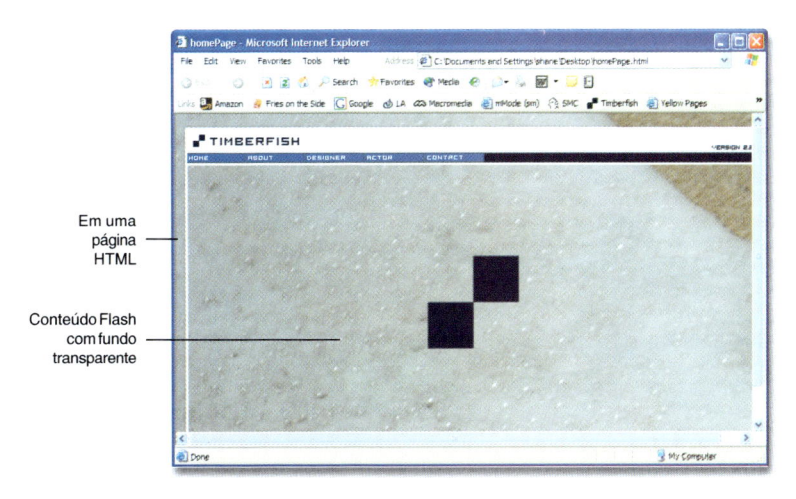

● ● ● A WEB SEGURA MUDOU

Paleta de 216 cores segura de Web padronizada de Flash

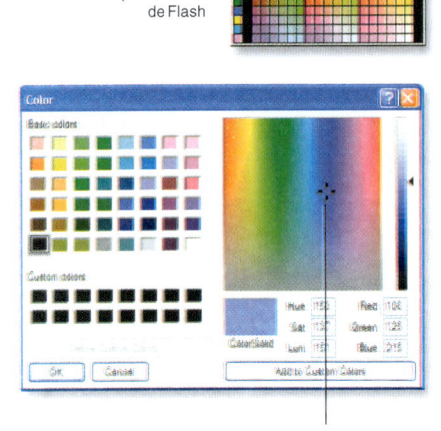

Use o botão Custom Color (personalizar cor) para fazer a sua própria cor personalizada

Uma das dádivas do web design é que você só precisa usar o que está na paleta de 216 cores de Web segura. Apenas há alguns anos, a maioria dos computadores tinham placas de vídeo básicas que só suportavam 8 bits de cor (256 cores). Depois, foi descoberto que, para garantir que todos os designs aparecessem da mesma forma em Netscape, IE, Macs e PCs, as pessoas tinham que usar um conjunto básico de cores comuns, que funcionava para todos. Essas cores são as 216 cores que se tornaram conhecidas como "web safe" (web segura). Se você usar essas cores, os seus designs serão vistos da mesma maneira por todos na Net. O problema é que essas cores absorvem, e a maioria (94%) dos monitores de hoje é ajustada para exibir milhões de cores. Portanto, a minha recomendação é que você abra sua mente e esqueça da regra padrão de 216. O Flash se apega a essa paleta, ajustando-a como o padrão. Não tenha receio de criar as suas próprias cores personalizadas.

● ● ● COMO REDIMENSIONAR DE ACORDO

Sempre que estiver indeciso a respeito de qual tamanho fazer o seu filme Flash, você pode criar primeiro todo o seu trabalho de arte e depois apará-lo. Infelizmente, aparar em Flash não é tão fácil quanto em Photoshop ou Fireworks, assim, é preciso lembrar uma coisa. Tente manter o seu conteúdo no canto superior esquerdo da área de trabalho, pois sempre que você redimensionar o seu documento, ele simplesmente se cortará ou aumentará nas bordas de baixo e à direita da área de trabalho.

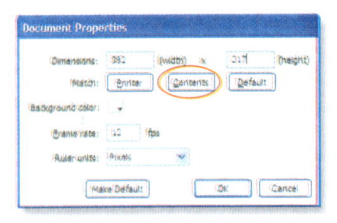

Agora, a parte limpa do processo é que, quando terminar seu trabalho, você pode abrir Document Properties (CTRL-J ou CMD-J) e pressionar o botão Contents (conteúdo). Automaticamente, isso redimensionará seus documentos para combinar com o que você tem na área de trabalho, deixando uma pequena margem, para qualquer caso. Talvez aparar se torne mais fácil um dia, mas por ora, é Match Contents (combinar conteúdo).

⬤ ⬤ ⬤ TAMANHOS DE DOCUMENTO

Quando você cria um novo documento Flash, o tamanho do filme é sempre ajustado para um tamanho padronizado de 550¥400 pixels. Pode parecer um tamanho arbitrário, mas na verdade, faz sentido. A maior parte das telas costumava ter o tamanho de 640¥460 e se você estiver vendo Flash em um browser, muitos pixels são tirados pela própria janela do browser. Ajuste o filme para 540¥400 para ter a certeza de que todos podem visualizar todo o seu filme. Agora, o tamanho de tela mais comum é de 800¥600, que em breve será substituído por um tamanho ainda maior. Portanto, perguntar - "De qual tamanho devo fazer o meu filme?"- é uma boa pergunta. A resposta é que não há uma única resposta. Você poderá primeiro fazer a si mesmo as seguintes perguntas: "O que será o meu filme? Um botão, uma barra de ferramentas, um site inteiro e assim por diante..." e "Quais tipos de tela terão os usuários comuns do meu filme?"

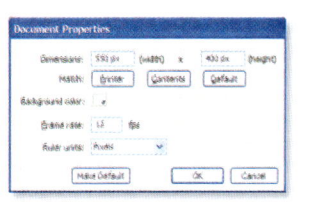

Quando souber isso, será possível resolver quais as melhores dimensões para o seu filme. Assegure-se de sempre montar filmes para o denominador menos comum do seu público-alvo. Isso garante que todos estarão incluídos. Também pode ser difícil redimensionar um documento depois do trabalho terminado, assim, perca algum tempo e escolha o tamanho cuidadosamente.

⬤ ⬤ ⬤ EXECUÇÃO TRAVADA NO MAC

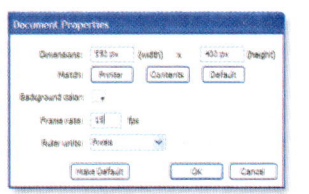

Por qualquer que seja o motivo, os filmes Flash sempre rodaram, significativamente, mais lentos em Mac do que em Windows. Eu ouvi todos os tipos de explicações, mas, na verdade, não interessa o motivo. O fato é que o mesmo SWF será exibido mais lentamente em um Mac. Dito isso, o player do Flash 7 faz um trabalho muito melhor de trazer ambas as plataformas para uma velocidade mais igual do que o player anterior.

Então, o que você pode fazer sobre isso? Infelizmente, não muito. Eu recomendaria configurar todos os seus filmes para serem exibidos em 15fps (frames per second – molduras por segundo). Isso garantirá que, em um Mac, você conseguirá pelo menos 12fps. Os resultados são imprevisíveis demais, portanto, eu também sugiro testar cada filme que você pretenda publicar em um Mac antes de, realmente, iniciá-lo. Essa é, de fato, a única forma de ter certeza. Pelo menos a Macromedia reconhece a diferença de velocidade. Isso não o faz se sentir melhor? É ... nem eu.

● ● ● ● A LUMINOSIDADE ENFRAQUECE DEMAIS

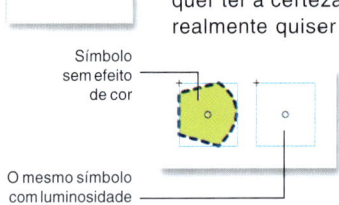

Símbolo sem efeito de cor

O mesmo símbolo com luminosidade ajustada a 100%

Otimizar o seu filme final é uma parte muito importante do processo. Afinal, você quer ter a certeza de que todos visualizarão o seu conteúdo sem problemas. Se realmente quiser cuidar de pequenos detalhes e refinar o desempenho, experimente isso para o tamanho.

Normalmente, criar um efeito de enfraquecimento (desbotamento; clareamento) exigiria que você ajustasse o efeito Alpha em uma das cópias. No entanto, é possível ajustar o efeito Brightness (no inspetor Property) para conseguir o mesmo objetivo. Configurar a luminosidade para 100 tornará a cópia completamente branca, ao passo que configurá-la para –100 vai torná-la preta. Se você tiver um fundo branco ou preto em seu filme, pode parecer como se o símbolo tivesse desaparecido. A vantagem é que o efeito de luminosidade é um processador muito menos intenso do que Alpha. Se você fizer essa mudança em diversos desbotamentos, realmente poderá apressar as coisas, especialmente se tiver vários desbotamentos complexos. Isso não pode ser aplicado o tempo todo, mas experimente e veja se funciona para o que está fazendo. Fale sobre o seu refinamento!

● ● ● FLASH É PARA A WEB, CERTO?

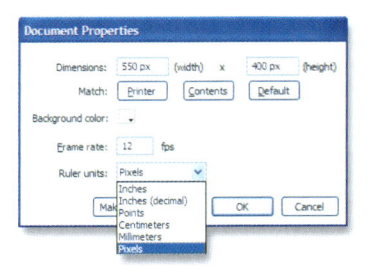

Não mais. Com cada lançamento de Flash, a Macromedia oferece mais e mais às pessoas que pretendem usar o Flash para apresentações, vídeo e impressão. O Flash 2004 não é diferente. Na verdade, alguns podem dizer que esse lançamento é o mais agressivo, enquanto aglutina todos esses objetivos. Abra as propriedades do seu documento (CTRL-J) e, abaixo, verá um novo drop-down que relaciona unidades diferentes de régua. O padrão é pixels, mas é possível mudar, facilmente, para polegadas, o que faz mais sentido ao publicar materiais impressos.

Se estiver acostumado a Illustrator, Photoshop ou Fireworks (para citar alguns), isso não parecerá tão impressionante. Entretanto, no Flash, essa é uma opção útil e há muito esperada, que permite aos designers trabalhar com outras mídias, não apenas a Web.

● ● ● POR QUE O MEU ARQUIVO É TÃO GRANDE?

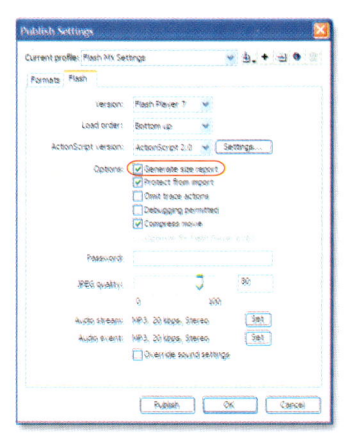

Você já publicou o seu filme final e quase desmaiou de tão grande que o seu arquivo SWF ficou? Como um projeto tão simples acabou com um arquivo tão grande? A boa notícia é que existe uma maneira de descobrir exatamente isso.

Em Publish Settings (CTRL-SHIFT-F12 ou OPT-SHIFT-F12 no Mac) do seu documento, vá para a tab de Flash. Coloque uma marca próxima à caixa de diálogo que diz "Generate Size Report" (gerar relatório de tamanho) e publique o seu filme. A janela Output abrirá e mostrará uma execução detalhada de com quantos bytes cada conteúdo em seu filme contribui para o tamanho geral. Você também encontrará um novo arquivo de texto no diretório onde o seu SWF é publicado, com as mesmas informações armazenadas lá.

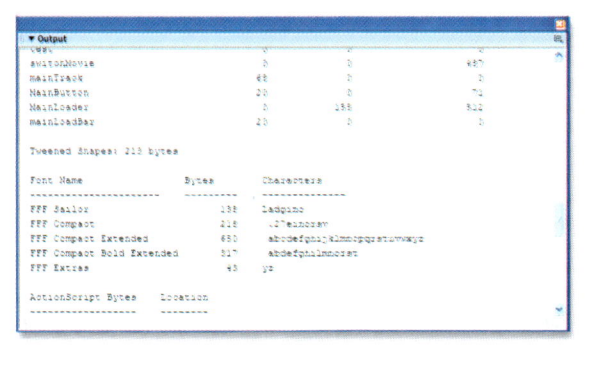

Agora eu direi que, na maioria das vezes, quando gero essas coisas, descubro que uma fonte é a culpada. Qualquer que seja o sujeito mau, com certeza você o encontrará desta forma.

⬤ ⬤ ⬤ AH, TAXAS DE MOLDURA

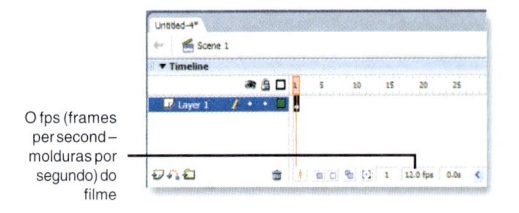

O fps (frames per second – molduras por segundo) do filme

Escolher a taxa certa de moldura para um filme Flash pode ser uma proposta ardilosa. Há muito a considerar. Mas, se você quiser uma resposta universal, vá com 12 (o padrão Flash). Vai funcionar em praticamente qualquer situação. Se você quiser uma resposta melhor do que esta, precisará escolher uma taxa melhor para o seu público. Também depende de qual tipo de conteúdo você está publicando. Por exemplo, se estiver publicando para um arquivo de vídeo QuickTime, para uso em produção de vídeo, irá ajustar a sua taxa de moldura para 30fps. Eis algumas das minhas recomendações:

Conteúdo	Público	FPS
Animação básica	Usuário da Web de baixa finalidade	12
Animação básica/interatividade	Usuário mediado da Web	15
Script temporizado/ animação básica	Usuário da Web de alta finalidade	20
Transmissão de vídeo	Editor de vídeo	24/30

Claro que estas são apenas recomendações. Você deve determinar a sua taxa ideal de moldura, testando o seu conteúdo, quanto ao seu público. Se tudo o mais falhar, volte para 12.

● ● ● MELHOR SALVAR DO QUE SE ARREPENDER

Eu sei que é um velho clichê, mas, como você acha que os clichês chegaram a serem clichês? Deixe-me contar uma história que me aconteceu no início das minhas experiências em Flash. Eu estava trabalhando em um projeto (um arquivo) e salvei repetidamente, por horas, por um tempo. Demorei semanas para terminar o projeto e salvava constantemente o meu trabalho, por segurança. Uma manhã, abri o meu arquivo e recebi uma resposta de erro: "Formato de arquivo não reconhecido". Tentei novamente. Tentei reinstalar o Flash. Reinicializei. Tentei um outro computador. Nada. Por algum motivo, o arquivo tinha sido corrompido. O meu trabalho foi perdido para sempre. Eis o que recomendo. À medida que trabalhar, faça backups constantes, salvando como um novo arquivo, sempre que fizer mudanças importantes. Mantenha-os organizados, usando um sistema de número, como isto: "MyProject_100.fla," "MyProject_101.fla," e assim por diante. É como colocar um número de versão ao final de cada nome de arquivo. Se alguma coisa sair errado, você sempre terá um backup recente onde procurar. Acredite-me nesta.

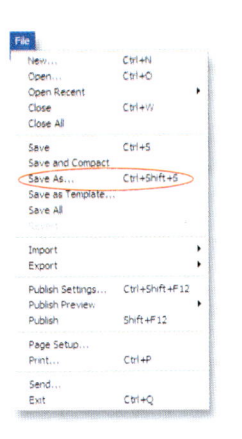

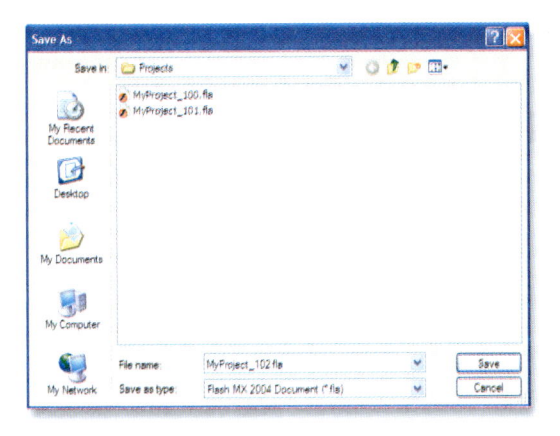

☯ ☯ ☯ PREVISÃO DO FLASH

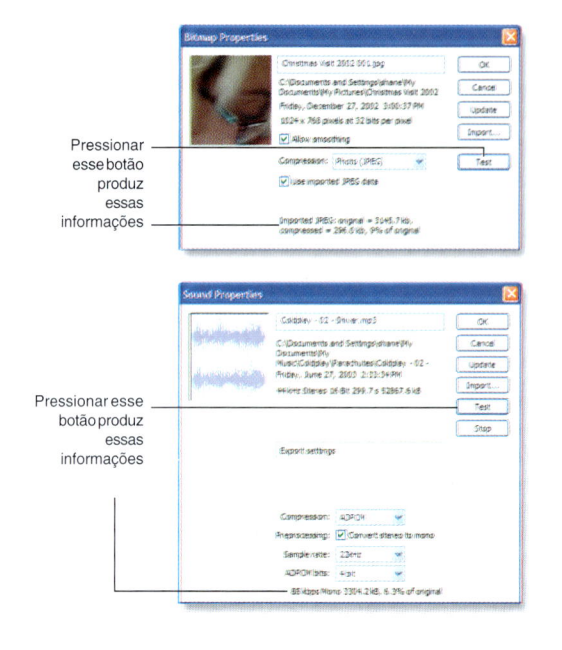

Pressionar esse botão produz essas informações

Pressionar esse botão produz essas informações

Com freqüência, quando trabalhamos com sons e imagens, não estamos muito certos sobre o quanto eles acrescentarão ao nosso tamanho de arquivo final. Isso se aplica especialmente se estivermos recompactando, usando configurações de Flash. Bem, isso não precisa ser um mistério.

Clique duas vezes em qualquer imagem ou som em sua Library e, na janela Properties, você verá um botão Test. Se o pressionar, receberá informações, sob as configurações de compactação, quanto ao tamanho do conteúdo em questão. Depois, é possível mudar as configurações e testar novamente, para ver os efeitos. Você não só recebe esse mini- relatório sobre o tamanho do arquivo, como também uma visualização da saída. Se estiver testando um som, ele será executado e, se estiver testando uma imagem, você receberá uma minivisualização no canto superior esquerdo da janela. Use esta dica para ajudar a determinar as melhores configurações individuais a fim de equilibrar qualidade e tamanho do arquivo.

⚫ ⚫ ⚫ EU TENHO QUALIDADES INDIVIDUAIS

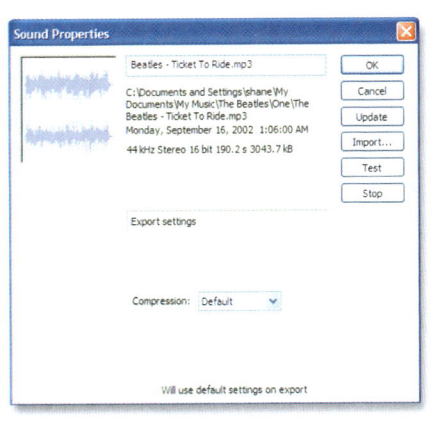

Ter múltiplas imagens e sons em seu documento não é incomum. Geralmente, todos esses bens importados têm configurações de compactação padronizada pelo Flash, aplicados a eles. Isso é ótimo se você quiser que tudo pareça e soe igual. Digamos que você tenha dez curtos sons de rolar e uma trilha de música em seu documento. É mais importante que a música execute em boa qualidade, do que os sons do rolar o mouse por cima, que são ouvidos apenas por um breve momento.

Como cada conteúdo tem um objetivo individual, faz sentido que cada um também tenha as suas próprias configurações. Se clicar duas vezes em qualquer imagem ou som na Library, você terá configurações individuais de compactação. Dependendo do tipo de arquivo importado, o padrão pode ser diferente. Independentemente, é possível alterá-las em uma base individual e dar um sentido de individualidade. É muito ruim que determinadas pessoas que conheço não tenham essas configurações. Mas , pode ser que tenham. Preciso verificar.

⚫ ⚫ ⚫ POBRE EM RECURSOS

Não tem o mais recente hardware de computador disponível? Precisa rodar um programa de cada vez para que a coisa não se arraste? Não se preocupe, você pode ser capaz de conseguir que o Flash execute um pouco mais depressa, se limpar a History dele de vez em quando. Isso é especialmente útil se você estiver trabalhado por algum tempo em vários arquivos diferentes, o que resulta em várias histórias existindo na memória. Limpe rapidamente a história de um documento, abrindo o painel (ALT-F10 ou OPT-F10 em Mac) e indo para o menu do painel (canto superior direito) para escolher Clear History (limpar história). É como limpar o cache (área de armazenagem temporária) do seu browser, exceto que tudo nessas histórias está na memória em vez de estar no seu disco, assim, pode torná-lo um pouco lento. Com sorte as coisas serão um pouco mais rápidas depois disso. Caso contrário, você pode precisar economizar para um sistema mais novo.

● ● ● BITMAPS PARTIDOS

Você já importou bitmaps, colocou em sua área de trabalho e encontrou algum problema ou defeito visual estranho? Há ocasiões em que um bitmap faz alguma coisa imprevisível. Isso se deve à maneira pela qual você está colocando o bitmap na área de trabalho. É possível colocar uma imagem na área de trabalho arrastando o símbolo de bitmap da Library, mas é melhor fazer isso desta maneira :

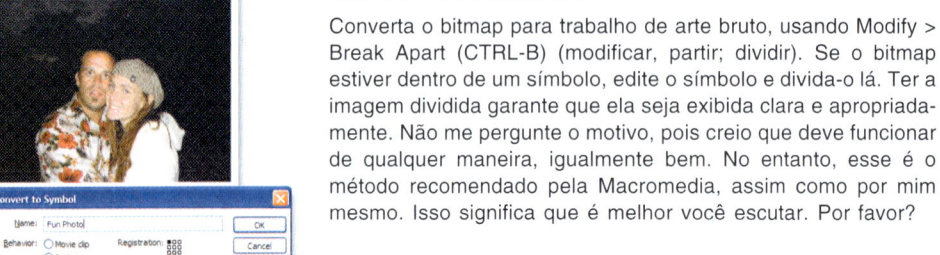

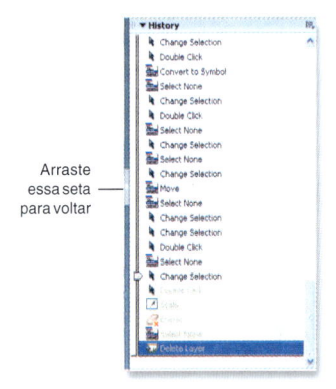

Converta o bitmap para trabalho de arte bruto, usando Modify > Break Apart (CTRL-B) (modificar, partir; dividir). Se o bitmap estiver dentro de um símbolo, edite o símbolo e divida-o lá. Ter a imagem dividida garante que ela seja exibida clara e apropriadamente. Não me pergunte o motivo, pois creio que deve funcionar de qualquer maneira, igualmente bem. No entanto, esse é o método recomendado pela Macromedia, assim como por mim mesmo. Isso significa que é melhor você escutar. Por favor?

● ● ● DESFAZER PERSONALIZADO?

Arraste essa seta para voltar

O painel History (ALT-F10) causou um grande impacto no Flash MX 2004. Junto com todos os outros truques apresentados, que discutimos em outros lugares, também é possível desfazer diversas ações de uma vez, com um simples arrastar. Com o painel History aberto, simplesmente deslize o pequeno calço do lado esquerdo da lista de ações, até chegar à última ação que gostaria de deixar realizada. Você verá as mudanças acontecendo em sua área de trabalho ou linha de tempo, à medida que arraste o deslizador. Depois, pode simplesmente começar a trabalhar de novo e terá as ações que desfez sobregravadas. Fazer coisas assim o mantém mais informado quanto ao que está desfazendo, especificamente, no lugar de apenas pressionar CTRL-Z repetidamente e olhar o que muda. É assim que eu costumava fazer as coisas, não mais. De agora em diante, é o painel History o tempo todo.

● ● ● PARA FRENTE E PARA TRÁS, PARA LÁ E PARA CÁ

Meus clientes reclamavam constantemente: "O Flash é ótimo, mas as pessoas não podem usar o botão de retorno do browser para navegar por um site ou filme Flash." A minha resposta era: "Você é horrível!" Depois, o Flash MX introduziu Named Anchors (âncoras nomeadas), permitindo que eu parasse de insultar os clientes.

Para ver como isso funciona, crie uma camada chamada "anchors" (âncoras) e crie uma moldura-chave a cada 10 molduras. Selecione a primeira moldura-chave e digite "anchor1" no campo Frame do inspetor Property, mude o tipo de etiqueta para Anchor e repita essas etapas para as outras molduras-chave, mudando o nome da âncora para algo único em cada uma. Crie uma outra camada, colocando molduras-chave que combinem com aquelas da primeira camada, mas em vez de âncoras, coloque um trabalho de arte diferente em cada moldura-chave. Finalmente, coloque uma ação de parar na última moldura-chave, para que o filme só exiba uma vez.

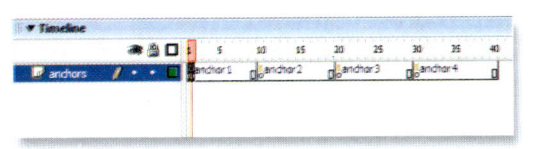

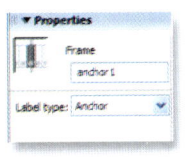

Abra Publish Settings (CTRL-SHIFT-F12 ou OPT-SHIFT-F12 no Mac) do documento e, na tab HTML, mude o gabarito para "Flash with Named Anchors" (Flash com âncoras nomeadas). Agora, publique o seu filme e abra uma página HTML que foi criada em uma janela do browser. À medida que o filme for exibido, você verá que o botão de retorno do browser se tornará ativo. Depois disso feito, é possível pressionar o botão de retorno e ele pulará o filme Flash para cada âncora nomeada que você definiu na linha de tempo, sem descarregar o próprio filme Flash. Claro que o botão Forward (adiantar; ir para a frente) também funcionará quando você pressionar algumas vezes.

Pense nisso como um sistema de marcar páginas em sua linha de tempo Flash. É possível salvar pontos de história e deixar o usuário pular através deles, como fariam em um site HTML.

● ● ● 'FLASHEAR' A IMAGEM

Gostou da palavra que inventei? "Imagem". É, tenho centenas delas. Quando você 'flashear' uma imagem, na verdade estará convertendo-a a partir de uma digitalização para o trabalho de arte de vetor. Muitos programas fazem isso, mas o Flash faz tão bem, que quase não é preciso usar qualquer um dos outros.

Selecione qualquer imagem de bitmap na área de trabalho e vá para Modify > Bitmap > Trace Bitmap (modificar, bitmap, rastrear bitmap). Se ajustar as opções aqui mais altas, você terá uma arte de vetor que mais se parece com a imagem original, no qual configurações menores criam maior distorção. A vantagem de configurações baixas é que poupam tamanho de arquivo e convertem rapidamente. Você pode deixar essas configurações sozinhas e clicar OK para ver o efeito.

Com freqüência, eu rastreio bitmaps para criar gráficos estilizados ou reduzir tamanho de arquivo, quando há muitas imagens. O único problema é que rastrear uma imagem de vetor muito complexa pode, de fato, aumentar o tamanho do arquivo, portanto, tenha cuidado e teste cada opção para descobrir o que é mais acertado para você.

ESCALONAMENTO DE AFLIÇÕES

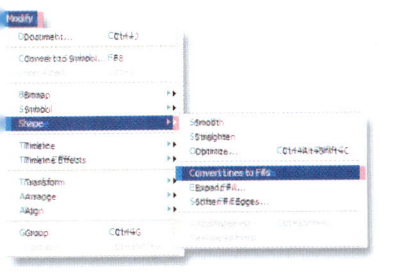

De tempos em tempos, você pode desenhar algum trabalho de arte que seja bem complexo. Além disso, pode animar esses desenhos ou escaloná-los para tamanhos em miniatura. Isso pode levar alguns desenhos a parecer um pouco crus, ou mesmo tornar a animação lenta em computadores lentos. Selecione a forma em questão (traços e preenchimentos), vá para Modify, depois Shape e escolha Convert Lines to Fills (converter linhas em preenchimentos). Fazer isso converterá as linhas selecionadas para as formas preenchidas, o que pode apressar o desenho em algumas animações e tornar desenhos complexos, bem menores e mais fáceis de ver. Porém, isso nem sempre pode ser a melhor coisa, pois pode aumentar o tamanho do seu arquivo. Deixarei para você encontrar o melhor equilíbrio. Sei que está pensando: "Há sempre uma troca!" Não é verdade?

Convertida a preenchimentos

PIXEL LIMPO

Uma quantidade crescente de designers está começando a usar fontes de pixel. Você conhece essas fontes, certo? Como quando vai para um site e o texto é pequeno e claro como cristal? Essas são fontes de pixel, e podem ser encontradas em sites como: www.orgdot.com, www.atomicmedia.net e www.fontsforflash.com. Vou admitir, eu também gosto dessas coisas e você verá muitas destas fontes nos meus desenhos (se estiver interessado em vê-los). Você pode se acostumar com elas e descobrir que não embaçam. Bem, isso porque essas criaturinhas precisar ser usadas de maneira determinada.

Ao usar uma fonte de pixel, olhe o inspetor Property, para ter certeza de haver posicionado o campo de texto em todo um pixel. Isso significa que, em vez de colocar algo em X: 1.4, Y: 5.8, deve colocar em X: 1.0, Y: 6.0. Também é preciso garantir que, se colocar texto em um símbolo, o símbolo também esteja em todo um pixel. Também existem algumas regras a seguir. Para uma lista completa de regras, veja no web site de onde conseguiu a fonte. Ei, regras são regras.

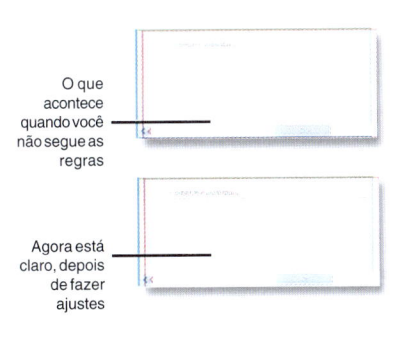

O que acontece quando você não segue as regras

Agora está claro, depois de fazer ajustes

● ● ● 10.000 LIGAS PARA DESFAZER

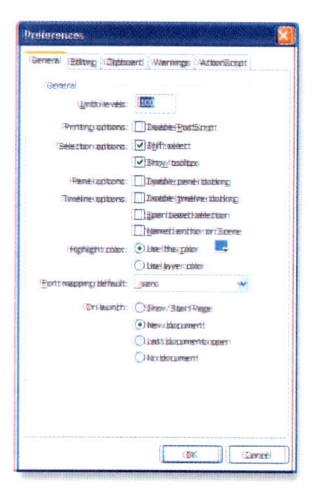

Somos seres humanos e, como tal, cometemos erros. Alguns de nós mais do que outros, ainda que eu não comEta qualquer .. oops! Claro que o Flash leva isso em consideração e oferece a habilidade de desfazer as coisas que você faz em um documento. Entretanto, por padrão, você só tem permissão para 100 ações antes que o Flash esqueça o que foi feito. Está certo, 100 é bastante, mas, esse pode ser o ponto. Cada ato de desfazer permitido ocupa memória, assim, se você tiver um computador com recursos limitados ou se apenas quiser ser capaz de cometer mais erros, o Flash pode acomodá-lo. Em suas preferências de Flash (CTRL-U ou Flash Preferences), sob a tab General, há uma caixa de diálogo para especificar o número de níveis de Undo que você gostaria de permitir. Forneça qualquer número, de 2 a 9999, que melhor se ajuste às suas necessidades. Eu uso 2, a-ah.

● ● ● COMO LIMPAR A CASA OU A BIBLIOTECA

Está certo, então você esteve importando gráficos, criando botões e convertendo coisas para clips de filme, por horas. Mudou tanto as suas animações que não pode mais lembrar-se como elas deviam ser quando começou. Agora, ao olhar para a sua Library, ela está cheia de toneladas de coisas, e você nem tem certeza se está usando a metade delas. Se for como eu, prefere uma viagem apertada e quer todos os materiais não utilizados destruídos. Por sorte, a Library tem um bom recurso que informa se um conteúdo está sendo usado em algum lugar no filme.

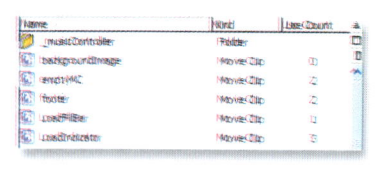

Clique o menu de painel, na parte superior direita da Library, e coloque uma marca em Keep Use Counts Updated (manter contagem de uso atualizada). Em seguida, expanda a Library, clicando o botão central dos três botões acima da barra de rolagem vertical da biblioteca. Você pode, desta forma, visualizar o número de vezes que cada bem está sendo usado e apagar qualquer item não utilizado. Assegure-se de desativar esse recurso quando tiver terminado, porque ele usa energia do processamento. Fique avisado de que, se estiver anexando filmes usando configurações de vinculação e ActionScript, esse recurso não irá identificá-los como sendo usados. Ele só os reconhece quando estão fisicamente colocados na área de trabalho.

CAPÍTULO 10 – Dicas para colocar o filme Flash em seu site | **173**

● ● ● APARE A GORDURA

Não estou falando aqui sobre uma visita ao cirurgião plástico (embora, com freqüência, os nossos projetos pudessem usar um pouco de lipoaspiração). Se os seus arquivos estiverem ficando fora de controle, vá para sua Library, abra o menu Panel e escolha "Select Unused Items" (selecionar itens não utilizados). Automaticamente, isso selecionará cada conteúdo em sua biblioteca que não tenha uma cópia colocada em uma linha de tempo, em algum lugar.

Você pode precisar fazer isso algumas vezes até conseguir todos, pois remover um item que tem um outro item não utilizado, tornará não utilizados todos aqueles itens que estão em sua linha de tempo.

Porém, tenha cuidado. Se estiver anexando quaisquer filmes usando ActionScript, esse método os contará como não utilizados, pois eles não estão fisicamente colocados em lugar algum. Eu recomendaria manter esses bens em pastas especiais, para que você não agarre os errados.

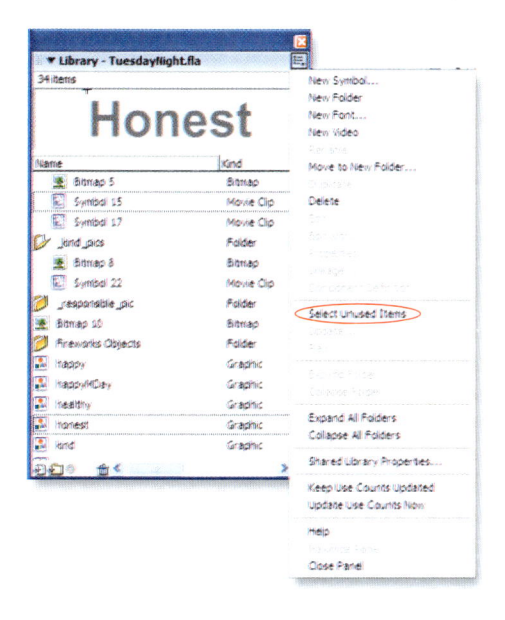

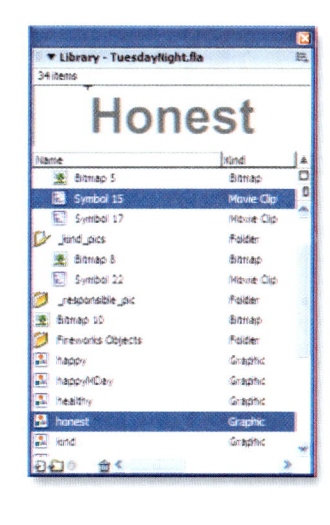

⊝ ⊝ ⊝ SUAVE DEMAIS PARA MIM

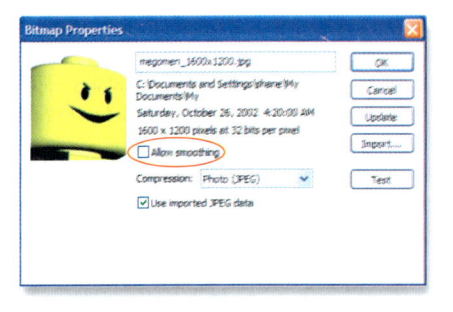

Sempre que importar um bitmap em um documento, uma opção secreta será ajustada, de modo que você pode não estar ciente dela. É chamada de suavização e, na verdade, pode tornar as suas imagens um pouco embaçadas e imprecisas. Eis como tomar as rédeas em suas próprias mãos.

Localize um bitmap na Library e clique-o duas vezes. Aqui, você verá a caixa de verificação para suavização. Por qualquer motivo, ela sempre está capacitada por padrão, mas incapacitá-la reterá a definição e a clareza da imagem importada. Na verdade, a suavização só é útil para determinadas imagens GIF que podem ser importadas com bordas onduladas, portanto, você pode incapacitar isso em todas as imagens que usar.

Há muitos casos em que ter a suavização ativada ou desativada faz uma diferença tão pequena que nem é possível perceber, assim, descubra o que é melhor para você e fique com isso. Por mim, sempre que posso, gosto de tê-la desativada.

⊝ ⊝ ⊝ SOM NULO

Você pode ter muitos sons e trilhas de música em sua linha de tempo que deseje sincronizar com as suas animações. Ainda que já tenhamos discutido como fazer isso usando o método de som Stream, para um som individual, a desvantagem daquele método pode ser um tamanho de arquivo aumentado. Para forçar todos os seus sons (até sons Event) no modo Streaming e reduzir o tamanho do arquivo em cerca de 90%, é possível usar o método de som Null (nulo).

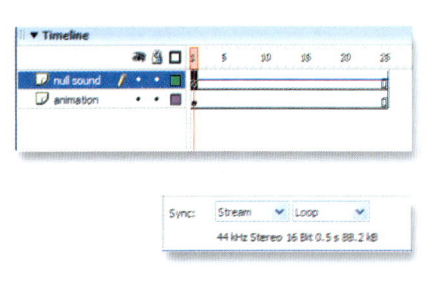

Crie um arquivo de som .wav ou .aif, chamado null.wav ou null.aif, que tenha 0.1 segundo de comprimento e importe-o para o Flash. Isso pode ser feito com qualquer editor de som. Coloque esse som nulo em sua própria camada na linha de tempo que você deseja manter em sintonia, e ajuste o som para Stream, em vez de Event. Depois, ajuste-o para Loop. Fazer isso evita que toda a animação em sintonia com os sons, e mesmo os sons de evento na mesma linha de tempo, seja atirada para o modo Streaming. Veja um tutorial completo em:

www.vrprofessionals.com/html/whitepaper/nullsound.htm.

● ● ● REDUZA AS SUAS CURVAS

Muitas vezes, as coisas que desenhamos não são tão suaves e acabam sendo bem complexas, se não tivermos cuidado. Eis uma maneira de minimizar esses problemas.

Selecione qualquer forma que tenha uma série de curvas e vá para Modify > Shape > Optimize (modificar, forma, otimizar) (CTRL-ALT-SHIFT-C ou CMD-SHIFT-OPT-C em Mac). Isso reduz o número de curvas usadas, o que resulta em formas mais suaves e menos complexas. Aqui o principal benefício é uma redução no tamanho do arquivo. Claro que você teria de otimizar muitas formas complexas para ver economias imensas, mas se estiver contando cada byte, então acrescentará isso à sua lista de técnicas de otimização.

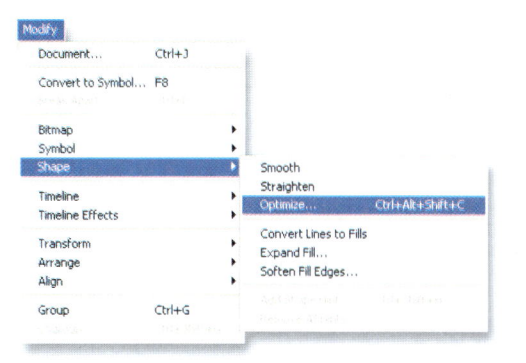

Marcar "Use Multiple Passes" (usar múltiplas passagens") repetirá o processo até que não seja mais possível qualquer otimização. É o mesmo que fazer isso manualmente, repetidamente.

Como um aviso: quanto mais alto você ajustar a configuração de suavização ao otimizar, menos a sua forma se parecerá com o contorno original. Da mesma maneira, os seus resultados dependem do contorno selecionado, mas, brinque com esse e veja se ele o ajuda a criar filmes mais suaves e menores.

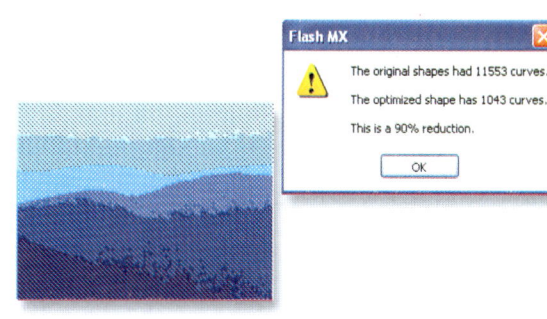

NÃO SEJA SEMPRE TÃO CINÉFILO

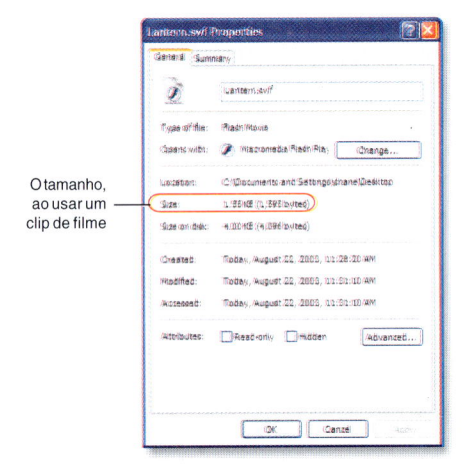

O tamanho, ao usar um símbolo gráfico

O tamanho, ao usar um clip de filme

A maneira número um de reduzir tamanho de arquivo em Flash é criar símbolos de objetos que você usa repetidamente. A única coisa que eles deixam de fora ao mencionar essa regra é que todos os tipos de símbolo não são criados da mesma maneira. Quando comecei, eu simplesmente convertia tudo para símbolos de clip de filme. O problema é que os clips de filme têm muito mais propriedades e capacidades do que os símbolos gráficos. As informações extras armazenadas em cada clip de filme são muito menores, mas podem render arquivos significativamente maiores. Isso é especialmente real se você tiver centenas de símbolos e todos eles forem clips de filme.

A solução é criar símbolos gráficos quando for possível. Se não precisar de propriedades específicas que os clips de filme oferecem, então, não use. Para determinar qual usar, eu me pergunto: "Haverá uma animação no símbolo?" Se a resposta for não, então eu crio um símbolo gráfico. A parte boa disso é que você sempre pode converter os seus símbolos, de um para outro, assim, não fica preso a qualquer decisão.

● ● ● SOM QUE SINCRONIZA

Se tiver uma animação que precise ser sincronizada para um arquivo de música ou de voz, você poderá ficar frustrado. Em seu computador, ele está em sintonia total, mas no de outra pessoa, as coisas são um pouco diferentes. Tente pôr toda a animação em uma linha de tempo e, depois, colocar o seu som em uma camada separada, na mesma linha de tempo. Agora, selecione a moldura-chave em que está o som, busque pelo inspetor Property e, onde ele diz Sync, mude de Event para Stream. Fazer isso forçará a animação a executar em sintonia com o áudio na mesma linha de tempo. Se necessário, molduras na animação serão soltas de modo que as molduras de som e de animação sempre executarão em sintonia.

A única coisa com a qual você deve se preocupar é que, agora, a camada de som precisa ter molduras suficientes para executar totalmente. Evite estender as molduras da camada de som, até que todo o som seja executado.

● ● ● EXECUTE FLASH

Se você trabalha com Flash tempo o bastante, está propenso a ter problemas com o plug-in. Geralmente, os plug-ins não são perfeitos, e o Flash não é diferente. A coisa frustrante é que, às vezes, parece que esses problemas não acabam. Se for como eu, cujos amigos e familiares ligam constantemente (porque o meu nome do meio é "suporte técnico"), então é provável que tenha passado por isso ... "De repente, quando vou para um web site Flash, o plug-in não é detectado ou o conteúdo não exibe de forma alguma. Eu tenho a versão mais recente. O que faço?". Bem, eis uma correção rápida para os problemas que você, simplesmente, não consegue descobrir (isto é, com o plug-in).

Diga para a pessoa ir para:

www.macromedia.com/support/flash/ts/documents/remove_player.htm

A Macromedia ofereceu um desinstalador para remover, com segurança, o plug-in do Flash. Eles até oferecem instruções de como fazer isso manualmente, se o desinstalador não funcionar. Geralmente, depois de remover o player e depois refazer a sua instalação do zero, tudo volta ao normal. Não são muitas as pessoas que sabem sobre isso, portanto, fale baixo!

ÍNDICE

Símbolos

* (asteriscos) em campos de texto, 25
.as, arquivos, criação de biblioteca de scripts, 142
45 graus, ângulos, desenhando, 68
56K, velocidade de conexão, testando filmes em, 158
100% de visão de documento, 22

A

abrindo
   arquivos locais, 154
   Library sem abrir documento, 107
ações em botões, 155
acrescentando. *Veja também* inserção
   componentes para painel Components, 139
   links, 126
   molduras-chave para transformações, 68
ActionScript
   abrindo arquivos locais, 154
   botão de ações, 155
   chamando funções JavaScript, 146
   código de arrastar e soltar, 142
   comando loadMovie, carregando imagens JPEG, 151
   comentários em, 148
   criação
      biblioteca de scripts, 142
      campos de texto que podem ser rolados, 150
      janelas de pop-up, 149
      mensagens de e-mail, 146
   destacar código, mudança de cores em, 143
   estilo de letra, 152
   formatação, 148
   ignorando espaço em branco em arquivos XML, 145
   incapacitando dicas, 151
   execução de loop em linha de tempo, 147
   menu de clicar com o botão direito, 145
   publicando para versão 1.0, 150
   referências locking_root, 149
   sufixos variáveis, 144
   vendo
      múltiplos scripts, 147
      números de linha, 143
      web site para informações, 99
ajustando o espaçamento de texto, 70
aliasing de fontes, 23
alinhamento. *Veja também* posicionamento
   objetos, 129, 134
   no centro da área de trabalho (palco), 133
   para grade, 38
alinhando
   a objetos, 31
   a pixels, 40
alternando opções de camada, 47
ancorando Library, 9
ângulos, desenhando ângulos de 45 graus, 68
animação de múltiplas molduras, vendo, 57
animação
   animações internas, 60
   criando
      movimento real, 62
      para transmissão, 121
   invertendo, 45
   sincronizando com som, 174, 177
   sugestões de forma, 71
   vendo múltiplas molduras, 57
animações internas, 60
aninhando Layer Folders, 42
apagando
   preenchimentos sem apagar traços, 34
   traços sem apagar preenchimentos, 34
apagando. *Veja também* removendo
   Commands, 131
   itens de Library não utilizados, 172-173
   preferências de usuário, 95
aparando documentos, 160
aparando efeitos sonoros, 97
aplicação de mudanças de painel Transform, 83
área de visualização de Library, redimensionando, 49
arquivos FLA. *Veja também* documentos
   compactando, 109
   convertendo arquivos SWF em, 102
   localização de pasta em, 106
   salvando como documentos Flash MX, 113, 123
arquivos Illustrator, importando, 109
arquivos locais, abrindo, 154
arquivos Photoshop, importando, 116
arquivos PSD, importando, 116
arquivos publicados, localização de pasta em, 106
arquivos SWF
   convertendo em arquivos FLA, 102
   exportando como clips de vídeo, 116
   localização de pasta para, 106

otimização, problemas com, 122
protegendo de importação, 119
arquivos XML, importando, 145
arquivos
　aparando, 160
　arquivos FLA
　　compactando, 109
　　convertendo arquivos SWF em, 102
　arquivos PSD, importando, 116
　arquivos SWF
　　convertendo em arquivos FLA, 102
　　exportando como clips de vídeo, 116
　　localização de pasta em, 106
　　otimização, problemas com, 122
　　protegendo de importação, 119
　azulejando, 11
　buscando, 131-132
　criando, 85
　　a partir de gabaritos, 112
　documento atual, determinando, 51
　documentos rotulados, circulando através, 76
　em cascata, 12
　fechando, 86
　iniciando com documentos abertos, 93
　invertendo para salvos, 88
　localização de pasta em, 106
　publicando como projetores, 112
　salvando como documentos Flash MX, 113, 123
　salvando
　　backups, 165
　　como documentos Flash MX, 113, 123
　　como gabaritos, 113
　　erro Failed to Save, 92

opção Save and Compact, 109
vendo em modo de visualização Outlines, 12, 46
assistente Video Import, 106
asteriscos (*) em campos de texto, 25
atalhos de teclado
　caminhando através da Timeline, 77
　circulando através documentos rotulados, 76
　lista de fontes, 81
　painéis, 76
　copiando, 84
　criação de documentos, 85
　desfazendo a seleção de objetos, 78
　editando, 77
　escrevendo, 89
　fazendo zoom, 81
　fechando documentos, 86
　inserindo múltiplas molduras, 87
　para atividades comuns, 83
　para ferramentas, 79
　para linha de tempo, 80
　rastreio de texto, 86
　selecionando múltiplos objetos, 88
　trocando temporariamente para ferramenta Arrow, 78
　para ferramenta Hand, 79
atalhos, teclado
　caminhando através de Timeline, 77
　circulando através de documentos rotulados, 76
　lista de fontes, 81
　painéis, 76
　copiando, 84
　criando documentos, 85
　desfazendo seleção de objetos, 78
　editando, 77
　escrevendo, 89

fazendo zoom, 81
fechando documentos, 86
inserindo múltiplas molduras, 87
para atividades comuns, 83
para ferramentas, 79
para Timeline, 80
rastreio de texto, 86
selecionando múltiplos objetos, 88
trocando temporariamente para ferramenta Arrow, 78
para ferramenta Hand, 86
atualizando
　componentes, 127
　itens de Library, 108
　sistema de ajuda, 137
azulejando janelas, 11

B

backups
　duplicando símbolos, 48
　salvando, 165
barra de ferramentas Controller, 13
barra de ferramentas Main, 13
barras de ferramentas
　Controller, 13
　Main, 13
　Toolbar personalizável, 20
biblioteca de scripts, criação, 142
bitmaps. *Veja também* imagens
　atualização em Library, 108
　como preenchimentos, 20
　convertendo em imagens vetor, 170
　dividindo, 168
　editando, 21, 119
　incapacitando suavização, 174
　pintando texto com, 65
Black and White, trocando para, 29
blocos de texto de modo fixo
　criação, 32
　trocando para modo livre, 28

ÍNDICE | **181**

blocos de texto de modo livre
    criação, 32
    trocando para modo fixo, 28
blocos de texto
    asteriscos em, 25
    campos de texto que
        podem ser rolados,
        criação, 150
    criando, 32
    editando múltiplos, 80
    múltiplas fontes em, 64
    redimensionando, 28, 65
    trocando entre modos fixo e
        livre, 28
bloqueando
    preenchimentos, 30
    referências _root, 149
botão Back, capacitando em
    filmes Flash, 169
botões invisíveis, criação, 96
botões simples, testando, 133
botões
    ações em, 155
    botões invisíveis, criação,
        96
    botões simples, testando,
        133
    efeitos sonoros para, 94
    movendo, 133
buscando documentos,
    131-132

C

caixas de aviso, capacitando/
    incapacitando, 93
caixas de ligação, ocultando, 97
camadas invisíveis, criando, 44
camadas múltiplas, selecio-
    nando, 32
camadas
    alternando opções, 47
    camadas-guia, criação, 44
    configuração de altura, 14
    duplicando, 84
    encontrando para objetos,
        82
    fundos personalizados,
        criação, 50
    máscaras, criação, 59

molduras
    inserindo, 51
    selecionando todas, 49
    nomeando, 10
    objetos, Bring to Front/Send
        to Back, 47
    selecionando múltiplas, 32
    separando símbolos para,
        31
    vista de esboço, 46
camadas-guia, criação, 44
caminhando através de
    Timeline, 77
campos de texto que podem ser
    rolados, criando, 150
campos de texto. *Veja* blocos
    de texto
capacitando. *Veja também*
vendo
    barra de ferramentas
        Controller, 13
    barra de ferramentas Main,
        13
    botão Back em filmes Flash,
        169
    caixas de aviso, 93
    painéis flutuantes, 8
carregando imagens JPEG, 151
cenas
    fundos personalizados, 50
    painel Scene, 134
centralizando objetos em área
    de trabalho, 133
centro, desenhando formas a
    partir de, 27
chamando funções JavaScript,
    146
circulando através
    documentos rotulados, 76
    lista de fontes, 81
    painéis, 76
círculos, desenhando, 59
Clipboard, mudando tamanho
    limite, 114
clips de filme, visualizando, 95
clips de vídeo importados,
    editando, 106
clips de vídeo. *Veja também*
filmes
    exportando como arquivos
        SWF, 116

importando, 106
    filmes QuickTime, 108
clonagem
    camadas, 84
    símbolos, 48
Code Hints
    em variáveis personaliza-
        das, 144
    incapacitando, 151
    sugestões de forma, 71
código (ActionScript)
    abrindo arquivos locais, 154
    arrastando e soltando
        código, 142
    botão de ações, 155
    chamando funções
        JavaScript, 146
    comando loadMovie,
        carregando imagens
        JPEG, 151
    comentários em, 148
    criando
        biblioteca de scripts, 142
        campos de texto que
            podem ser rolados,
            150
        janelas pop-up, 149
        mensagens de e-mail,
            146
    destacando código, mudan-
        do cores em, 143
    estilo de letra, 152
    formatando, 148
    ignorando espaço branco
        em arquivos XML, 145
    incapacitando
        exibição de linha de tem-
            po em loop, 147
        menu de clicar com
            botão direito, 145
    sugestões, 151
    publicando para versão 1.0,
        150
    referências locking_root,
        149
    sufixos variáveis, 144
vendo
    múltiplos scripts, 147
    números de linha, 143
    web site para informações,
        99

código ActionScript de arrastar
  e soltar, 142
colando objetos no lugar certo,
  87
colocação de pastas em ordem
  alfabética na Library, 39
colocando Timeline, 4
Color Mixer, ocultando, 14
comando loadMovie, carregando imagens JPEG, 151
comandos
  criação, 131
  execução, 131
  remoção, 131
começando com documentos abertos, 93
comentários
  em ActionScript, 148
  em molduras, 152
Common Libraries, criando, 132
compactando arquivos FLA, 109
compatibilidade inversa, 113, 123
Component Inspector *versus* Property Inspector, 130
componente de media player, 129
componente media player baseado em Flash, 129
componentes
  atualizando, 127
  configurando Enable Live Preview, incapacitando, 126
  e tamanho de arquivo, 128
  exportando, 139
  media player baseado em Flash, 129
  mudando ícones em, 138
  organização de pasta, 139
  Property Inspector *versus* Component Inspector, 130
comportamentos, criando desbotamento sem, 66
conexão de velocidades mais lentas, testando filmes para, 158
configuração de Enable Live Preview, incapacitando, 126

configurações de compactação padronizada, mudando, 167
configurações de compactação efeitos sonoros, 118
  mudando padrão, 167
  testando, 166
configurações de pressão para pranchetas, 66
configurando altura para camadas, 14
conjuntos de painéis
  removendo, 6
  salvando, 6
conjuntos parciais de contorno de fontes, embutindo, 158
conteúdos (Library)
  abrindo sem abrir documento, 107
  ancorando, 9
  atualização de itens, 108
  clips de vídeo, exportando como arquivos SWF, 116
  colocando pastas em ordem alfabética, 39
  copiando itens para um outro documento, 52
  criando Common Libraries, 132
  determinando documento atual, 51
  importando para, 107
  removendo itens não utilizados, 172-173
  removendo itens, ação de desfazer, 53
  selecionando múltiplos itens, 41
  símbolos animados, visualizando, 46
  símbolos, editando, 40
  troca de arquivo, 111
  visualizar área, redimensionando, 49
contornos (traços)
  ângulos de 45 graus, desenhando, 68
  apagando sem apagar preenchimentos, 34
  copiando, 24
  criando personalizados, 33

desenhando formas sem, 29
  pintando dentro de, 72
  removendo, 24
  traços fio de cabelo, 33
contornos de fonte, embutindo, 127
  conjuntos parciais, 158
convertendo
  arquivos SWF em arquivos FLA, 102
  formas em símbolos, motivos para, 42
  imagens digitalizadas em imagens vetor, 170
  linhas de tempo em símbolos, 70
  linhas em preenchimentos, 171
  símbolos em formas, 69
copiando. *Veja também* duplicando
  itens de Library para outro documento, 52
  molduras, 84
  mudanças de painel Transform, 83
  objetos, 84
  preenchimentos, 24
  traços, 24
cópias, trocando símbolos em, 98
cores
  gradientes, criação personalizada, 56
  paleta segura de 216 cores da Web, 160
  para destaque de código, mudando, 143
  transparência, 67
  trocando para Black and White, 29
Corsaro, Sandro (*The Flash Animator*), 103
criação. *Veja também* desenhando
  animações para transmissão, 121
  biblioteca de scripts, 142
  blocos de texto, 32
  botões invisíveis, 96

ÍNDICE | **183**

campos de texto que podem ser rolados, 150
Commands, 131
Common Libraries, 132
desbotamentos sem comportamentos, 66
documentos, 85
a partir de gabaritos, 112
efeitos de desbotamento com efeito Brightness, 162
esferas, 56
fundos personalizados, 50
fundos transparentes, 159
gabaritos, 113
gotas de sombra, 58
gradientes personalizados, 56
guia de camadas, 44
guias, 44
janelas pop-up, 149
máscaras, 59
mensagens de e-mail, 146
Motion Tweens, 67
movimento real, 62
Named Anchors, 169
novas janelas, 16
paletas de cor personalizadas, 23
publicando perfis, 62
retângulos arredondados, 26
traços personalizados, 33
transformações em múltiplas molduras, 69
curvando formas, 30
curvas em formas, reduzindo quantidade de, 175

D

dentro de linhas, pintando, 72
desagrupando objetos *versus* dividindo grupos de objetos, 136
desenhando. *Veja também* criação
ângulos de 45 graus, 68
círculos, 59
formas perfeitas, 59
formas
a partir do centro, 27

sem traços/preenchimentos, 29
desfazendo a instalação de plug-in Flash, 177
desfazendo a seleção de objetos em Stage, 78
desfazendo
múltiplas mudanças, 168
removendo itens de Library, 53
destacando código, mudando cores em, 143
dimensionando com exatidão e posicionando objetos, 130
dimensionando objetos com exatidão, 130
dimensões de filmes, 161
diminuindo. *Veja também* expandindo
Color Mixer, 14
inspetor Property, 15
painéis com teclado, 76
distâncias de moldura, 69
selecionando, 85
distâncias, 69
selecionando, 85
distribuição de objetos, 129
dividindo
agrupar *versus* desagrupar objetos, 136
bitmaps, 168
documento atual, determinando, 51
documento salvo, invertendo para, 88
documentos abertos
azulejando, 11
começando com, 93
em cascata, 12
documentos rotulados, circulando através, 76
documentos. *Veja também* arquivos FLA
aparando, 160
azulejando, 11
buscando, 131-132
criação, 85
a partir de gabaritos, 112
documento atual, determinando, 51

documentos rotulados, circulando através, 76
em cascata, 12
fechando, 86
iniciando com documentos abertos, 93
invertendo para salvos, 88
publicando como projetores, 112
salvando
backups, 165
como documentos Flash MX, 113, 123
como gabaritos, 113
erro Failed to Save, 92
opção Save and Compact, 109
vendo no modo de visualizar Outlines, 12, 46
duplicando. *Veja também* copiando
camadas, 84
símbolos, 48

E

editando
atalhos de teclado, 77
bitmaps, 21, 119
clips de vídeo importados, 106
efeitos sonoros, 97
múltiplos campos de texto, 80
propriedades de grade, 38
símbolos, 40, 82
Timeline, atalhos de teclado, 80
efeito Brightness, criando efeitos de desbotamento com, 162
efeitos de descoloração, criação
com efeito Brightness, 162
sem comportamentos, 66
efeitos sonoros
aparando, 97
compactação, 118
para botões, 94

sincronizando com animação, 174, 177
embutindo contornos de fonte, 127
conjuntos parciais, 158
encontrando camadas para objetos, 82
engenharia inversa, 102
enquadramento
    símbolos, 38
    Stage (área de trabalho; palco), 79
erro Failed to Save, 92
erros. *Veja também* solução de problemas
    erro Failed to Save, 92
    Motion Tweens, 92
    Shape Tweens, 92
escalonando
    formas, 22
    objetos com painel Transform, 128
    símbolos, 22
    texto, 65
    visão de documento, 22
esferas, criando, 56
esfregando Timeline, 53
espaçando
    objetos igualmente, 129
    texto, espaçamento letra por letra, 70
espaço branco em arquivos XML, ignorando, 145
espaços em formas, solução de problemas em preenchimentos, 34
esticando formas, 62
estilo de letra de ActionScript, 152
estilos para fontes, 96
executando Commands, 131
exibição de loop em linha de tempo, 135
    incapacitando, 147
expandindo. *Veja também* ocultando
    inspetor Property, 15
    painéis com teclado, 76
exportando
    clips de vídeo como arquivos SWF, 116

componentes, 139
para formatos de vídeo, 115

F

fator de cutucar, movendo objetos, 41
fazendo loop de exibição, 135
    incapacitando, 147
fazendo zoom, 81
fechando. *Veja também* removendo
    documentos, 86
    painéis, 6
    scripts alfinetados, 147
ferramenta Arrow
    esticando formas, 62
    seleção de múltiplos objetos, 88
    simplificando formas, 63
    troca temporária para, 78
ferramenta Eraser
    apagando traços/preenchimentos sem afetar o outro, 34
    limpando Stage, 21
ferramenta Eyedropper, copiando traços e preenchimentos, 24
ferramenta Free Transform
    curvando e torcendo formas, 30
    escalonando
        objetos, 22
        texto, 65
ferramenta Hand
    trocando temporariamente para, 79
    vista Show All document, 22
ferramenta Ink Bottle, criando traços personalizados, 33
ferramenta Lasso, selecionando polígonos, 28
ferramenta Paint Bucket, bloqueando preenchimentos, 30
ferramenta Paintbrush
    configurações de pressão, 66
    pintando dentro de linhas, 72

ferramenta Rectangle, retângulos arredondados, 26
ferramenta Zoom, visão de documento a 100%, 22
ferramentas
    Arrow
        esticando formas, 62
        selecionando múltiplos objetos, 88
        simplificando formas, 63
        trocando temporariamente para, 78
        atalhos de teclado, 79
    Eraser
        apagando traços/preenchimentos sem afetar o outro, 34
        limpando Stage, 21
    Eyedropper, copiando traços e preenchimentos, 24
    Free Transform
        curvando e torcendo formas, 30
        escalonando objetos, 22
        escalonando texto, 65
    Hand
        trocando temporariamente para, 79
        vista de documento Show All, 22
    Ink Bottle, criando traços personalizados, 33
    Lasso, selecionando polígonos, 28
    Paint Bucket, bloqueando preenchimentos, 30
    Paintbrush
        configurações de pressão, 66
        pintando dentro de linhas, 72
        propriedades de Magic Wand, 21
    Rectangle, retângulos arredondados, 26
    Zoom, vistão de documento a 100%, 22
filmes QuickTime, importando, 108

filmes. *Veja também* clips de vídeo
  capacitando botão Back em, 169
  dimensões de, 161
  taxas de moldura, 164
  testando, 111
    para conexão de velocidades mais lentas, 158
  velocidade de exibição em máquinas Macintosh, 161
filtros no painel Movie Explorer, 131
Flash MX, salvando documentos como, 113, 123
fontes em falta, mapeamento de fonte, 136
fontes pixel, 171
fontes. *Veja também* texto
  aliasing, 23
  embutindo contornos de fonte, 127
  estilos de, 96
  fontes de pixel, 171
  múltiplas fontes em blocos de texto, 64
formas perfeitas, desenhando, 59
formas. *Veja também* objetos; polígonos
  convertendo
    em símbolos, razões em, 42
    linhas em preenchimentos, 171
    símbolos em, 69
  curvando e torcendo, 30
  desenhando
    a partir do centro, 27
    sem traços/preenchimentos, 29
  determinando, 89
  escalonando, 22
  esticando, 62
  formas perfeitas, desenhando, 59
  girando, 25
  pintando dentro de linhas, 72

preenchimentos
  apagando sem apagar traços, 34
  bitmaps como, 20
  bloqueando, 30
  convertendo linhas em, 171
  copiando, 24
  desenhando formas sem, 29
  solução de problemas, 34
  reduzindo número de curvas, 175
  selecionando, 26
  simplificando, 63
  sobrepondo, 58
  traços
    ângulos de 45 graus, desenhando, 68
    apagando sem apagar preenchimentos, 34
    copiando, 24
    criando personalizados, 33
    desenhando formas sem, 29
    pintando dentro de, 72
    removendo, 24
    traços fio de cabelo, 33
  formatando ActionScript, 148
  formatos de vídeo, exportando para, 115
  funções (JavaScript), chamando, 146
  fundos personalizados, criação, 50
  fundos transparentes, criando, 159
  fundos, criação
    fundos personalizados, 50
    fundos transparentes, 159

G

gabaritos
  criando, 113
  criando documentos a partir de, 112
girando
  formas, 25

objetos, 25
texto, 27
grade
  alinhando a, 38
  editando propriedades de, 38
gradientes personalizados, criação, 56
gradientes, criando personalizados, 56
grupos, desagrupar versus dividir, 136
guias
  criação, 44
  Motion Guides e máscaras, 61

H-I

histórias, limpando, 167
ícones para componentes, mudando, 138
ignorando espaço em branco em arquivos XML, 145
imagens digitalizadas, convertendo em imagens vetor, 170. *Veja também* bitmaps
imagens JPEG, carregando, 151
imagens vetor, convertendo imagens digitalizadas em, 170
imagens
  imagens bitmap
    como preenchimentos, 20
    convertendo em imagens vetor, 170
    dividindo, 168
    editando, 21, 119
    fazendo upload na Library, 108
    incapacitando suavização, 174
    pintando texto com, 65
  imagens JPEG, carregando, 151
  importando, 117
    com transparência, 114
    como séries, 110
importando
  arquivos Illustrator, 109

arquivos Photoshop, 116
arquivos XML, ignorando
  espaço em branco, 145
clips de vídeo, 106
filmes QuickTime, 108
imagens, 117
  com transparência, 114
  para Library, 107
  protegendo arquivos SWF
    de, 119
  série de imagens, 110
imprimindo, incapacitando, 153
incapacitando
  caixas de aviso, 93
  configuração Enable Live
    Preview, 126
  exibição de loop em linha de
    tempo, 147
  impressão, 153
  menu de clicar com o botão
    direito, 145, 154
  painéis que podem ser
    ancorados, 8
  suavizando (bitmaps), 174
  sugestões, 151
inserindo
  molduras em camadas, 51
  molduras múltiplas, 87
inspetor Property
  diminuindo, 15
  expandindo, 15
  posicionando com exatidão
    ou dimensionando
    objetos, 130
  versus Component
    Inspector, 130
inspiração, web site Favourite
  Website Awards, 98
instalações de Flash, transferindo, 99
instalações de software, transferindo, 99
invertendo animações, 45
invertendo para documento
  salvo, 88
itens não utilizados de Library,
  removendo, 172-173

J

janela Debugger, 135
janela Find & Replace, 132

janelas em cascata, 12
janelas pop-up, criação, 149
janelas
  azulejando, 11
  criando
    janelas pop-up, 149
    novas janelas, 16
  em cascata, 12
JavaScript
  chamando funções, 146
  criando janelas pop-up, 149
JPEGs progressivos, 151

L

layout de painéis, salvando, 6
Library
  abrindo sem abrir docu-
    mento, 107
  ancorando, 9
  atualização de itens, 108
  clips de vídeo, exportando
    como arquivos SWF, 116
  copiando itens para outro
    documento, 52
  criando Common Libraries,
    132
  documento atual, determi-
    nando, 51
  importando para, 107
  pastas em ordem alfa-
    bética, 39
  removendo itens não
    utilizados, 172-173
  removendo itens, desfa-
    zendo ação, 53
  selecionando múltiplos
    itens, 41
  símbolos animados,
    visualizando, 46
  símbolos, editando, 40
  trocando arquivo, 111
  visualizar área,
    redimensionando, 49
limitações
  em quantidade de símbolos
    e molduras, 94
  tamanho de Clipboard,
    mudando, 114
limpando
  histórias, 167
  Stage, 21

linhas de tempo, convertendo
  em símbolos, 70
linhas, convertendo em preenchimentos, 171. *Veja também*
  traços
links, acrescentando, 126
lista de fontes, circulando
  através, 81
localização de pastas de preferências, 17

M

Macromedia Flash MX Bible
  (Reinhardt), 100
macros. *Veja* comandos
mapeando fonte, 136
máquinas Macintosh, velocidade de exibição em, 161
máscaras
  criação, 59
  e Motion Guides, 61
  pintando texto com bitmaps,
    65
  visualizando, 43
mensagens de e-mail, criação,
  146
menu de clicar com o botão
  direito, incapacitando, 145, 154
modo de visualização Outlines,
  12, 46
modo Onion Skinning, 57
modos Preview, Outlines, 12,
  46
molduras múltiplas
  criando transformações
    em, 69
  inserindo, 87
molduras
  comentários em, 152
  copiando, 84
  em camadas
    inserindo, 51
    selecionando todas, 49
  em linha de tempo
    caminhando através, 77
  invertendo, 45
  movendo, 45
  opções de vista em, 39
  incapacitando impressão
    de, 153

ÍNDICE | 187

inserindo múltiplas, 87
limites no número de, 94
molduras de animação,
    vendo múltiplas, 57
molduras múltiplas, criando
    transformações para, 69
molduras-chave
    acrescentando a transformações, 68
    movendo, 45
    personalizando com valores Ease, 64
molduras-chave. *Veja também* molduras
    acrescentando a transformações, 68
    movendo, 45
    personalizando com valores Ease, 64
mostrando. *Veja também* capacitando
    documentos em modo de visualização Outlines, 12, 46
    layout de grade, 38
    múltiplas molduras de animação, 57
    nomes de camada, 10
    números de linha ActionScript, 143
    painéis além de borda de tela, 17
    scripts múltiplos, 147
Motion Guides e máscaras, 61
Motion Tweens
    criação, 67
    valores Ease
        criando movimento real, 62
        personalizando com molduras-chave, 64
    erros, 92
movendo
    botões, 133
    dentro da linha de tempo.
    Veja esfregando Timeline
    molduras-chave, 45
    objetos
        pelo fator nudge (de cutucar), 41
        por pixels, 40

ponto pivô, 25
Toolbar, 13
movimento real, criação, 62
mudanças múltiplas, desfazendo, 168
mudanças, desfazendo múltiplas, 168
mudando
    configurações padronizadas de compactação, 167
    cores de destaque de código, 143
    desfazer níveis, 172
    ícones para componentes, 138
    limite de tamanho de Clipboard, 114
    unidades de régua, 162
múltiplas fontes em blocos de texto, 64
múltiplos campos de texto, editando, 80
múltiplos itens de Library, selecionando, 41
múltiplos objetos, selecionando, 88
múltiplos scripts, vendo, 147

N

Named Anchors, criação, 169
níveis de desfazer, mudando número de, 172
nomeando
    camadas, 10
    variáveis, sufixos, 144
nomes de camadas, vendo, 10
novas janelas, criação, 16
números de linha em ActionScript, vendo, 143

O

objeto ContextMenu, 145
objetos. *Veja também* formas
    alinhando a, 31
    alinhando, 134
    a grade, 38
    Bring to Front/Send to Back, 47

centralizando na área de trabalho, 133
colando no lugar certo, 87
copiando, 84
desagrupar *versus* dividir grupos de objetos, 136
desfazer seleção, 78
dimensionando exatamente, 130
distribuindo igualmente, 129
encontrando camada para, 82
escalonando com painel Transform, 128
girando, 25
movendo
    por fator nudge, 41
    por pixels, 40
selecionando múltiplos, 88
ocultando. *Veja também* removendo
    caixas de ligação, 97
    painéis, 5
opção de Timeline baseada em distância, 52
opção Save and Compact, 109
organização de componentes, 139
organização de pasta de componentes, 139
orientação de texto, mudando, 27
otimização
    em conexões de velocidades mais lentas, 158
    problemas com, 122

P

painéis flutuantes, capacitando, 8
painéis que podem ser ancorados, 7
    incapacitando, 8
painéis
    circulando através, 76
    diminuindo/expandindo com teclado, 76
    ocultando, 5
    painéis flutuantes, capacitando, 8

painéis que podem ser ancorados, 7
incapacitando, 8
recuperando além da borda da tela, 17
removendo, 6
salvando layout de, 6
painel Actions, código ActionScript de agarrar e soltar, 142
painel Components
  acrescentando componentes a, 139
  organização de componentes, 139
painel History, desfazendo múltiplas mudanças, 168
painel Movie Explorer, 131
painel Scene, 134
painel Transform
  copiando e aplicando mudanças, 83
  escalonando objetos, 128
paleta de 216 cores segura da Web, 160
paletas de cor personalizadas, criação, 23
paletas de cor, criando personalizadas, 23
pasta Configuration, localização de, 17
pastas Layer, aninhando, 42
pastas
  colocando em ordem alfabética na Library, 39
  Layer Folders, aninhando, 42
  para arquivos publicados, 106
perfis de configurações de publicação, 120
personalizando valores Ease, 64
pintando
  dentro de linhas, 72
  texto com bitmaps, 65
pixels, alinhando a, 40
plug-in de Flash, desinstalando, 177
plug-in Flash Writer para Illustrator, 109

plug-ins, desinstalando, 177
polígonos, selecionando com ferramenta Lasso, 28. *Veja também* formas
ponto pivô, movendo, 25
posicionando objetos com exatidão, 130. *Veja também* alinhamento
pranchetas, configurações de pressão, 66
preenchimentos
  apagando sem apagar traços, 34
  bloqueando, 30
  como bitmaps, 20
  convertendo linhas em, 171
  copiando, 24
  desenhando formas sem, 29
  solucionando problemas, 34
preferências de usuário
  apagando, 95
  localização de pasta de, 17
preferências. *Veja* preferências de usuário
produto de ativação, 99
projetores, 112
propriedades Magic Wand, 21
propriedades
  de grade, editando, 38
  Magic Wand, 21
proteção de senha, 25
protegendo arquivos SWF de importação, 119
publicando
  a ActionScript versão 1.0, 150
  documentos como projetores, 112
  perfis para, 120

R

rastreio para texto, 86
recuperando painéis além da borda da tela, 17
recurso Bring to Front, 47
recurso de verificação de ortografia, 137
recurso Send to Back, 47

redimensionando
  blocos de texto, 28, 65
  documentos, 160
  visualização de área de Library, 49
reduzindo. *Veja também* expandindo
  Color Mixer, 14
  inspetor Property, 15
  painéis, com teclado, 76
reduzir
  curvas em formas, 175
  tamanho de arquivo, 109
réguas, criando guias, 44
Reinhardt, Robert (*Macromedia Flash MX Bible*), 100
removendo
  conjuntos de painéis, 6
  itens de Library, desfazendo ação, 53
  painéis, 6
  Timeline, 9
  traços, 24
retângulos arredondados, criação, 26
roda de mouse, esfregando a linha de tempo, 53
_root, bloqueando referências a, 149

S

salvando
  conjuntos de ações como Commands, 131
  documentos
    backups, 165
    como documentos Flash MX, 113, 123
    como gabaritos
    erro Failed To Save, 92
    opção Save and Compact, 109
  painel de layout, 6
scripts alfinetados, 147
scripts
  ActionScript
    abrindo arquivos locais, 154
  biblioteca de scripts, criação, 142
  botão de ações, 155

campos de texto que podem ser rolados, criando, 150
chamando funções de JavaScript, 146
código de arrastar e soltar, 142
comando loadMovie, carregando imagens JPEG, 151
comentários em, 148
destacando código, mudando cores em, 143
estilo de letra, 152
exibição de loop de Timeline, incapacitando, 147
formatando, 148
ignorando espaço em branco em arquivos XML, 145
janelas pop-up, criação, 149
mensagens de e-mail, criação, 146
menu de clicar com botão direito, incapacitando, 145
múltiplos scripts, vendo, 147
números de linha, vendo, 143
publicando para versão 1.0, 150
referências de bloqueio _root, 149
sufixos de variável, 144
sugestões, incapacitando, 151
web site para informações, 99
criando biblioteca de, 142
vendo múltiplos, 147
seções de interface que podem ser ocultas, 7
selecionando
camadas múltiplas, 32
distâncias de moldura, 85
formas, 26
itens múltiplos de Library, 41

múltiplos objetos, 88
polígonos com ferramenta Lasso, 28
todas as molduras em camadas, 49
separando símbolos para camadas, 31
série de imagens, importando, 110
Shape Tweens
erros, 92
transformando texto, 61
símbolos animados
separando para camadas, 31
visualização, 46
símbolos de clip de filme *versus* símbolos gráficos, 176
símbolos gráficos versus símbolos de clips de filme, 176
símbolos
convertendo
em formas, 69
formas em, razões em, 42
linhas de tempo em, 70
determinando, 89
duplicando, 48
editando, 40, 82
enquadrando, 38
escalonando, 22
girando; dando um toque, 73
limites no número de, 94
separando em camadas, 31
símbolos animados, visualização, 46
símbolos gráficos *versus* símbolos de clip de filme, 176
trocando por cópias, 98
simplificando formas, 63
sincronizando som e animação, 174, 177
sistema de ajuda, atualização, 137
sobrepondo formas, 58
solução de problemas
apagando preferências de usuário, 95

bitmaps, 168
carregando imagens JPEG, 151
com janela Debugger, 135
convertendo arquivos SWF em arquivos FLA, 102
erros
erro Failed to Save, 92
Motion Tweens, 92
Shape Tweens, 92
importando filmes QuickTime, 108
preenchimentos, 34
web sites para informações, 101
som Null, sincronizando som e animação, 174
sombras, criando sombras projetadas, 58
Stage
balanceando, 79
centralizando objetos em, 133
desfazendo seleção de objetos, 78
limpando, 21
suavizando (bitmaps), incapacitando, 174
substituição de arquivos de Library, 111
sufixos, nomeação de variáveis, 144
sugestões de forma, 71
sugestões
em variáveis personalizadas, 144
incapacitando, 151
sugestões de forma, 71

T

tamanho de arquivo
determinando motivos para, 163
e componentes, 128
reduzindo, 109
tamanho de arquivos
determinando motivos para, 163
e componentes, 128
reduzindo, 109

tamanho de filmes, 161
tamanho limite de Clipboard,
  mudando, 114
taxas de moldura, 164
testando
  botões simples, 133
  configurações de
    compactação, 166
  filmes, 111
    para conexão de
      velocidades mais
      lentas, 158
texto vertical, mudando para,
  27
texto. *Veja também* fontes
  ajustando espaçamento, 70
  aliasing, 23
  escalonando, 65
  girando, 27
  pintando com bitmaps, 65
  rastreando, 86
  recurso de verificação de
    ortografia, 137
  transformando, 61
The Flash Animator (Corsaro),
  103
Timeline Effects, 60
Timeline
  atalhos de teclado, 80
  caminhando através, 77
  colocando, 4
  esfregando, 53
  inserindo
    molduras em camadas,
      51
    múltiplas molduras, 87
  Layer Folders, aninhando,
    42
  loop em exibição, 135
    incapacitando, 147
  modo Onion Skinning, 57
  molduras
    comentários em, 152
    incapacitando impres-
      são de, 153
    invertendo, 45
    movendo, 45
    opções de vista em, 39
  opção de Timeline baseada
    em distância, 52

removendo, 9
selecionando distâncias de
  moldura, 85
tocando símbolos, 73
Toolbar que pode ser personalizada, 20
Toolbar, movendo, 13
torcendo formas, 30
trabalho de arte
bitmaps
  atualização em Library,
    108
  como preenchimentos,
    20
  convertendo em
    imagens vetor, 170
  dividindo, 168
  editando, 21, 119
  incapacitando
    suavização, 174
  pintando texto com, 65
  imagens JPEG, carregan-
    do, 151
  importando, 117
    como séries, 110
    com transparência, 114
  traços fio de cabelo, 33
  traços personalizados, criação,
    33
traços
  ângulos de 45 graus, dese-
    nhando, 68
  apagando sem apagar
    preenchimentos, 34
  copiando, 24
  criando personalizados, 33
  desenhando formas sem,
    29
  pintando dentro de, 72
  removendo, 24
  traços fio de cabelo, 33
transferindo instalações de
  software, 99
transformações
  acrescentando molduras-
    chave a, 68
  criando para múltiplas
    molduras, 69
Motion Tweens
  criando, 67
  criando movimento real
    com valores Ease, 62

erros, 92
personalizando valores
  Ease com molduras-
  chave, 64
Shape Tweens
  erros, 92
  transformando texto, 61
transformando texto, 61
transmissão, criando animações para, 121
transparência, 67
  importando imagens com,
    114
troca de arquivo, 111
trocando temporariamente
  para ferramenta Arrow, 78
  para ferramenta Hand, 79
trocando
  arquivos de Library, 111
  símbolos por cópias, 98
trocando/alterando
  documentos rotulados, 76
  entre modo fixo e livre de
    blocos de texto, 28
  para Black and White, 29
  para ferramenta Arrow
    temporariamente, 78
  para ferramenta Hand
    temporariamente, 79

U-V

unidades de régua, mudando,
  162
valores Ease, Motion Tweens
  criando movimento real, 62
  personalizando com
    molduras-chave, 64
variáveis personalizadas,
  sugestões para, 144
variáveis, nomeação, 144
velocidade de exibição em
  máquinas Macintosh, 161
velocidade de exibição em
  máquinas Macintosh, 161
velocidades de conexão,
  testando filmes para, 158
vendo. *Veja também* capacitando
  documentos em modo de
    visualização Outlines, 12,
    46

layout de grade, 38
múltiplas molduras de
  animação, 57
nomes de camada, 10
números de linha de
  ActionScript, 143
painéis além da borda de
  tela, 17
script múltiplos, 147
visão de documento Show All, 22
visão de documento,
  escalonando, 22
visões
  escalonando, 22
  para molduras de Timeline,
    39

visualizando
  clips de filme, 95
  filmes, 111
  máscaras, 43
  símbolos animados, 46

W

web site ActionScript.org, 99
web site Favourite Website
  Awards, 98
web site Flash Kit, 100
web site FlashSupport.com, 100
web site Macromedia, 101
web site Sothink SWF
  Decompiler, 102

web site We're Here, 101
web sites
  ActionScript.org, 99
  Favourite Website Awards,
    98
  Flash Kit, 100
  FlashSupport.com, 100
  informações sobre solução
    de problemas, 101
  Macromedia, 101
  plug-in Flash Writer para
    Illustrator, 109
  Sothink SWF Decompiler,
    102
We're Here, 101

Impressão e acabamento
Gráfica da Editora Ciência Moderna Ltda.
Tel: (21) 2201-6662